思维教育导论

教育的新领域·学校的新内涵·教学的新标准 ·育人的新高度

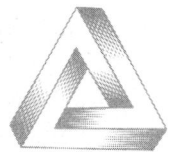

姜继为 著

图书在版编目（CIP）数据

思维教育导论/姜继为著．——北京：中央编译出版社，2012.4
ISBN 978-7-5117-1378-0

Ⅰ.①思… Ⅱ.①姜… Ⅲ.①思维能力－教学研究
Ⅳ.①B842.5-42
中国版本图书馆CIP数据核字（2012）第046347号

思维教育导论

责任编辑：	冯　章
特约编辑：	张红梅　柴少飞
策　　划：	董保军　张天罡
版式设计：	姜晓宁
出版发行：	中央编译出版社
地　　址：	北京市西城区车公庄大街乙5号鸿儒大厦B座（100044）
电　　话：	（010）52612345（总编室）　（010）52612351（编辑部）
	（010）66161011（团购部）　（010）66130345（网络销售）
	（010）66130345（发行部）　（010）66509618（读者服务部）
网　　址：	http://www.cctpbook.com
经　　销：	全国新华书店
印　　刷：	北京温林源印刷有限公司
开　　本：	165×240毫米　1/16
字　　数：	270千字
印　　张：	20.5
版　　次：	2012年5月第1版第1次印刷
定　　价：	32.00元

本社常年法律顾问：北京大成律师事务所首席顾问律师　鲁哈达

目 录
CONTENTS

序　言.........001

第一章　思维教育的意义

第一节　思维：知识的源头.........002
第二节　思维：教育的目标、内容和途径.........006
第三节　思维比知识重要.........009
第四节　知识至上型教育及其危害.........011
第五节　思维：学习能力的关键和基础.........015
第六节　思维教育：解决学校重大发展问题的杠杆.........019
第七节　迈向思维与知识并重的教育.........023

第二章　思维教育的内容

　　第一节　**健全的思维主体**………025
　　第二节　**系统的思维能力**………029
　　第三节　**良好的思维方式与思维品质**………073

第三章　思维教育的实施

　　第一节　转变教学模式………090
　　第二节　开设思维课………105
　　第三节　改造知识的"样式"………109
　　第四节　消纳学科要素………124
　　第五节　阅读教材………173
　　第六节　重走创新之路………186
　　第七节　活用试题………201
　　第八节　自学………218
　　第九节　构建问题教育………223
　　第十节　投身实践………235

第四章　思维能力的培养

　　第一节　语言能力培养………239
　　第二节　分析与综合能力培养………249
　　第三节　抽象能力的培养………254

第四节　比较、分类能力培养..........261
第五节　归纳、概括能力培养..........268
第六节　反思能力的培养..........272
第七节　联想、想象、转化能力的培养..........280
第八节　记忆能力的培养..........286
第九节　建模能力培养..........291
第十节　方法、工具、程序思维能力培养..........294
第十一节　判断、解释、推理能力培养..........299
第十二节　客体思考能力培养..........307

参考书目..........315

序　言

在我国教育中，有些方面明显薄弱，如公民教育、常识教育、体育美育、劳动教育，它们开展得不足，实效性不高，严重影响人才的质量，导致教育对社会经济发展的支持能力不够。

而与众多的教育薄弱方面相比，按说我国现在的知识教育是相当强盛的了，但也存在很多问题，主要表现为三点，一是提高"好学生"的学习成绩很困难，二是改进"学困生"无良策，三是"我们的学校总是培养不出杰出人才"（"钱学森之问"）。

经过多年的观察和思考，我认为，思维教育没跟上知识教育是发生上述问题的一个重要原因。因为思维是知识的本源、加工的器具，如果学生思维发育较好，知识型的学习和考试就能应付较好，如同有了优良的机器便可生产优质的产品一样。而学困生之困，往往也困在思维能力不足上，钝斧斫硬木，越砍越气馁，只有让学困生手握利器，才能从根本上解决他们的学困问题。至于杰出人才，实际是具备突出的分析问题、解决问题能力的人才，他们的共性是思维发达，拥有优秀的思维品质。学校教育在思维上作为不多，没有培育出大批思维能力和品质俱优的学生，所以最终成为杰出人才的便少之又少。

虽然很多老师和专家都看到了我国思维教育严重不足这一问题，也给予相当重视，可有效开展的思维教育却很少，还没有哪所学校开设思维教育课，也没有哪所学校研制出系列的思维训练计划。更严重的是，对于思维和教育交叉领域的深入研究国内也不多，多数研究都局限于思维领域或教育领域，两者分渠并行，尚未搭界。个别研究涉猎了思维教育，但还处于提出问题而不是解决问题的阶段，综述外围学术观点的文字太多，正面回答思维教育教什么、怎么教的内容较少，尚欠深入性和实用性。坊间出版家们看好了思维教育的紧俏卖点，推出了大批"思维革命、经营思维、领导思维、设计思维、发散思维、聚合思维、创新思维、柔性思维"等图书，但对思维本身和思维教育都未作出严肃的研究，核心之处都是文化概念与心理学名词，和思维教育几无关系，属于贴上思维教育标签的"成功学秘术"或"心灵鸡汤"。

与我国思维教育的落后局面相比，西方思维教育研究得较早，成果也比较多。洛克很早就注意到了思维能力培养问题，杜威、皮亚杰、苏霍姆林斯基、斯腾伯格、吉尔福特、波诺、巴赞等人，更是深入研究，创建了众多"说法"。但是，这些大家多数侧重心理学、认识论、智力、创造力、思维研究，属于理论上、观念上、方法上的散论，很难直接移植成"思维教育"，也不能说对思维教育做出了一般性解决。而且，由于社会制度和文化的差别，思维教育在西方不像在我国这样紧迫，问题显现也很不相同，所以，"中国风格"的思维教育概论仍为必需。

鉴于这种情况，为了给我国教育界找出一套思维教育的方案，特别是回答思维教育教什么、怎么教的一般性问题，作者从2008年开始持续研究，深入多所学校观察分析教育教学活动，广泛听取学生、老师、校长们对于思维教育的想法、意见、建议，研读了相关著述和文献，吸收了现有的成果和观点，努力归纳、提炼思维教育的目标、内容与措施，现在可以说，已经初步地认识到思维教育的一些规律，可以解决一些真问题了。

本书从教育的角度研究思维，从思维的角度思考教育，认为思维教育不仅是学生提高学习成绩的好办法，是提质减负的良方，是优异的教学策略，而且是教育活动的核心、目的和重要组成部分，是人才培养、创新型国家建设的首要工作。因此，本书设为四章，研究了三个在逻辑上递进的问题。其一是思维教育的意义，从思维和教育、教学的关系的角度，提出了思维对于知识学习具有关键性、优先性、基础性的论断，倡导开展思维与知识并进的教育。其次，探讨了思维教育的内容，提出了培养健全的思维主体、系统的思维能力和良好的思维方式与品质的要求。本书特别详细地分析了思维能力，提出20种思维能力项目，为思维教育奠定了基础。最后，本书系统研究了学校思维教育的实施和学生思维能力培养的途径等问题，提出一系列具有实操性的建议。

本书只是初步的思维教育研究成果。作者意识到很多问题，目前只初步解决了其中一些问题，还有很多问题尚待研究。例如，思维能力的本质，思维能力的分层，各项思维能力的关系，思维能力与思维方法、学科方法的关系，思维测评、个体思维诊断、思维咨询，思维教育评估，学科思维教育，学段思维教育，老师思维培养，专门人才的思维训练等问题，还需进一步的深入探讨。我们期待更多的同仁参与到这一时代课题中来。

思维教育是目前教育中十分薄弱的环节，是限制学校、学生可持续发展的关键因素，是全局性不出"大师"的主因。我们由衷希望学校开展思维教育，提高一代新人的思维水平。否则，学校业绩仍离不开"好生源"（实则是思维受到其他渠道的教育而得到较好发育的学生），学校人才培养仍然乏力，我们的毕业生仍比不上钱学森等上一代科学家，也比不上居里、牛顿、欧几里德等老数辈的科学家、思想家。

应该说，本书研究思维教育，只解决了"知识教育纠结问题"的一部分，还有其他很多重大教育问题需要进一步研究，它们更具优先性，如公民教育、体育美育、劳动教育等。如果这些教育不能很好开展，我们把知识教育、思维教育功夫做得再足，也还是改变不了教育的狭隘性、封闭性，人才的质量仍不高，培养出来的顶多是"好学生"，而不是具有独立人格、自由精神、会主动适应社会并开创美好未来的高素质劳动者，距拔尖创新人才更是相去甚远。

文章千古事，得失寸心知。本书很多观点还不成熟，研究深度还有待加强，敬希同行批评指正。

2012-3-1

第一章

思维教育的意义

  所谓思维，是人的意识活动，是物质性的人脑加工事物及其信息的过程。

  所谓思维教育，是指为了使人的思维能力、品质、方法等达到一定水平，能够分析和解决问题，而有组织有计划地施加系统的思维保护、培养和训练的活动。

  倡导思维教育，首先要搞清楚思维教育的意义。思维对人的发展、对学生的学习、对社会进步有哪些作用？下面是我们的初步剖析。

第一节　思维：知识的源头

思维，是人和动物的根本区别之一，是人的重要本质所在。人类文明，人化的世界，重要源泉是人的思维。

思维对于知识具有本原作用。知识不是从天上掉下来的，也不是从地里冒出来的，知识是从人的头脑中生长出来的，是人类头脑思维的产物。没有文明的人类就没有知识，没有那些善于发明创造的思想家、科学家、文学家、艺术家，也没有知识。

一、人类的思维创造知识

在人类历史上，人们对于知识的来源、起源等问题一直很感兴趣，形成了一种叫做认识论的理论，提出多种多样的看法，对于知识来源、起源、动力、标准等问题思辨得很细。例如，经验论预设了一个先天的等待我们去认识的客观世界，认为认识的过程就是用我们的主观思维去映照这个客观世界，从而得到关于世界的真理性认识。唯理论则认为，知识是从先天的、无可否认的"自明之理"出发，经过严密的逻辑推理得到的。而德国哲学家康德则提出"人为自然立法"，认为知识是人用先天的范畴加诸各种感性材料上得到的。现在流行的认识理论则说，知识的"内容"是客观的，形式是主观的，知识中包含着不以人的意志为转移的客观规律，是人对客观事物的一种反映。

抛开唯物唯心的争议，综合认识论各派观点可以看出，它们都认为，离开人类的思维，不可能发生知识；思维是知识发生中的加工机器、必要条件和必经环节。

活跃在地球上的生命种类数以万计，但只有人类有知识，其他或高级或低级的动物都没有知识。同样的高山大川，人可以得到"高山为谷，深谷为陵"的观念，动物没有；都看到日升日落，人提出地球自转形成昼夜，动物们则不懂。猿人没有加工出知识，众多的动物也没有创造出知识。只有文明的人类，凭借进化了的头脑，靠着思维的机器，把自然世界加工成人的知识体系。知识唯人类具有，唯思维能产生。在思维与知识的关系上，思维是第一位的，具有决定意义。

二、"思想者"创造了知识

知识不是地下的玉石，虽然隐蔽，但只要细心就能找出；更不是海边的贝壳，清清楚楚地摆在那儿，任人去捡拾。具体的、一个一个的知识的来源，都是某一位或几位思想家、科学家、艺术家、发明家的思维，是他们思考和研究后创造出的、建构起来的。在牛顿前没有牛顿定律，在门捷列夫前没有元素周期表，在马建忠前没有汉语语法……人类知识，离开那些思考的人和头脑，并非亘古永存。"天不生仲尼，万古如长夜！"

例如，很多人认为，三角形面积公式$S=1/2LH$是天经地义的。但实际上，这是埃及人发明的公式。如果不是埃及人，这个公式可能会很迟才出现，也可能会呈现另外的样子（如$S=LH$、$S=2LH$……相应地，只需要把其他面积公式调整即可）。再如，中国人登上泰山，都会吟诵"岱宗夫如何，齐鲁青未了"这首诗，其实在杜甫前后上泰山的人无数，千百年来泰山的壮阔依旧，但只有杜甫留下了千古诗篇。数理化、文史哲等每个领域，每一个知识成果都是思维的产物，都是一个个杰出个体的杰出贡献。自然界没有电压、电阻、电流、欧姆定律等概念和定律，是有了欧姆后，人类才"看见"这一切！这和自然界本没有发电机、计算机、直升机一样，因为出现了法拉第、楚泽、莱特兄弟，尘世才出现了这些神奇的器物。思想家、科学家、发明家用自己的思维能力，发现世界的奥秘，建构出一条条"真理"，创造出一个个奇迹。

三、思维是加工知识的机器

知识是一种很精巧的精神产品，如同玉器一样，虽然以来自大自然的石头为基础，但要经过玉工打磨、加工方变成宝贝。思维是加工知识的利器，是产生知识的工作母机。"客观的原材料"在思维加工下，不断萃取、提炼、变形、升华，最后成为精致的知识产品。例如，三角形面积公式$S=1/2LH$，虽只有4个参量，但达到这一步需要几千年时间，要完成若干次思维飞跃：①提出数量概念，能够计数；②提出长度和单位概念，能量长度；③提出"形状概念"，分清各种形状；④提出"面积"概念；⑤归纳出"方形的面积公式"。所以，看上去很简单的公式，实际消耗了大量的智慧，需要数辈人的思维接力，在持久的思维加工下才打磨成型。其他种种知识，也都是历经思维的辛苦，经过思维长期孕育而产生的。如《史记》，我们常常简单地把司马迁定性成天才，似乎因为他是天才，所以很自然地就写出了《史记》。实际上，就是天才如斯，也要花费大量艰辛的思考。司马迁写《史记》，遍寻名山大川，广征野老遗闻，不断筛选，不停比对，精心构思，勤奋增删，穷究天人之际、古今之变，多年呕心沥血后才有了《史记》。其思维的发达、勤奋、独立、缜密，都是人类罕见的。

玉藏于石头中，石头埋在河床下，玉工把它挖出来、剖开，因循物理琢磨成器。"知识的宝藏"也掩埋在茫茫的客观世界中，直到出现一些爱追问"是什么、为什么、怎么样"的人们，敲打它、探寻它、实验它，不断分析、综合、归纳、演绎……才逐步发明了知识、发现了真理。思维让知识呈现、让知识定型、让知识现实化。

四、思维是人类新个体获得知识的途径

孩子呱呱坠地，实际是小动物，没有思维，也没有知识。在个

体的发展过程中，随着思维的发展，孩子的知识也逐步发展。思维发展到哪里，知识也发展到哪里。人生来是一张白纸，但由于人类的特性，辅之以教育的手段，思维能够不断发展，因此在发展的思维之上，不断吸纳、消化知识，成为一个文明的个体。个体的思维和知识之间，虽然事实上相互伴生，但从逻辑上分析，思维是在前的，为吸纳知识的前提和基础。

人类个体的知识储量、水平存在较大差别，其背后是因为思维能力有差距。三岁小儿与二十岁青年，思维层次不同，拥有的知识和能接受的知识大不相同。一些所谓的神童，实质是思维能力因为生理或教育原因超前发展了，所以超越一般的同龄孩子，拥有更多的知识和技能——当然，其中也有些儿童思维并未超前发展，是强行灌输了较多知识，成为假象神童的。

思维是生产知识的机器，是知识发生不可或缺的纽结。不管实践也好，客观事实也好，离开思维中介，都不能产生知识，思维使知识变成现实。从思维开始研究知识的发生、传播、教育、学习，既合乎历史的真实，也合乎科学的逻辑。

第二节　思维：教育的目标、内容和途径

一、思维需要培养和教育

人的思维天然就很高级吗？在人的一生中思维是自然发达起来的吗？心理学研究证明，情况不是这样的。

人的思维需要培养，它有发生发展的过程。在新生儿阶段，人没有思维能力。到婴幼儿时期，思维能力开始发生，但很幼稚很初级，具有直观性、外部非本质性、表面性和片面性等特征，局限性很大。譬如，幼儿的思维非常具体，缺乏概括性，总是先掌握自行车、拖拉机、卡车、火车等具体的名词，然后才慢慢掌握"车"等表示一般意义的名词。而说狗，幼儿往往指的是家里的狗，后来才逐渐扩展到其他的狗。谈到"某人的儿子"，幼儿就认为"儿子"一定是小孩，如果一个长了胡子的大人是儿子，在幼儿看来是不可思议的。他们必须把数目和具体事物联系在一起时，才能进行计算……幼儿思维缺乏理性，常常违背矛盾律、同一律等逻辑规则。

发展思维是人成长的必须，但是思维的发展不是自然的过程，必须经过专门的教育和培养。自发状态的思维不仅层次低，而且进步也不明显。人的思维不足与人的年龄成正比的，它并不随人的年龄增长而自然提高，并非年长者一定比年轻人思维能力强。在生活中，没有受过教育的人，一般来讲不仅知识匮乏，思维也很混沌；受教育较少的人，不仅知识较少，思维能力也较低下；而受了良好教育的人，正常来讲不仅知识水平较高，思维能力也较好——当然，也有相反的

个例，一些没有受教育的人思维很好，或受了教育者思维不良，这是因为思维发展还有非教育的渠道，一些教育品质还不过关。教育和培养，在思维发展中有明显的作用。发展思维，不能靠自然而然的自发进程。

二、教育要发展思维

教育的目的是什么？古往今来说法很多。不少明智人士提出，教育的目的是发展思维，让学生掌握思维能力，学会运用思维来解决实际问题。前苏联教育家苏霍姆林斯基说："在学生的脑力劳动中，摆在第一位的并不是背书，不是记住别人的思想，而是让学生本人进行思考，也就是说，进行生动的创造。"美国教育家贝斯特说："学校的存在总要教些什么东西，这个东西就是思维能力。"很多教育家认为，成功的教育应该是学生出了校门后，尽管忘掉了许多学来的事实性知识，但学校教给他们的思维方法仍在，并能不断发挥作用，帮助他们分析问题和解决问题。

进入现当代以来，很多国家的教育都明确了思维教育的目标，突出了思维教育的内容。美国全国教育学会1961年在《美国教育的中心目的》中提出："强化并贯穿于所有各种教育的中心目的——教育的基本思路，就是要培养思维能力。"1991年，美国国家教育目标制定小组又将思维能力、交际能力和解决问题的能力列为21世纪大学生培养目标。1999年，英国国家课程标准提出了学生应具备的五种思维能力，分别是：信息处理能力、推理能力、质询能力、创造性思考能力和评价能力。西方很多教育家开始推行思维教育，从20世纪80年代起，爱德华·德·波诺的水平思考，鲁文·福印斯坦的认知加强方案，马修·李普曼的儿童哲学等，方兴未艾地开展起来。90年代初期，仅美国就推出了100多个培养思维的项目。思维能力教育在大、中、小学全面展开，呈现出涉及学科面广、涉及学生层次齐全的特点。

思维教育是极其有价值的教育：先让孩子去思考、去感悟，然后得到知识,这个时候知识就变成了智慧;日积月累地不断产生智慧,他们就逐步变成了思维的强者,遇到新情况新问题,便可去分析去解决,给人类和社会作出积极的贡献。他们不再是孔乙己,不再是范进,而可能成为达尔文、爱迪生、钱学森,于己于公,思维教育都是善莫大焉的伟大事业。

三、学校能够培养思维

社会各种组织中,哪里拥有最好的培养思维能力的条件呢?毫无疑问,学校是最合适的机构。在学校里,有适合思维教育的时间、教学材料,有理论上讲可以担负思维教育、指导的老师,有检测思维发育情况的一系列试卷和手段。古往今来,多数人的思维能力都是在学校中培养的。经过教育训练的人,不仅知识增加了,思维也发展了。

我们现在的情况是,虽然多数人在学校发展着思维能力,教育对思维起到了一定的促进作用,但是多数学校没有主动地自觉地系统地开展思维培养工作,学生思维能力发展基本还处于自发状态,思维能力培养的效果没能最佳化。与学校明确其"教书育人"的机构性质不同,多数学校没有明晰自己在培养学生思维上的重要使命,缺乏相应的能力和措施。从对学生负责、提高教育效率、提高人的终生学习能力、给学生发展奠基、造就时代需要的英才的角度说,学校必须自觉地成为系统思维教育的机构,履行好这个伟大的职责。

第三节　思维比知识重要

对于个人、民族、国家而言，发展思维能力都是具有战略意义的任务，可以说是终极性的。我们要树立思维至上的观念，崇尚思维能力。

授人以鱼不如授人以渔，思维的能力比思维的结果（知识）重要。一个学生长大成人后是要独立地分析问题和解决问题的，那时他最需要的是思维能力而非知识。走上工作岗位后，题不再是老师出，而是实践出；得分不再是老师判定，而是社会给予。生活里到处都是数学问题、化学问题、生物问题、地理问题、政治问题，而不是相应的试题，它们靠已有的知识难以解决，主要靠思维来破解；生活里处处是"开卷考试"，关键的制约因素也不是知识（人可以到任何地方用任何方法去查获知识），而是思维。思维能力发达，学生才会应付各种现实挑战，成为生活强者，甚至能从自然现象中总结出规律，从自己心底建构出新知，成为卓有成绩的科学家、思想家。比起仅仅知识丰富的学者来，他们的社会贡献不可同日而语，是最受欢迎的创新英雄，如同比尔·盖茨一样。

恩格斯说："一个民族想要站在科学的最高峰，就一刻也不能没有理论思维。"科学的发明和创造，是靠人的思维来实现的。人类社会各个阶段所创造的一切物质产品和精神产品，无不是当时人类思维和智慧的结晶。近代以来，西方船坚炮利，后面的关键是什么？是西方人的思维相对发达。思维强大是"大国"的核心，对于国家的崛起、民族的振兴是关键的支持。我们中华民族要实现伟大崛起，必须充分地发展思维。回顾我国的近代化，我们曾经走了弯路。我们学习西方先进技术、科学知识，但对于西方科技发达背后的原因——思维能力发达及其培育思维能力的文化与制度土壤认识不够，既没有系统地梳理，也没有系统地学习，仅仅重视了科技知识的模仿性教育。所以迟至今日，我们的学生还是学习"皮毛上"的知识，我们的科学和技术还是跟在人家的后面赶。

在知识和产权相连的今日，思维已成为国家制胜的关键，人才竞争的核心。我们如果思维能力仍徘徊在低谷，自己不能作为知识和技术的发明者，天天"买鱼"，在经济上将始终被动，国家只能是制造大国。尽管我国今天的很多学生、老师，比起一些欧美国家的学生、老师在知识量上都要大，但论发明创造却赶不上欧美。我们很多人知识站到了巨人肩膀上，思维能力却还在巨人下面。如我们的物理奥赛冠军与牛顿相比，文学博士和李白相比，学问都大多了，可论思维能力、论发明创造、论写诗填词，却远不如古人。

高考状元，折桂名校，学贯中西，对个人是成就、是骄傲，但对社会和国家而言，并无实际意义。国家需要的是合格人才，是思维能力强大，善思考，善钻研，能发现、分析、解决现时国家各种实际问题的生力军。国家急需的是科学家——科技的发现发明者，医生——解决身体问题的人，企业家——领导企业开创新事业的干将，艺术家——给真善美添光加彩的天才……而不是科学的学者、医学的学者、企业的学者、艺术的学者！思维能力强大，是今日人才的根本标志，是当代教学的首要宗旨。

第四节　知识至上型教育及其危害

我们现在的教育受到多种批评，仁者见仁智者见智。从我们研究思维的角度看，今日学校教育的问题可以概括为"知识至上"，其缺点是只开展了知识教育，把知识教育等同于教育的全部、教学的全部，上课、作业、考试成了教育的基本方式，贯穿学生学校生活的始终，而思维能力的培养、训练几无开展，严重不足。具体表现为：

1.很多学校尚未意识到思维能力培养的重要性，思维教育完全空白

这类学校天天打磨学生对知识的记忆和运用；学生天天只学知识本身，机械地扩大学习时间。学生学得好，认为是勤奋的结果，刻苦的结果，是练出来、训出来的；学得不好，则认为学生不用功，脑子笨，或品质不良。没人看到思维的作用，没人想到去培养思维。这里的学生每天只睡六七个小时，几乎把全部时间和精力都用于学习上了，但效果不佳，学校不仅不反思教法不当，反而还责怪学生毅力不足、意志不坚！勤奋学习已到极限，但是学生学习的效率和质量仍不高，产生这样那样的学业困境，甚至部分学生不但思维无发展，知识也停滞不前，心理上落下若干阴影。

2.思维能力教育目标不清晰，方法不当，时间安排不足

个别学校意识到思维能力的独立性和重要作用，但是，在教学目标中没有明晰的要求，在实际教学中没有可操作的办法。最终搞来搞去，还是知识教育至上，思维能力培养未落到实处。一些学生侥幸产生了一定的思维能力，也是靠功课、作业之余一点点悟出来的，进步速度慢，发育不良，总的思维发展效果并不理想。

3.思维教育走偏，舍本逐末

有一些学校，对于学生常态的基础的思维能力尚未开展培养，却忙着培训学生的创新思维、逆向思维、发散思维等时髦思维，结果学生的思维基础不牢，欲速不达。实际上，创新思维等思维能力，是正常思维能力较为发达的积极结果、优良品质，并不是一种思维类型，是不能培养的。一个人分析、综合、想象、推理等思维能力发达了，自然会有所创新，若水到而渠成；思维品质优化了，自然灵活敏捷，会做逆向思维。所以，这类学校培养思维能力事倍功半，效果不佳。

知识至上型教育在我国素有传统，我国历史上就是学问的国度，格外崇尚"学问"。学子们一代代学习、读书，手不释卷，学问都挺大。但是对于思维，缺少认识，不以为意。所以，很多人光读书而很少思考，大家都把自己当做知识的容器、仓库，而不去发展自己的思维能力，去发明发现创造新知。改革开放后国家重视了教育，但"知识至上"的误区也被扩大化了，上世纪80年代起树立了很多"学习型知识分子"典型，所以学校都追求给学生灌输越来越多的知识，家长和社会都追求高的学历。积习深了便不以为意，但从思维角度看，这真是绝大的失误，产生的危害严重而深远。主要体现为：

1.造成"德智体美劳"教育方针的片面化，矮化智育，导致学生智力、智慧发育不足，学习呈现"三高一低"状态

我国教育方针中的"智"，本来是双重含义，包括知识教育和智力培养，但是知识至上型教育丢弃了智力的一半，把智育给弄得矮小化了，培养出的学生有知识缺智慧，抽象能力低，分类能力低，比较鉴别能力低，思考缺乏条理，思想没有深度和广度，分析解决问题缺少章法……不是高规格的人才。而就学习而言，缺乏智育导致学生思维发育不足，相比教学内容滞后，学习起来格外吃力，出现高时间投入、高做题量、高学生淘汰率和低学习效率的"三高一低"的结果，极大地增加了学习成本，降低了人才培养的效率。

2.造成学生素质不良，能力不足，可持续发展难以为继

智慧、智力是人的最重要的能力和素质，但我们学校出来的很多学生，这个方面明显不足，成为他们人生的重要缺憾，也给其人生埋下很多败笔。例如，对于考上大学的学生而言，其理想状态是成为思想家、艺术家、科学家、军事家、企业家……但是他们思维能力薄弱，难以支撑他们美好的理想，真正能开创事业、独当一面、专业上有所发明、事业上有所建树的少之又少。很多大学生，学得好的成个白领，学得不好的，甚至打工时薪金比不过"农民工"。对于考不上大学的学生，可能更惨，学的知识未带来考试成功，再无用途，而思维能力不足，在找工作、干工作时都很困难。

一个人的理想状态是见山开路、遇水搭桥，靠着强大的思维能力不断解决遇到的各种问题。像《神秘岛》中的工程师史密斯那样，勤于思考，善于分析问题，解决问题，落到孤岛后，仅靠一片手表盖（玻璃制品）就能生火：把手表盖取下来装上水形成凸透镜，放在阳光底下聚集阳光，一会儿便点燃木屑。后来他还赤手空拳，驯化野生动物，制造出陶器、玻璃、钢铁，一直到做出风磨、电报机……思维能力发达，才能开创美好生活，适应日益变化的社会。

3. 造成创新型国家目标缺乏人才支撑，动力不足

国家的理想状态是"创新型国家"——不断产生原创性高、理论性强、实用性大的科学技术。如此，国家才能成为设计大国、产权大国、效益大国，才能在经济上处于主动地位。而所有这些创新，归根结底依靠思维能力，动力源泉不外人的头脑。但是，我们的教育没有恰当地促进思维能力发展，在一定程度上还压抑思维进步，造就的人才在总体上思维能力不足，致使国家创新战略缺乏人才支持，实施起来举步维艰。我国现在已经成为世界制造大国，我们的愿景是成为设计大国、产权大国，无奈工业发明人才、艺术设计人才、营销策划人才、金融领军人才全线短缺，不得不继续接受外国的技术和品牌垄断。

此外，知识至上型教育，还导致一些间接问题，如学习的低效率

造成很多学校"无限压榨"学生的时间和精力，导致教育上的无序竞争，大家都偷偷地忙着补课；高淘汰率导致很多高中生、本科生到国外"留学"，一人留学全家受穷，国家经济流失很大。就是跟得上学习要求的学生，很多也在性格、心理方面受到压抑，发展扭曲。

第五节　思维：学习能力的关键和基础

思维为本，知识为流；思维是前提，知识是产品；思维是上位的，知识是下位的。各门知识都是人的思维产物，打着强烈的思维烙印。学习，必须优先发展思维能力。

一、思维是知识的存储框架

什么样的头脑能够接纳科学知识？任何一个大脑都可以存储学科知识吗？生活经验告诉我们，不是这样的。一个文盲，很难记住数学、物理、化学、哲学等名词术语；一个幼小的孩子，无法记住有逻辑性的故事。学习学科知识，需要具备相应思维能力的头脑。

知识通过听、读等途径进入大脑，语言、文字为其媒介。这些知识进入大脑时能否存住，还要看大脑有无盛装这些知识的柜子、罐子、储存空间。有了各式各样的储存容器，各类来料才可以收装。思维能力就是摆放知识的"柜子、罐子、储存空间"，有了思维能力后，知识方可以存储；思维能力越发达，对各种知识的存储能力就越强大。从小学到高中，知识日益复杂，符号日益抽象，就是根据学生的思维能力不断发达、存储加工能力日益壮大的规律而设计的。一些学生进入中学后，出现数学、物理、历史等知识记不住的情况，他们觉得是自己的记性不好了，其实不然，是他们的思维能力没上去，未达到中学存储知识需要的水平，头脑中没有摆放知识的存储场所，所以边学边漏。

二、思维是知识内化的渠道与工具，是理解知识的杠杆

知识内化是指知识扎根到大脑，变成个人的内在素质、信念、能力的一部分的过程。

对于学生来讲，知识是客观的外在的，他们学习知识，把知识搬运进自己的头脑，但还不等于内化为自己的知识。只有经过消化、吸收、加工和转化，外在知识才变成学生的内在知识，才是实在的和有用的。

欲善其功，必利其器。让一个工人生产机械，不但要给他各种原材料，更关键的是要给他各种工具和车床，并且还要能够使用这些工具和车床。学习也是如此。学生在具体的学习之先（从逻辑上说），应该有一定的思维能力，能够加工各类知识。

思维能力，是加工知识的机器、工具，它把知识分解、消化、整合，重新生长出和建构起个人化的概念和理论，以及"点、线、网"的知识体系，如同植物加工土壤、空气、水分等一样，经过自身生命的转化把这些养料变成果实——虽然果实的根本来自土壤、空气和水分，但必经植物才可长成果实。

知识是认知主体自己建构的，建构的机器是思维能力。没有头脑自我加工，外在的知识就无法内化成主体的知识，在心里杂乱无章，对处理问题难起作用。例如，各学科都有很多概念，它们在课本里各自的边界很清楚，内涵明晰。可进入学生头脑后，学生如果不经过分析、比较、综合、重述，它们就会混为一团，分不出来。而学生若用自己的思维加工过了，则各类学科概念就可清晰地"摆放在头脑的知识书架"里。"原汤化原食"，知识本身凝聚着思想者的思维和方法，因而，后人学习这些知识时，除必须付出一定劳动外，也要调动相应的思维和方法，并应有意识地学习、掌握知识中所蕴藏的思维和方法。

学习不仅仅是吸纳、搬进知识，更重要的是加工、转化知识，用自己的思维能力对知识做番"分解化合"、"新陈代谢"、"同化异

化",变知识为自己的,让它们在头脑中扎下根,开花结果。例如积累语文知识,不能简单理解为把自己感兴趣的语言材料转移到摘抄本上,而主要的应是"议一议、换一换、练一练",对收集起来的语言材料做深入的比较、分析和改造,实现"化用",成为学生个人的文化素养,否则它们只能是一种摆设,甚至是一种累赘。

三、思维是知识外化的渠道与工具

知识的外化是指把知识表现、表达出来,运用知识解决遇到的各种问题的过程。

知识外化以知识内化为前提,但光有内化的知识还不够,还需要思维能力来运用知识,化知识为工具,拿来分析问题和解决问题。思维能力如同修车师傅,他们能调动起一大堆修车工具,把它们用好用足,解决汽车的毛病。"运用之妙,存乎一心。"将军们都是读一样的兵法出来的,但仗打得好坏,取决于各自的思维能力对兵法的运用。

例如,对于一道数学题,需要学生概括题目要求,联想出依据的公式,推导出所需条件,设立方程、计算、画图,最终解决问题。这套过程必须利用思维能力,否则大脑中的知识就不能启动,对于问题就束手无策。在学校中,一些平时被看好的学生,在大考中遇到内容、角度、形式新颖的题目时手足失措,名落孙山,实际是仅有较强的机械记忆能力,思维能力没有真正上去;而一些平时一般的学生成为黑马,一枝独秀,根本原因也不是撞上大运,而是其思维能力上乘,思维加工出色。这些黑马平时成绩虽然不突出,但每一分成绩,都是自己在考场里利用思维能力推导基本概念原理获得的,比起那些成绩高但主要靠做题积累技法的同学们,一场考试中他们焕发的思维能力和实现的思维效率,不知要高出多少倍。所以成绩高低,抛开具体考试的具体内容,关键还取决于思维能力发育的程度。例如语文考试,考查的内容大致分为三个部分:阅读、写作和语言知识运用。阅读中主要考查抽象与概括的能力,写作是想象、对"话题"的分析、判断能力，而语言知识运用部分涉及大量的比较、鉴别的能力。好的作文，实际是好的思维能力的展示，思维准确、深刻、广阔、灵动且有批判性，文章便显得有才华，鲜活动人。数学考试集中考查学生的空间想象、直觉猜想、归纳抽象、符号表达、运算推理、演绎证明和模型建构等思维能力。答好数学，直接依赖思维水平。

思维能力，对于学生及其学习，是基础性和优先性的。所谓基础性，可以理解为：思维能力是知识积累的根基，在不断发展的思维能力的基础上，知识水平才能不断发展。不打好思维能力的根基，就不能搞好学习，如同建大厦，地基没建好，上层建设也不可能坚固。所谓优先性，可以理解为：培养、发展学生的思维能力是第一步的工作，应先行进行，在思维能力达到一定程度后，再进行相应的知识教育。思维培养在前，知识教学在后（这是理论上的逻辑排序。在实际操作中，两者至少应是并行的）。思维的发展，能带动整个人智力系统发生质的变化，大大提高学习知识的效率和理解知识的深度，促进知识结构系统的优化与完善，并正反馈于学生的学习心理与品质。

需要注意的是，思维能力并不是都促进考试。考试的优异需要一定的思维能力，但并不是思维能力越发达成绩就越好。因为我们的考试，毕竟来自老师的设计，如果思维能力超过了出题老师思维的层次、取向、喜好，那就不一定得高分了。

第六节　思维教育：解决学校重大发展问题的杠杆

一、思维教育是提升学生思维能力的发动机

现在全社会都提倡以人为本，教育界也提倡以生为本，所以教育要服务学生发展，要针对学生亟须解决的问题，弥补他们的短板。学生最大的发展基石是什么？是强大的思维能力；学生最大的短板是什么？是思维能力。所以，今天的教育，要侧重于对学生思维能力的教育。

我们强调教育教学的"学情研究"，争取全面深入了解学生的情况和特点，有的放矢，达成实效。一些学生学习困难，外在表现为学习习惯不良、动机不高，但内在学情则是思维能力低下，思维水平不够。学生思维能力低体现在多方面，例如思维能力的结构不完善，有些类别的思维能力缺乏；具备的思维能力不够熟练，水平不高；思维品质较粗陋，不精细等。所以我们教育教学中攻坚克难的要点，也应放在思维能力培养上。

应该说，传统教学下也有一些学生发展了思维；但是，这样的学生数量太少，而且是靠自己的艰苦努力、漫长摸索，走了很多弯路才达到的。更多的学生只是学会了模仿，是在被动地接受知识，思维发展迟缓，与学习要求严重脱节。对今天的学生，开展系统的思维能力教育，缩短学生在黑暗中摸索的历程，对学生发展意义重大。

二、思维教育是提高成绩的推进器

学校最突出的目标，是希望学生学习好，成绩优秀，但很多学校的"学困生"大有人在。一些学校虽然试图不断加大学业量来提升学

习成绩，可是学生把吃奶的劲都用出来后，学习质量并无多大提高。其实，制约这些学生学习的不是用功问题，而主要是思维能力、方法问题！学生的学习障碍，主要卡在思维上。缺乏思维能力培养，学生思维发展不快、不足，才导致相当多学生学业不良，费力大产出小。"磨刀不误砍柴工。"思维是机器，学习成绩是产品。在思维能力发展的前提下，学生学习不费劲，学习成效高。发展思维能力，是提高学业水平、考试成绩的有效途径。

三、思维教育是提质减负的关键

很多学校目前作业量很大，学生课业负担很重。减轻学生学业压力，减少作业量，已经成了社会问题，国家领导都出面呼吁，政府也多次发文限制。但是，多数学校还没找到办法，为了保成绩，仍然靠大量作业来保障。实际上，减负需要提高教学质量，在课堂、教学中要用加法、乘法，只是对学生课外用减法。如何实现课堂教学的加或乘？关键是培养师生的思维能力。只有发展了思维能力，有了这一强大的教育手段和工具后，才可把学生和老师从题海中解放出来，才能真正减轻教与学的过重负担，才能解决知识学习的各种问题。有的老师概叹："这类题我实在讲了很多、考了很多，为什么学生一到大考中，题目稍微变化后就做不出来呢？"殊不知，正规考试的每一道题目都是新的，靠做题经验很难解决，只有靠较好的分析问题、解决问题的能力，才能以不变应万变，获得自由和解放。

四、思维教育是教育优质化的要件

优质化是教育发展的重要目标。在教育优质化中，关键的内容是开展思维教育。今日教育不能称为优质教育，核心的问题是学生思维发育不良、分析和解决问题的能力不够。思维教育是优质教育的本质所在，是其必备的内容和主要的措施。只有学生的思维能力发达了，教育才是优质的，学校才是有品质和上层次的，否则都是外在的繁荣，暂时的辉煌。目前要促进教育的优质化，主要工作必须是引入思维教育，在知识教育中融合充足的思维训练。

五、思维教育是学习能力、学习习惯的核心

学校越来越重视学生学习能力、学习习惯的养成，比如培养学生上课注意听讲、及时完成作业、做好笔记、提前预习等。但是，这些都是外在的，甚至是形式上的。最关键的学习能力是思维能力，最好的学习习惯是思维投入。所以，培养学习能力的核心要放在思维能力培养上，要侧重培养学生的抽象能力、分析能力、建模能力等；培养良好学习习惯，关键要培养学生积极思考、独立思考、深入思考、顽强思考等品性。这些能力、习惯具备了，学习将如虎添翼。今天很多学习能力、习惯的说法，其实都是似是而非的。比如，要求学生课堂记笔记，造成很多麻烦，一些学生记了笔记却耽误了听讲。按说老师的课如果讲得好，课堂上就主要应听讲，不好好听讲而去做课堂记录，实际是一种窝工的干法。又如强调预习，就书本知识而言，老师课上都讲得差不多全了，提前预习是把课本内容看一遍，也有浪费时间的嫌疑，而且听课时知识不再新鲜，注意力不集中，也造成知识的夹生。因此，不少学校花不小力气培养学生的学习能力与习惯，收效不好。因为这些做法，都是围着学习的外围转，雕琢的是学习的外部特征。

六、思维教育是课改、教改等的主要方向

鉴于教育教学的不足，国家多年来都在提倡课改。围绕课改，"八仙过海，各显其能"。其实就我国今天的课程和教学而言，关键的教改课改措施应该是开展思维教育，改变我们培养知识库、题篓子的惯性，培育出一批思维能力良好、能够分析问题、解决问题的人。这种改革，给学生减了负担，给国家培育了栋梁，也切合世界潮流。没有思维的发展，教育便没有高度和深度，人才也没有核心竞争力。当代的人才竞争，不是发生在国际奥林匹克物理、数学竞赛中，而是

发生在面对新问题、新需要时,看谁率先拿出解决办法。想在这样的竞赛中获胜,舍思维教育别无他途。

学校的教法改革和学法指导,其关键也在思维教育。教改的方向,应是让学生参与教学的思考过程,拿出专门的时间来讲授学科思维方法,甚至整个教学以思维方法、学习方法、研究方法等的培养、训练为主,把具体知识的传授放在辅助地位;学法的改进,应是展开主动的思维探索活动,回复到历史的原点,把概念、定律产生的思维之路重走一遍。只有让教和学沐浴思维的光辉,才能提高教学的层次和育人的水平。

七、思维教育是学校内涵发展的增长点

很多学校意识到自身教育能力的不足,发现了教育内涵的狭隘性,努力扩展办学的内涵、教育的内涵。但是,一些学校的努力走偏了,辛辛苦苦经营的是雕虫小技,如双语教学、京剧教育等。其实,现在学校内涵中极贫乏的是以学生为本的思维教育,发展学校内涵的良法,莫过于开展广泛深入的思维教育。有了有品质、面向个体学生的思维教育,学校就有了真内涵,学生个体思维能力搞好了,学校教育就优质化了。其他内涵,虽不能说不需要发展,但从主次轻重的排序说,在今天都不能喧宾夺主。

第七节　迈向思维与知识并重的教育

思维能力的发展，在很大程度上，是正确教育的结果，需要在正确的教育教学活动中锻炼和培养。教育是思维发展的主要外部动力和条件。我们要改变知识至上的观念，实行知识和思维并重并进的教育方式。我们必须强化思维培养，让思维能力进入教学目标、教学内容、教学过程，在学校和课程中，有意识地开展思维能力的训练。学校要培养能解决问题、能创造、可持续发展的人，要走出"学习，读书，做学者，当书虫，死读书，读死书，读书死"的唯知识主义文化传统。

知识是思维的载体，思维是通过知识来体现的，课程的知识表层下面，埋藏了丰富的思维内涵。知识是一条明线，思维则是一条暗线，它隐藏在知识的背后，构成另一类知识。教学要融合知识和思维，不能割裂两者，就知识教知识绝对不可取，而脱离了具体的知识空谈思维也难以奏效。每门知识的教学都要使学生开窍，都要发展学生的思维潜能，训练学生的思维能力，转变学生的思维方式，优化学生的思维品质。

思维教育一点不比知识教育简单。一个学生在基础教育阶段学习知识要花12年，其实思维能力也应该训练12年。学校要像教知识那样，在不同学段确立思维教育目标，设定思维教育内容，稳定有序地开展思维教育，有力地促进学生个体思维成长，扭转学校思维教育不足与乏力的局面。

第二章

思维教育的内容

　　思维教育，应该反映人类社会在长期的历史实践中积累下来的思维经验，应该服从现代人才培养的规格与要求，应该有助于提高学生的认识能力，应该具有较好的发展价值，应该能为老师"教"与学生"学"提供依据和准绳。因此我们认为，培养健全的思维主体、系统的思维能力和优异的思维方式、思维品质，应是思维教育的主要内容，各级各类教育均应围绕它们来组织和开展。

第一节　健全的思维主体

思维教育，首要的是培养健全的思维主体。仅只是自然人，仅具备自然的头脑，还不一定能产生思维，更不能保障思维的健全与完善。

一、积极的思维需要

思维需要是人感到某种思想、观念、知识的缺乏而力求获得满足的心理倾向。思维需要是思维的直接动力，在思维需要的驱动下，思维才能有效开启。健全的思维主体，要有积极的思维需求。他们追求认识事物的真相，追求把握事物的本质，追求真知灼见、新知新见，追求分析问题、解决问题。

思维需要对于思维有多方面的重大作用，它制约着思维的方向，规定着主体思维的目的指向；制约着思维的广度与深度，思维需要强，不仅使主体更自觉地从事思维，也使主体思维的积极性、主动性、创造性、自主自为性增强，使主体思维的能力得以增强；还制约着思维的效果与性质。所以，发展思维，要形成积极的思维需要。

人的思维需要不是孤立出现的，它来自问题，来自人的好奇心，来自成就动机、竞争意识，来自社会实践，需要培养。秉持质疑的态度，保持好奇心，关注更多的事物，想弄清更多的事物，鼓起人成就动机、竞争意识，是充实思维需要的良好办法。可见，思维需要虽然是智力性内容，但受非智力因素影响很大，调动优化各种非智力因素，对于思维需要与思维的实现意义很大。

思维需要也是社会实践和社会关系的产物，在相对自由民主的社会中，人们的主体性得以实现，思维的需要受到保护，压抑较少，思维活动空间大，宽容度高，因此全社会的思维普遍活跃。所以，提高思维的活力，需要社会进步，至少在局部的社会圈子里，自由民主气氛浓厚。

二、强烈的问题意识

问题意识是基于对问题的认识而产生的困惑、疑虑，从而要去探索的内心状态。思维以问题意识为前提，问题意识给思维以推动力量。主体遇到了问题，发生了困惑，因而产生了思维的需要，去开启思维、运用思维。问题的性质制约思维的性质，问题的深广度制约思维的深广度。思维不能成为"无源之水，无本之木"，毫无问题孤立地发生。人不接触问题，问题超出他的能力，思维都不会很好地发生。要促进思维发展，就要不断给思维者提供问题。

思维是从问题（或需要、任务）开始的，始点都是触及问题，或被问题抓住。在人的视野里如果没有问题，或者问题没有抓住人，都不会发生思维。一个人遇到某个数学问题，一下子解不出来，才开始思考，而遇到1+1则不需要思考，因为1+1等于2下意识都可回答，没有困顿。如果只是背诵"大雨落幽燕，白浪滔天，秦皇岛外打鱼船，一片汪洋都不见"，就不会思考；而如果想到一些问题，如打什么鱼、渔船多大吨位、是否开到外海去捕捞，思维就活跃起来，开始围绕问题运转，一方面充实问题的相关信息，获得更多启发和资源，另一方面则提出假说、假设、推测，力求搞清问题的症结和出路。问题如果解决，思维过程即暂告终结，如果没有解决，又要重新开始界定问题、分析问题和解决问题。因此，要发展人的思维，关键是给他问题，让他的思维拥有压力和吸引力。

三、全面的思维形式

思维形式即思维的凭借，是思维活动的工具。思维形式和思维对象、思维结果具有同一性，它们既是思维加工的工具，也是思维加工的对象。一般地说，完整的思维形式有如下5种：

1.表象（形象）

表象是人们接触到外界的具体事物后，产生感觉和知觉。大脑加工感觉、知觉，产生关于事物的映像。如我们看过树木，在脑海里留下了树木的表象；吃了苹果，留下苹果滋味的表象。表象具有直观性和概括性，但是它还只是印象的层次，没有深入到事物的本质。

很多思维活动运用表象进行。例如，写记叙文，先调动脑海中的表象；解几何题目，很大程度上也依赖图形表象。

2.语言

语言是以语音为物质外壳、以语义为意义内容的由词汇和语法组成的音义结合的符号系统。人类创造了语言之后又创造了文字。文字是语言的视觉形式。文字突破了口语所受空间和时间的限制，能够发挥更大的作用。语言分脑语和嘴语，脑语是我们在大脑里产生的思考、思想或思维，脑语被嘴表达出来就叫"嘴语"。

语言是思维的重要工具。人以语言来运作概念、判断和推理，以语言来存储和加工信息，以语言来交流思想和观点。所以，语言能力对于思维具有很大的反作用，语言能力强，思维才能较好发展和开展，语言能力弱，思维会受到一定限制。

3.概念

概念是揭示事物存在、本质、属性、特点等的一种思维形式，表现为符号或词语。

人思维必须用概念，概念是思维的基元，如同砖瓦构造大楼一样。离开概念，思维基本不能开展。如思考数学现象需要用1、2、+、-、分数、实数、函数、三角、平行线、垂点等概念；思考物理现象需要用力、电流、声音、能量、质点、刚体、匀强磁场、匀速直线运动等概念；思考语文现象需要用拼音、声调、文体、主谓宾等概念。这些概念构成了各学科知识的基石，也是学科思维须臾不可离的工具。

4. 判断

判断是对概念关系的一种推定。它是一个陈述句。

思维需要判断，只有运用判断才能把孤立的概念、事物勾连到一起。判断使思维从点扩展到线，极大地增加了新知。没有判断，思维就无法联结概念，各个概念就只能相互孤立。如：改变物体运动状态，需要外力作用。这句话把改变物体运动状态和外力联系到一起，揭示了物理的新奥秘。

5. 推理

推理是由一个或几个判断推导出一个未知的判断的思维过程。

思维需要推理，推理是思维的高级工具。靠推理，两个判断、三个概念建立起联系，思维实现从点到线再到面的飞跃。推理让思维从事物的表面深入到事物的深层，把握事物的内在规律。例如，回答"为什么要绿化祖国"就是一个推理：树木少造成水土流失、气候恶化，我国树木少所以造成严重的水土流失、气候恶化；要改变我国水土流失、气候恶化的状况，就必须多种树少伐树。

思维形式虽然只有5种，但是它们的功能是极其强大的。就个人而言，发展思维及其能力，必须发展其思维形式。"器利出快活"，提高和优化思维形式，在学习和思考中具有根本性意义。现在一些人思维形式不全面，比如不能挖掘概念的内涵，不能合理判断，不能正确推理，影响他们的思维水平和学习效果。

第二节　系统的思维能力

思维能力是人潜在的主观思维条件与个性心理特征的总和，是反映、加工事物与其信息的能力。思维能力外在化为思维方法和思维运作，直接制约思维的结果或产物。人与人的思维差别，主要是思维能力的差别，优秀的思想家、科学家等，主要长处在于思维能力。发展人的思维能力，是教育的基本使命，是个人成长的主要方面。

关于思维能力，学术界提出很多种，如形象思维、抽象思维、理性思维、分析、综合等，为开展思维教育提供了重要基础。但是，传统研究只是揭示了思维能力的一部分，还有些思维能力也需要提纯出来，给其应有的地位，提示人们去注意和培养。本书按照客观上存在，学习中较重要，在一定程度上能够独立，与其他思维能力项目有较清晰的边界的原则，把思维能力细分成20种。

一、分析能力

1.含义

是指将事物、问题、知识等在头脑中分解成较为简单的各个因素或部分，研究它们各自独立的属性、地位、作用及相互关系的思维能力。

世界本身是"分开的事物"的组合，活动是分开的环节的连贯。事物的整体或体系，都是由多个部分或要素组成的。美丽的祖国由山川树木、民族风情组成，一棵树由根茎枝叶组成，做饭要先买菜、洗菜、切菜再烹制，种地要依次翻地、起垄、施肥、播种、间苗等。思维顺应存在，所以分析是很自然也很基本的能力。人改造世界、解决问题、认识事物都是先分析，以分析作为活动的起点。分析之后才可抽象、比较、概括、综合，才可精确深入地认识事物。今天我们把各个学科视为一个体系，实际在历史上，它们是分别地发展起来的，阶段性的分析最后综合成一本学科的大书。

2.分析能力的分解

（1）实体存在的分析。对于有形的物体拆分、分解的能力。如把地球分成地心、地幔、地壳，分成赤道、北半球、南半球；把植物分解成根茎叶，把叶子分解成叶片、叶柄、托叶；把汽车分成发动机、驾驶室、后备箱等。这样的拆分都是实体分析能力的体现。

（2）过程的分析。对于过程、发展变化的拆分、分解能力。事物都存在于时间中，都是发展变化的，都有生灭兴衰的过程。把过程分解，可以更好地认识事物、改造事物。例如，把人生分成婴儿、幼儿、儿童、少年、青年、中年、老年等阶段；把小学分成一年级、二年级等六个年级；把开采石油分成勘探、打井、开采、冶炼几个环节；把解题分成审题、设计思路、解答、检查等几大步骤；把二战分成战前、战中、战后几个时段等，都是过程分析。

（3）关系的分析。对于事物关系的拆分、分解能力。事物存在多种关系，有直接间接的关系、必然偶然的关系、内在外在的关系等。看不见摸不到的，要头脑去把握。例如人和人的关系，社会学家、哲学家等分析为血缘关系、亲缘关系、地缘关系、经济关系、阶级关系等；植物间的关系分成相互促进关系、异株克生关系和寄生关系等；数字之间有加减乘除、平方开方等关系。关系分析是十分深刻的分析，各学科主要都是分析学科对象各部分间的关系的，如语文分析字词和语句关系，物理分析力和运动、光和电的关系等。因果分析、结构功能分析、形式内容分析，都是特殊的关系分析。

（4）精神现象的分析。对于人类自身的心理、精神、思维、文化等精神现象的分析能力。例如把人的喜悦分成高兴、快乐、陶醉等不同层次。精神现象的分析能力是较高级的分析能力，它建立在人类能够自我反思、把自我作为思考对象的基础上，出现较晚，仅部分人具有。

（5）知识的分析。人类知识是一个丰富的系统，有各种要素，需要多方面和多角度的拆分与理解。例如，把知识分成科学与技术，把科学分成数学、物理、化学，把数学分成函数、几何等，能大大加深对知识的理解与掌握。而作为知识基元的概念、命题、判断、推理、原理等，也要深入的分析，把它们分为更小的单位，理解概念中的字词、语句，理解命题中的概念与诸概念关系，化整为零，步步深入。知识对应客观世界，有的是关于现象的知识，有的是关于本质的知识，有的是关于原因的知识，有的是关于结果的知识，有的是关于结构的知识，有的是关于功能的知识，都要把它们从知识整体中分析出来，深化理解。

（6）语言分析。语言是最重要的交流工具，也是文化最主要的载体。对于语言的理解，以语言分析为基本途径。语言分析包括对于字词的分析、句子的分析、语言结构的分析、篇章的分析和语义的分析等多方面，每一方面都有丰富的内容。深入的语言分析，是对语言内容理解的前提和关键。我们把每个学科都看成是一门独特的语言学，所以语言分析是最基本的分析。

二、比较能力

1. 含义

是对照事物，寻找它们之间的相同点或相异点的思维能力。

有比较才有鉴别，通过对事物间相同或相异特征的比较，能揭示事物的本质。人们认识事物，往往是从比较、区别事物的本质特征开始的。在相似的事物间进行比较，深化对它们的认识，大大推进了人类的认识水平。例如，比较河水和海水，发现有淡水和非淡水之分；比较南方土地和北方土地，发现有黑土、红壤之别；比较人和猿，发现人类的高级所在；比较名词和动词，发现它们具备不同的语言功能。

各学科的大量知识间,乃至不同学科的知识间都具有相关性,需要比较,只有比较后才能清晰地理解、完整地记忆、准确地运用。比较是学生自己建立学科体系必经的加工过程。有些同学学习后知识乱成一团,就是因为缺乏比较。

2.比较能力的分解

(1)事物性质(特点)比较能力。事物的性质是事物本质的一种体现,认识性质是重要的认识阶梯,比较性质是深入认识事物的途径。例如,比较地中海气候和大陆气候的特点、美国联邦和俄罗斯联邦的异同、小麦和水稻的区别等,对深入认识地中海气候、联邦制度、小麦特点等,都是非常关键的步骤。

(2)结构比较能力。事物都是有结构的,很多事物结构有相似性,但细微的结构差别形成了本质区别,所以比较结构是很关键的认识方法。例如,比较乔木的结构和灌木的结构、西瓜的结构和甜瓜的结构、氧和硫的原子结构,都是各学科描述事物本质差别的手段。

(3)功能比较能力。不同的功能,在比较中才能认识到位,进而对于结构也才有深入的认识。例如,植物的光合作用与呼吸作用,杠杆和滑轮,人体的很多器官,通过功能比较,深化了认识层次。

(4)词语的比较能力。词语是人思维的基本工具,所以词语比较是最基本的比较。通过比较词语,使得人的语言更准确,思维更精密。例如辨析近义词,辨析它们的内部结构(构词的字),辨析它们的词义轻重、用法、适用范围、感情色彩等,从而对词汇达到更深层次的掌握。比如,辨析懒与籁、阵和陈、凸与凹、戊与戌、戈与弋、竟与竞、赔与陪、quite与quiet、adapt与adopt、latitude与altitude等的字形;再如,比较巨变与剧变、自诩与自许、勉励与勉力、处世与处事、变换与变幻、泄漏与泄露、ahead of和in front of、other与the other等,对于恰当使用这些词汇都是必须做的功夫。

(5)概念、公式等的比较能力。在每门学科中都有一些相关概念、公式,它们有很多内在区别,通过比较才可认识清楚,才好划清各自边界，才可在使用时不发生混淆。例如，数学中的加法与乘法、定义域与值域、交集与并集、等差与等比公式，物理中的能与功、焦耳与卡、速度与速率、距离与位移、磁感应强度的单位特斯拉（T）和磁通量的单位韦伯（wb）、转速的单位转／秒（r/s）和角速度的单位弧度／秒（rad/s）、左手定则与右手定则等，化学中的氧与氯、摩尔与当量、晶体与单质等都需要仔细比较。比较能力在学科学习到一定知识量时十分重要，这是学生自己建立学科体系的关键能力。

（6）类比推理能力。是对相似事物进行比较和推理的能力，即由一种现象及其规律，推论另一种类似的现象可能具备相似的规律的思维活动。人类认识史上，很多知识是通过类比推理得出的，如从万有引力定律类比推理得到库仑定律，从声波推得光波的波动性质等。在学习中采用类比推理，有利于完成知识点之间的渗透和迁移，把新的知识点编织到已有的知识网络中去，实现新旧知识的融合；在解题时常能起到点化疑难、开拓思路的作用。但要注意，类比推理具有或然性，不能保证全部正确。

三、分类能力

1.含义

是把混杂的事物按照不同的特点排列组合分为有规律的族群的思维能力。分类即划分，即依据某一标准，将事物分为互不相交的几个类别。

世界是多样性的世界，纷繁复杂，每一件事物都是这一个、那一个，都是个别的存在；但是事物往往有共性，有规律，又可以分类把握。通过分类，人可以提高认识的效率，降低认识的劳动量。例如，我们把生物分成植物、动物，见到一株树，尽管我们不知其名，但是知其为树即可知其大概。存在的事物是一类一类的，人类认识也是分类进行的。

现代学科中处处是分类，教材就是分门别类讲述知识的，每一章每一节都是一类知识。如代数中有整数和分数、有理数和无理数、奇数和偶数的分类；几何中有角的分类、三角形的分类、四边形的分类；函数中有幂函数、指数函数、对数函数、三角函数的分类。英语中有词类的分类，名词大类下又有单数、复数、物质、抽象等名词类别。句子的时态是分类，首先是分成动作状态和时间状态，动作状态又分成一般、进行、完成、完成进行，时间状态分成现在、过去、将来和过去将来，动作状态与时间状态交叉，一共构成16种时态。

学习过程要深入理解知识分类的规则，同时也要培养分类能力，掌握分类的原则、标准、顺序，学会利用分类整理知识、理解知识、总结经验和错误，并能在分类基础上开展比较和联想。

2.分类能力的分解

（1）设定分类标准的能力。任何分类都要有标准，设定标准才可分类。分类标准要清晰，按标准分出的类别外延应既不扩大也不遗漏。分类标准常常是多样的，要能根据需要选用不同的标准。例如，整理古文，可以按照时代分成先秦、秦汉、隋唐，也可以按照文体分为记叙文、议论文；记忆英语词汇，可以按照植物、动物等标准去记忆，也可按照词性去梳理。标准是分类的基石。一些学生头脑中知识混杂混淆，较重要的一个原因是缺乏分类标准，不能把学过的知识分类储存。

（2）分类规整（处理分类交叉部分）的能力。有标准后对事物进行分类，一般说是比较简单的事情，但是仍有一些事物归类较困难，它们具有多种特性，可以分到不同的类中。例如，一本《曹雪芹传》，既可以放到文学类图书中，也可放到历史类图书中。如何分，要根据目的，方便查询或比较。

（3）提出检索办法的能力。分完类别后的对象，可能数量仍然较多，如何从分好的类里面检索出需要的对象，需要拿出检索办法。检索办法越是科学、可行，检索起来就越灵便。例如，学生把英文单词按照实际领域分成水果、用具等类别，还要设计好每类下面的排序，如按照字母排序就比较好检索。

（4）分类下的比较、联想能力。分类不是目的，是为了在共性下找出个性，进一步认识事物的本质。因此，分类后要善于就同类的事物、知识展开比较，深化对事物、知识的理解。例如，氧和氯均属于氧化性强的一类物质，它们有哪些差别？要有意识地加以分析、比较、鉴别。

四、记忆能力

1. 含义

是指人脑保持经验过的事物、知识并把它们再现出来的能力。

记忆是个人经验、知识得以保存的基础，也是人进一步获得知识和技能的必要条件。学习中有很多需要记忆的内容，学好每门课都需要一定量的记忆。如记住汉字写法、英文拼法、数学符号，记住一些历史年代、诗词歌赋等。头脑里的东西多，是人的功底深厚的表现，我国文化传统向来很推崇记忆，规定的记忆内容也很多。但是，人应该记的东西并非越多越好，过度的记忆影响人的自主思考，不利于文化的繁荣和进步。

2. 记忆能力的分解

（1）形象记忆。即对于事物形象的记忆能力。事物都有形象，有其形状、颜色、质地、特征，对其形象的认识是基本认识，对形象的记忆是基本记忆。在实际生活中，人需要记住各种事物的形象，如人的形象，车的形象，风景名胜的景象。这对生活很有帮助，是一种基本的生存本领。形象记忆是较难的记忆，往往在多次接触实物后，才能形成这样的记忆。

（2）声音记忆。对于各种声音的记忆，如记住风声雨声，人的声音，动物的鸣叫，音乐的旋律和节奏等。声音是事物的基本特征，也是人认识它们的基本途径。在感知声音的同时，也发展其对声音的记忆。声音记忆比较困难，需要专门训练，就如很多人不能很快记住歌曲一样，是声音记忆缺乏训练的表现。

（3）动作记忆。记忆一些动作的方式或要领。动作是人适应世界、改造世界的基本方式，很多动作很关键，必须记住。例如写字的动作，体育的技术动作，开车的动作，开机器的动作，对于生产生活影响很大，必须熟记。不掌握动作要领，会犯错误，有些是致命的错误。

（4）符号记忆。符号是人类的发明，人类越文明符号越多。接触文明学习文化在很大程度上就是接触和学习符号。语文、数学、物理、化学、音乐、体育等学科均有大量符号。记忆符号，包括记住符号的"长相"，还包括记住符号的含义。知识学习中符号记忆能力越来越重要，是关键的学习能力、记忆能力。

（5）抽象事理的记忆。对于很抽象的原理、理论的记忆能力。包括记住理论的内容，理论的表现形式等。如记忆高中数学的公式。抽象事理的记忆需要训练，逐步培养才发展起来。这种记忆在知识学习中很关键，是学生重点培养的记忆。

五、计算能力

1.含义

指对数字、代数式、集合、三角函数、向量、微积分等的计算能力以及对各类计算公式的运用能力。如加减乘除、等号（不等号）两边转换、通分约分以及利用专门计算公式（如指数公式、统计公式）运算等的能力。

计算无处不在，可分精确的计算和模糊计算。精确计算要准确、正确。模糊计算是估计，约摸个大概。

计算能力并不是十分重要的思维能力，尤其是算术计算。我们的教育目前对计算要求太高，训练过多，实际收效不大，对学生发展不很有利，需要改变。

2.计算能力的分解

（1）代数计算。包括加减乘除的计算、分数计算、比例计算、小数点计算、根式计算、对数计算等。

（2）方程计算、不等式计算。这是一类式子的计算，如两个方程相加。

（3）三角函数计算。是在代数计算和方程计算基础上开展的关于三角函数的计算。如$\sin 75°=\sin(30°+45°)=\sin 30°\cos 45°+\cos 30°\sin 45°$。

（4）几何运算。对于线、角、形的计算，如计算某个角的度数等。

（5）统计计算。根据统计原理、公式展开的计算，如计算平均数、方差、回归分析等。

（6）公式的记忆力、运用能力。计算涉及到公式，要用准、用对公式。

（7）复杂计算。融合了多种运算方式的计算，如函数运算、集合的加减、曲线的加减。

六、语言符号能力

1.含义

指人对各类语言符号（自然语言、符号语言、图形语言、学科语言、色彩语言、音乐语言等）理解和运用的能力。

2.语言符号的多样性

（1）生活语言。语言是人类生存必需品，也是各个民族发展的结果。世界上现有3000多种语言，有文字的语言有2000多种。生活语言产生于各民族生产生活中，直接记录反映生产生活。每个个体首先接触学习的是生活语言，如汉族孩子先学习汉语。

（2）图示、图像语言。人类在发明文字前已经会绘画，图像一直是人类记载事件、表达感情的重要方式。现代语言中，图示图像大量使用，例如商标、企业标志、路标、国旗国徽等。图示、图像包含丰富的信息，同时直观、形象、方便，是记录和表达信息的有效手段。

（3）学科语言。生活语言是一个样子，学科语言（教材的语言）是另一种样子，它们逐步脱离自然的日常用语，有独特的描述对象、词汇、话语方式。如数学的1、2、3、+、-、坐标系、直方图、表格、圆、抛物线等，如物理的F、A、M、电力线、磁力线、电路图、原子模型等，如语文的拼音表、平仄表等，如音乐的五线谱，体育的拳谱等。学科日益发展，学科语言日益复杂化，各学科的符号、图标、术语等不断增加。

每一门课程都可以视为一门语言学，它们都具备整套的独特语言符号，有自己的存储和交流信息的手段。学科的"思维的形式"——概念、判断、推理等，都有其独特的语言符号。数学可看做数学语言，物理可看做物理语言，化学可以看成化学语言，就如同英语、古汉语一样，各学科都是一种独特的语言体系。

学科语言符号是学科重要构成部分，是学科的宝贵财富，一般而言也来之不易。当认识到一类事物的本质特性并要形成概念时，语言就出现了新的词语符号，增加了新的要素。新知依靠新的语言文字符号表达和保存下来。每一学科的科学家，都是学科优秀的语言学家，他们的重大成就，包含了对学科语言的拓展和推进。例如，在16世纪以前的漫长岁月中，人们只能用文字对所研究的数学问题作冗长而繁难的叙述，16世纪以后，人们才开始采用数学符号表示各种数学关系，简单清晰地写出数学运算过程。1489年，德国数学家魏德曼发明了减号"-"；1540年，英国数学家锐考尔德发明了等号"="。数学语言的符号表述，使数学思维过程更加准确、概括、简明，极大地简化和加速了数学思维进程。

3. 语言符号能力是重要的思维能力

语言符号能力是思维能力的基础。人的思维都是以语言为媒介的，在表达思想时需要语言，在沉思默想的时候也需要语言（智力正常的聋哑人也有其独特的内在语言），离开语言无法思维。不论人的头脑中会产生什么样的思想，以及这些思想在什么时候产生，它们只能在语言材料的基础上、在术语符号和词句的基础上产生和存在。比如，我们认识客观世界形成了概念，这个概念就需要运用词语把它包装、固定下来,展示出来;思维推论,要靠句子,靠句子的递进……没有语言,思维活动无法进行,思维成果无法表达,思维实际上不能实现。

语言符号能力是思维能力的重要方面。语言水平发展较高,思维水平才能较高。高水准的语言能力,可以解决复杂的思维问题。小孩语言能力较低,思维也较有限;伟大的思想家语言能力高,思维能力也很高,例如孟子、鲁迅。他们既是语言高手,也是思维思想的高手,其独特而发达的语言与思维共同形成他们的个人魅力。

4.学科语言符号能力的分解

学习一门课,可以看做是对语言的学习。要把每个符号、术语、公式、定律都当成新的语言,把学科思维方式、表达方式当成语法。要努力熟悉、理解、掌握学科语言,否则,就如同我们不懂外国语一样,难以了解它们、运用它们。

(1)听说读写能力。即能认识、再现、说、写学科的术语与符号,对学科术语符号比较熟悉。例如语文,记住各种汉字读音与写法,读得流畅;英语,听得入耳,说得出口;数学,认识log、sin;物理,熟悉F、M、U等物理符号。

学习课程,首先要做到对于学科术语符号会读会写,听得懂,记得住。术语符号的听说读写是基本能力,忽视了最简单的学科术语的听说读写,将造成课业学习的认知障碍,就如同我们到了外国,因为不会说该国语言,就不能深入该国的生活一样。

(2)准确深入地理解学科术语符号的含义。学科术语符号是学科的砖瓦、基石,都是特定的概念。对于它们,要理解其含义,深入掌握其内涵外延。一门课掌握得是否到位,最关键的是看对学科术语的理解程度,只有深入理解、概念清晰、绝不混淆,才可学好更进一步的公式定理,才能运用好知识。所谓学科基本功,大半指的是术语理解与把握能力。例如,数学的"1",内涵很丰富,理解其本质,做应用题才灵巧;物理的"力",含义深刻,理解精准,才能用得活。

(3) 了解、掌握、运用学科的语言方式。能够清晰、准确、合理地运用学科术语、符号、表达方式、语句逻辑展示客观对象和自己的思想，是掌握学科语言的高级阶段。

各个学科都有自己的语言方式、描述方式、论证方式，其语言有自己的规则与特点。先说什么后说什么，关注点在哪儿，怎么说，用什么词语，各学科是不同的。语文不同于数学，数学不同于物理。例如数学语言，极为精确，定义精炼，陈述简明准确，无多余的话，也不缺少必要的话。"等式两边同时加（减）上一个数，等式不变；等式两边同时乘（除）以一个非零的数，等式不变。""圆是离给定点距离相同的所有点的轨迹"；"$\because PE \perp OA$，$PF \perp OB$，$PE = PF$，$\therefore$ 点P在$\angle AOB$的角平分线上"等，都是颇具数学色彩和特点的话语。

学习学科要学会这种语言的套路，掌握学科语言方法与风格，对客观世界能进行学科语言表述，完成自我思想的学科化转化。

掌握学科语言方式关键是"化用"，即能够按照学科规则说自己的话。例如我们学了古汉语，要能用古汉语写出讨论现代问题的议论文；学了物理，能把生活中某个现象表述为物理问题。这种语言水平是高级水平，是学科入门的证书。

(4) 学科语言的翻译、理解、推理能力。包括两个方向的翻译、推理，一是从日常表达翻译为学科表达，变具体为抽象；二是把学科表达翻译为日常表达，变抽象为具体。如做题中的"审题"，通常都是把日常表达翻译为学科概念、符号、条件、问题。汽车关闭油门含义是牵引力为零；汽车刹车表达的是负加速度；大气污染意味大气里增添了二氧化硫。而在读教材时，对于教材中抽象的概念、命题等，能转化为生活常识中的物质或现象，如把"生物多样性"转化为姹紫嫣红、环肥燕瘦，把"冲量"转化为"拳头的劲头"等，都深化了对概念理解，让知识活泛起来。

(5) 能读、会用图形、表格、图示。各种几何图、直方图、元音表、统计表、框架图、空间图、照片、绘画，在学科里承载大量信息，是学科描述的重要途径。拥有读图能力，能够读懂其中的信息，转化为学科内容，或者能够把很多信息加工成图表，如把坐标系内的直线，转化为解析式的方程；比较中国、美国地形，列出异同表，都是学好学科所必需的。

（6）学科阅读能力。

阅读是语言能力最重要的构成方面，在各门课的学习中，阅读都是基本功。不仅语文、英语要阅读，数学、物理、化学、历史、地理、政治都要阅读，音乐、体育教材也要阅读。阅读是学好每门课程的根本前提。就是做作业、参加考试，也是以阅读为基础的。

学科阅读能力既有一般的内容，也有各学科独特的方面，因为各门学科的语言不同。学科阅读能力是在反复研读学科材料基础上形成的，读多了，对其语言特点、推理脉络等掌握了，在读新的学科材料时，接受起来就比较快，比较正确。发展思维要全面发展各门课程的阅读能力，如既要发展语文阅读能力，也要发展数学阅读能力、历史阅读能力。

从自然语言到学科术语，从具体数字到抽象符号，是思维的一大飞跃，是思想方法的变迁，也是抽象能力的升华。所以有无术语能力、符号意识，是学生思维发展的关键一步。爱因斯坦说："一个人的智力发展和他形成概念的方法，在很大程度上是取决于语言的。"语言能力不能轻视。

当前学生的语言能力令人忧虑，很多学生轻视语言能力的培养。他们汉语、英语这类自然语言能力不高，兴趣不足；对于数理化等学科教材不阅读，语言风格不熟悉。很多学生还不愿意下工夫训练语言能力，致使他们阅读和听讲效率低下，思考出现断点，最终是社会性知识难以顺利转化为个人知识，学业和思维双双受损。所以，对于相当多的学校、学生而言，必须把语言能力发展作为第一要务，扎扎实实地发展上去。

七、归纳与概括能力

1.含义

归纳能力是指在观察的基础上，发现不同事物间的共有特征，进而得出一般性结论的能力。例如，观察杨树、柳树、梧桐树等，得出木本植物的组织构成，即是归纳能力的体现。归纳是一种由个别到一般的推理方法，其要点是从很多事物中找出共性，发现"相通处"。

概括能力是对事物提纲挈领、简明扼要地整理的能力。例如，对于一篇文章，读完后概括一下，原来展开的文字压缩下来，千把字变成百十字，留下的只是骨头。朱自清的《背影》，可概括为"儿子要坐火车远行，父亲送他。儿子对父亲的表现不大满意"。

归纳与概括能力都以"量的压缩"为主要功能，但侧重点不同。归纳压缩后得到的往往是本质、规律，概括压缩后得到的主要是基本的、核心的内容。

归纳能力是知识极为重要的来源。基础的科学知识，都是来自归纳。通过归纳，人类才求得普遍的、放之四海而皆准的真理。例如"水火不容情"、"天下乌鸦一般黑"都是归纳的结论。在历史上，凡采用归纳发现的规律，一般叫做公理或定律。如几何学的公理，牛顿运动定律、动量守恒定律、机械能守恒和转换定律、欧姆定律、反射定律、法拉第电磁感应定律、楞次定律等。在课程导入、问题提出时，也常用归纳方式，因为归纳也是将要讲述的知识的来源。例如："看下面的例子，……（举若干个具体例子），综合以上各种情况，得到……""换几个数再试一试。一般地，我们有……"都是典型的归纳方法。

概括也是重要的思维能力。概括化多为少，化复杂为简单，是记忆的必须，也是思维提速的前提。

2.归纳与概括能力的分解

（1）知识体系的归纳、概括——提纲挈领。知识是个海洋，任何头脑都不能装进一个海洋。学习要把书从厚读到薄，因此要不断地对知识体系归纳、概括，提取出最核心的内容来。知识中有主干，抓住主要的，次要的就容易带动起来。例如，一章学完后，学生应对本章内容归纳、概括，划出主线，找出要点，穿线结网。归纳、概括后，掌握了全章的实质，书也变"薄"了，但这种变薄，不是学的知识少了，而是把知识消化了，书上的知识变成自己的信念和能力了。

（2）学习方法的归纳、概括——自我升华。一段学习后需要归纳、总结学习方法，结晶自己的经验，扬弃学习的教训。例如，写了大量作文，对于好作文有很多感知，可以归纳一下，得出好作文特点；学过几何之后，可以对几何证明题的共性归纳一下；自己在某一科中总做错某类题目，也可归纳下原因，找出对策；记忆的方法、做题的思路、作文的构思……都需要归纳、总结、概括。

（3）试题类型的归纳、概括。学生不断做题，题目数量巨大、类型繁多，只有善于归纳、概括，才能够把握精髓，找出命题技巧、解答对策，以不变应万变，做到举一反三。考试后更应及时归纳和总结。

（4）总结能力。这是在开展一项活动后，回顾活动情况，归纳、概括其中的经验教训的能力，一般特指对人自身活动的回顾分析。例如，考完试做个总结，自己哪些题对了，哪些错了，为什么？通过总结，提升自我，升华经验，暴露问题，不断改进，自己就能上一个新台阶，知识和能力获得新境界。学生建立自己的错题集，是运用总结的好例子。

八、抽象能力

1.含义

抽象能力是从事物中舍弃个别的、非本质的属性，抽出共同的、本质的属性的思维能力；是将复杂物体中的一个或几个方面、过程抽出来，只关注研究这些方面、过程的思维能力。

如，在物理中，形成质点、电力线等概念时，跳出具体物质的多样性，只取所需的某个性质。在生物中，抛开洋葱表皮细胞、番茄果肉细胞、草履虫细胞各自的特点，抓共同的、本质的特征，把细胞的结构抽象为细胞膜、细胞质和细胞核，建立细胞的概念。在化学中，虽然变化总是伴随物理变化，但我们只关注化学变化，不考虑物理变化。各类概念的确立，命题的提出，都要经历从个别到一般，从个性到共性，从感性到理性，从具体到抽象的飞跃过程，所依赖的都是抽象思维能力。我们日常使用的各种概念，如中国、华北、动物、植物、水、土壤、1、2、3等，都是抽象概念，都是抽象的结果。

学科知识都是比较抽象的，所揭示的都是事物的内在本质、深层规律。学科教材充斥着抽象概念，如数学中没有体积的"点"、没有宽度和高度的"线"、没有厚度的"面"，力学中没有形状和大小的、只有一定质量的"质点"，在无论多大外力作用下不发生丝毫形变的硬得透顶的"刚体"，分子物理学中不计分子本身的体积和分子之间相互作用力的理想气体，生物学中没有任何分化特征的"模范细胞"，等等。而且，知识越发展越抽象，到一定程度后，就可能不再依赖具体经验，在现实世界没有对号的现象，完全是由理论演绎而推出新理论，由概念诱导推出新概念，像数学从一次抽象走向二次抽象、多次抽象，呈现为形式化的东西，编制出抽象性更大的知识之网。

2. 抽象能力的分解

（1）去粗取精、去伪存真、由此及彼、由表及里的能力。这是思维抽象的基本途径，也是抽象思维能力的主要体现。人的认识开始于感性认识，生动、形象、直观，可又是笼统的、混沌的，逐步地人们放弃经验材料和感性事实中偶然的、次要的、非本质的东西，抽取那些必然的、主要的、本质的成分，加以规定，形成概念。这是根本的抽象能力，是知识产生的源泉。例如，人类在远古时期，已经认识到万物都有共同的"基元"，西方提出了"原子"的本原概念。以后两千年中，这个概念不断发展，从混沌的猜测最终变成了科学的"由原子核和外层电子构成的微粒"，原子概念才真正确立。

（2）反抽象能力，理解抽象知识的能力。就是对抽象概念、定理，逆其形成过程反推回去，找出、理解其对应的客观现象；消化抽象中的思维改造方法，对抽象知识的抽象之点、抽象技法彻底理解。

这就要由精到粗、由里及表，把抽象知识化解了、稀释了。例如，学习"力"的概念（力是物体之间的相互作用），要反抽象，把抽象词语具象化、现实化、实物化，如对于"物体"、"之间"、"相互作用"等还原，理解各自的实际体现，如"作用"体现为"挨着、挤压、接触、遥望"等。对抽象知识的理解能力，即对抽象的概念、符号、定律等的理解能力，是学生抽象能力的主要表现，也常常是制约学生学习的关键能力。

（3）体会、模仿、掌握、运用教材的各种抽象方法的能力。教材讲到很多抽象方法，如理想模型方法、理想实验方法、化归方法等。学习要注意抽象思维方法，加强对它们的重视，理解消化，模仿使用，最后形成自己对现实问题抽象处理的能力。

（4）归纳、总结、概括教材的编写规则、学科的特点、试卷的规律等的能力，初步进行原创性抽象能力的训练。学生还不足以对世界进行真正原创性的抽象，但他们可以把学习活动作为抽象的对象，总结出一些有用的东西，并且锻炼自己的抽象能力。学生在做作业时，就可以摸索各类题型的特点、各种问题回答的窍门，把一类事物共性抓出来。有了这样的训练，当思想家、科学家就有了基础。

九、综合能力

1. 含义

综合能力是把各种要素、部分组合起来，形成一个新的整体，以便对事物的整体进行研究和考察，从整体上认识事物的特点与规律的思维能力。

综合能力是整体认识能力，着眼于研究事物的整体、全局和全过程。综合要求把握对象各部分之间的联系，力求全面地、宏观地、系统地认识对象。它是从概貌出发看问题，是一种大局观，常常表现为一种"有机整体感"。

综合是深入认识事物的需要，也是深化知识的一种渠道。例如，化学中讲氧的物理性质、化学性质、制取方法，然后靠综合形成对氧的全面认识。物理学与天文学结合，深化对天体的认识。理论联系实际，推进理论的发展和对实践的认识。人认识事物到了一定程度后，一定会进行综合。

2.综合能力的分解

（1）现象的综合能力。即对各种现象综合，形成更大的综合体，并从总体把握现象的能力。如，对于一个国家，先了解其经纬位置，再了解其地貌气候，然后了解其民族、历史、文化，渐渐地形成总的国家的感性认识。

（2）性质属性等综合能力。即对事物的性质综合，把个别的性质综合到一起，构建更全面的认识的能力。例如，对于氧气的性质，先了解燃烧，再了解氧化，然后了解外层电子，这样对氧气的性质会有较全面的了解。

（3）过程综合能力。即对事物发展的过程综合，把对各阶段的脉络、特性的认识综合为总的认识的能力。例如，对于抗日战争，把全面抗战的爆发、僵持阶段、反攻阶段的局部认识整合起来，最后达成对抗日战争总的了解。

（4）学科内、学科间知识点的综合能力。各个学科的对象，实际上都是贯穿的，因为世界只有一个。例如，物理学的牛顿运动定律及运动学公式、动量定理及动量守恒定律、动能定理及机械能守恒定律、力学与热学、热和功、布朗运动与分子间的相互作用力等需要综合，这样才可提升物理知识的层次、形成解决复杂问题的能力。物理与化学，都研究原子，都有原子的运动；语文与英文，都涉及语法；地理和物理，都讲力的作用……所以学科间也要综合，要打通其隔阂，互相借力，举一反三。知识的综合既要注意联系还要注意区分，不能混淆，要找准关系，理顺逻辑。

十、演绎能力

1.含义

演绎也称演绎推理,指从普遍性结论或一般性原理推导出个别性结论的思维能力。演绎的过程是推理,具有必然性,前提中包含结论。如凡金属都能导电(大前提),铜是金属(小前提),所以铜能导电(结论),即演绎推理。

演绎在人类生活中十分重要,因为世界的"根本道理"(如乘法口诀、牛顿定律、剩余价值理论等)是有限的,发现根本道理的人是很少的,多数人多数时候是靠演绎已经提出来的根本道理来生产、生活、认识与解释世界。工程师靠演绎所学的工程技术解决具体的工程问题,医生靠演绎所学的医学理论诊断治病,学生更是靠演绎学来的语文、数学、外语等知识解决语数外的具体试题。演绎是知识继承和发挥作用的主要渠道。

在学生那里,演绎水平制约他们的学业水平。所谓学习好(成绩高),主要是能恰当地演绎所学知识解决给定的问题。例如英语试题:Tom and Mike—good friends。谓语填什么?根据英文词的词性、格与谓语一致的原则,演绎"语法"得出填are。

理解知识要大量使用演绎推理,做题、答卷中更是寸步离不开演绎推理,学生学会演绎推理(证明)是重要的学习目标,是其理性发达的标志,教育的重要目标之一就是培养学生的演绎思维能力。

2.演绎能力的分解

(1)对一般原理特殊化的能力。例如,经济基础决定上层建筑是一般原理,学生能够特殊化——经济决定一国的文学,生产方式决定人民的观念;力改变运动的原理,可以联系手术、踢球、弹钢琴;酸碱作用可以解释为什么要用硼酸洗涤受石灰污染的眼睛,喝面碱缓解胃酸灼痛……理论是一,但是理一分殊,能够特殊化出无穷的"应用"。原理特殊化的能力越强,对于特殊问题的处理能力就越强。各门课原理是有限的,但善于特殊化、善于推论,则可大大丰富知识,提高解决问题的能力。

（2）按照规则演绎的能力。演绎推理分成三段论、假言推理、选言推理等，各种推理各有一些逻辑要求，决定推理的对错。使用推理要遵循规则，如排中律、矛盾律等，确保过程合理，结论正确。

（3）对于演绎的纠错能力。一个人善于正确地演绎，就应该也善于发现演绎的错误，避免跌入陷阱。例如，商品必须是劳动产品，劳动产品也一定是商品。这句话后半句是错误的，因为前一句中"劳动产品"是不周延的，后一句是周延的，两者外延不同。

（4）演绎推论的能力。即根据已知的一般性规律，通过分析，并限制条件，运用逻辑推演，得出个别性的规律或结论。

演绎推论的方式主要有两种：从结论出发寻找前提，或从前提推出结论。例如，"一排水量为4104t的轮船在长江内航行时，船受到的浮力是——"本题是从前提推出结果（大前提"浮力定律"略去）。"未装满开水的热水瓶，第二天会出现难拔出塞的现象，其原因是——"此题从结论推出前提（水瓶降温，瓶内气体压强下降）。

证明是演绎推论的一种。证明过程就是对于某命题给予合乎规律（物理、化学、数学等规律）、合乎规则（思维规则、逻辑规则）的支持，推论其成立的过程。演绎证伪则是从被公认的理论中，推导出可以进行经验检验的虚假的论断，然后来确定被检验的理论虚假。

（5）演绎解释的能力。即用演绎方法揭示事物的现象、说明发展的过程的方法——运用普遍性的科学理论去说明某特殊事物何以发生或何以如此发生的机理，或者运用更高层次的理论去说明较低层次理论。该法需要理论原理、相关条件、事实陈述，然后推出结论。例如，足球运动员何以射门进球？可以用力学原理来解释。

（6）演绎预测能力。就是根据已知的普遍性科学理论与适用条件，对某一特殊的未知事件作出逻辑推导。例如，根据生态学规律，预测砍伐热带雨林的灾难性后果；根据经济学规律，预测某种商品的行情。

十一、联想和想象能力

1. 含义

联想是指因一事物而想起与之有关的其他事物的思维能力。想象是指在头脑中构造没有经验过的或者并不存在的画面、形象、事物等的思维能力。

泰山不见黄山，登泰山者亦只见泰山，但他可以遥想黄山，让五岳在心中聚会。当代远离秦汉，但人可以想象秦汉的风度和生活。凭借联想、想象，生活在当下的人可以跨越时空，分享历史的经历和经验，驰骋到尚未触及的领域，扩充思维的内容和范围。联想和想象是人的精神世界自我丰富的途径，使人的精神变得开阔而自由。

在知识的产生与运用中，联想和想象的作用都很大。知识是静止的，只有通过人的主动联想，方得以沟通、借鉴、对比、融合，构成知识体系，深化知识的层次和质量。由光波联想到水波，得到水波的启发，人认识了光的本质；由电荷相互作用联想到万有引力，借鉴万有引力定律，人提出了库仑定律。联想拓展思路，建立类比，一些新知由此发芽。在各类知识的形成中，想象的作用更为巨大，由想象而成假说，由假说而成理论，很多真理都经历这样的途径。例如苯环的提出、镭的发现、诗歌小说的产生、计划生育政策的提出，都借助了想象的力量。

学习、理解知识也需要联想和想象。例如物理的原子和化学的原子、数学的函数和物理的公式，通过联想获得比较和深化。如果输入大脑的知识信息无法勾连，说明学生并没有真正理解这个知识，属于死记硬背、囫囵吞枣。在解题中联想也极为重要。题目是具体的情景、问题，解答题目要使用某个知识点或原理，题目与知识点原理对上号，就靠联想。通过感知给定的试题，引起头脑中某些概念、原理和运算方法的复活，试题被类化、被纳入原有的知识结构中，达到彻底理解试题的性质，促成问题的解决。所以，没有联想不可能解题，没有正确的联想不可能正确地解题。理解题目含义，常常也要联想，如物理状态、过程，数学的空间形象、关系，语文的描写、刻画，都需要想象方能理解。

2.联想能力的分解

(1) 类似联想。对于类似事物的联想。如从重力想到电磁力，从国体想到政体，从兴安岭想到松嫩平原，从秦皇岛想到渤海等。在联想之后还要比较，更好辨析事物的异同。

(2) 对比联想。事物间反差大，从某事物想起相反事物。例如，从南极想到北极，从海洋想到沙漠，从电子想到太阳系等。

(3) 因果联想。从原因联想结果，或从结果联想原因。如从病毒想到疾病，从水力想到发电，从动荡想到腐败。

(4) 概念联想。能从甲概念想到乙概念，从此学科概念想到彼学科概念，从动能想到动量，从原子想到细胞，从秦始皇想到希特勒等。

(5) 命题联想。能从甲命题想到乙命题，从此学科命题想到彼学科命题，如，从"热胀冷缩"想到"温度制约化学反应过程"，从"集合与元素"想到"名词分为抽象物质名词、专有名词"等。

(6) 知识融会贯通能力。因为客观世界的唯一性，所有知识都是相互联系的。融会贯通，就是能找出知识的联系，发现知识的依存、渗透关系。如打通物理与数学、与哲学的关系，打通力与电、与机械运动的关系等。

触类旁通、举一反三是知识贯通的重要体现。从已知到未知，从此例到彼例，知识发生迁移，能解决类似的问题，说明知识真正熟练了、化用了。

前后勾连，温故而知新，这是知识贯通的好办法。在后面学习中，要利用前面知识来消化理解，也要不断复习前面的知识，学而时习之。"进一步，退两步"，经常从前边联想到后边，到后边又联想起前边，前后不断反复，才能达到对知识熟练的掌握。

(7) 理论联系实际的能力。很多科学的大道理，就隐藏在日常生活的小事情之中。文艺家、科学家讲出了"人人皆见的，人人想讲的，但又是人人还没有讲出来的话"，这是从实际上升到理论的表现。有了现成的理论，还要能联系现实。例如做题中，要运用理论解决具体的实际问题。学生理论联系实际的能力越强，知识对号就越准，解题就越快。这是学生一项重要的能力。

3. 想象能力的分解

（1）对语言文字描写的情景的想象能力。文字是神奇的，平面的文字，可以表达立体的形象，刻画出我们没有经历的事物。如"大漠孤烟直，长河落日圆"；"自三峡七百里中，两岸连山，略无阙处；重岩叠嶂，隐天蔽日，自非亭午夜分，不见曦月"。再如《三国演义》的战争场面，《红楼梦》的儿女情长。文字的图景要靠想象来实现。

（2）对于空间的想象能力。是指在头脑中能浮现出指定物体的形状或形象的能力。语文中有很多文章需要空间想象力，数学中空间想象更多。曲线、立体、旋转、位移……没有空间想象力，难以理解。

（3）对事物的状态、过程等的想象能力。今天无人置身过古代，可有人能"再现"古代的生活场景；没人见过世界的诞生，却有人能写出《创世纪》；历史已经淹没，而有的头脑却把历史再次展开，变成曲折的故事。对于未来的设计，更需要想象力：如果我国放松计划生育这一基本国策，到21世纪中叶，我国的经济和社会生活将如何？会出现哪些问题？这类假设的情景，只有想象能捕捉它。

（4）构想新事物的能力。想象的极致，是构建出没有见到过的新事物。牛郎织女相会，盘古开天地，天国地狱，都是这样的想象。这类想象是伟大的，我们人类很多美好的故事、壮丽的事业，都来自这份想象力。

（5）构想价值的能力。就是构想出新的价值，从而引发新的价值观的能力。例如，提出人生的新价值、社会的新理想、物品的新用途等，都是这样的想象能力。耶稣、老子等，是这样的想象大师。人类从古到今，想象出新价值的不多，所以这样的想象力是很难得、很重要的。

十二、转化能力

1.含义

即把某一部分的知识、方法、问题转化为另一部分的知识、方法、问题的思维能力。

世界具有物质统一性,研究世界的各个学科没有绝对的界限,完全可以相互融通,学科内部更是如此。因此,某一学科的知识、方法、经验,完全可以过渡到其他学科,在其他学科使用。这是人类聪明才智的体现。例如,物理学、生物学的一些观念、概念,如物质、进化、结构等,上升为哲学的概念;物理问题、经济问题等转化为数学问题,利用数学方法求解和预测。

各个学科里这种转化也较多。例如数学,大量使用转化方法,把未知问题转化为已知问题,把复杂问题转化为简单问题,把非常规问题转化为常规问题;完成数与数、式与式、数与形、形与数的转化,并发明了代入、消元、配方、换元等转化方法。如勾股定理把三角形的"形"的特征转化为三边"数"的关系,是一个数形转化、结合的典范。

例如下题,利用转化能力解决比较简单:

化简:$\dfrac{n+2+\sqrt{n^2-4}}{n+2-\sqrt{n^2-4}}+\dfrac{n+2-\sqrt{n^2-4}}{n+2+\sqrt{n^2-4}}(n\geq 2)$

解:设 $a=n+2+\sqrt{n^2-4}$,$b=n+2-\sqrt{n^2-4}$,则 $a+b=2n+4$,$ab=4n+8$

$\therefore$ 原式 $=\dfrac{a}{b}+\dfrac{b}{a}=\dfrac{a^2+b^2}{ab}=\dfrac{(a+b)^2-2ab}{ab}=\dfrac{(2n+4)^2-2(4n+8)}{4n+8}=n$

转化是重要的能力和方法,它的好处主要是,第一,能融合出新知识,如学科、知识间的转化。解析几何就是成功转化的例子。第二,是获得借鉴、启发,化难以解决的问题为可以解决的问题。

2.转化能力的分解

(1)知识借鉴能力。对某一学科的知识或问题,从另一学科角度去理解或解决,借鉴另一学科的模式和经验,可能得到意想不到的效果。例如，历史、政治可以借鉴生物学的知识，提出"二十年代的政治生态"，像生态学一样去理解历史中的政治势力的关系；语文可以借鉴数学，用符号、加减来表示语法关系。

（2）知识交叉、融会的能力。指的是知识之间交叉，形成新知识和解决新问题的能力。各门知识其实都是内在交叉的，学生如果能够自觉地把它们交叉上，知识的数量和质量都会改观。例如，古文和现代文融合，体会现代文简洁的源泉；语文和历史融会，理解文以载道的内涵。

（3）一般与个别、共性与个性、普遍与特殊的转化能力。一般（共性、普遍）是指事物在现象上和本质上的共同之点，个别（个性、特殊）是指单个的、特殊的事物或特点。一般与个别相联系而存在，个别属于一般，一般存在于个别之中，是个别的一部分或本质。凡事都是个别与一般的统一。人们认识事物，由个别开始，从个别中发现一般；又以一般为指导，去深入认识个别。教材中常常先讲几个事例，得出一般的规律；做题时常常是对于个别的问题，上升为一般的原理、公式，再行个别解决。学习中无时无刻不在运用一般与个别、共性与个性、普遍与特殊的转化能力。

（4）理论与实践结合的能力。理论都是一般性的知识，实践都是个别性的情况，理论指导实践，就是一般向个别的转化。在学习中，问题解决都是运用一般理论，解决个别问题。学生解题能力高低，实际就是理论向个别转化能力的高低。提高理论与实践结合的能力，对学习相当关键。

（5）实际问题数学化的能力。把问题转化为数学问题，如转化为函数问题（列出函数、方程式或转化为几何问题，画出几何图形），就可以简化解答的复杂性，得到具体答案。这在物理、化学等学科中十分普遍。

（6）数学转化能力。如把数学的问题转换为图形问题，或把图形问题转化为数学问题等。数学中有一系列转化的方法，是数学能力重要组成部分。

十三、解释与论证能力

1.含义

解释是对事物的状态、发展变化，或者对理论、决策，对人的言行等进行阐释、说明和论证的能力。而论证是用已知为真的事实、理论、学说判断某一说法的真实性或虚假性的思维能力。

解释和论证是十分重要的能力，人类时时都需要解释和论证，以便消除困惑、焦虑和误会，说服别人，获得支持。面对自然的奇妙世界，我们需要解释，因为人类不懂的事情、驾驭不了的事情很多。我们需要解释世界是怎么来的？人是如何产生的？为什么人会生病会死亡？一棵树为什么长成那个样子？一块田地的产量为何出奇的多或少？面对复杂的社会生活，也需要大量的解释。王朝何以建立或衰亡？英雄何以产生或成功？商业为什么繁荣？一家店铺为何大受欢迎？一个政策的合理性何在？物价如何波动或调控？

人类的知识在解释中发展。正因为要解释，要说清为什么，所以知识才不断发展。原创的科学理论，常常都是针对某个需要解释或人不能理解的事情而创设的。

知识从社会性到个人性的过渡、传承，也需要解释，否则个体理解不了。老师讲课主要是解释，高明的老师解释能力强，深入浅出，把复杂、深奥的理论解释得简单易懂。

学生学习，在一定程度上是自我解释。对于一个现象、理论，学生能用自己的知识、经验解释清楚，把它消化到已有的知识与经验背景中，才是真的明白了。课本上的知识，对于老师是明白的，但学生未必明白，必须经过自我解释才能内化成自己的观念或信念。

解释能力是人的重要思维能力。很多杰出的人物解释能力都很强。例如，爱因斯坦能给不懂物理的年轻人讲相对论；领袖能把自己的思想、决定以通俗易懂的方式讲给群众，调动他们的热情；推销员能把自己的商品解释清，让顾客了解其优点和价值，激发顾客的购买欲。解释能力是权威的基石，是构成领导能力、组织能力的重要方面。

2.解释能力的分解

（1）寻找原因、理由和论据的能力。解释最有效的办法是找原因、理由，作出有力的论证。找出原因、论证得当，一般是能叫人信服的。苹果为什么落到大地上？因为万有引力、地心引力。酸和碱为什么反应？因为原子团相互作用，原子团能得失电子。抗日战争为什么是持久战？因为中日国力、军力、人心向背很不同。运用人们业已接受的理论、逻辑，找出说得通的具体原因，可以得到"同情的理解"。因此，理论水平、逻辑水平，是解释能力重要的构成部分。

（2）翻译的能力。即通俗化、简化的能力。把要解释的事物、道理翻译成对方能够理解的语言、事例，避免鸡与鸭讲。打比方、比喻都是翻译能力的集中体现。例如，毛泽东用"吃梨子"来说明实践论，用"毛和皮"来说明知识分子的地位，把他的观点翻译成农民都能懂的语言，解释能力很强。一些大的理论出来后，演绎出顺口溜，就是翻译成更为人理解的语言，起到传播效果。例如用"楼上楼下，电灯电话"来形容共产主义。

为了解释的高效，通常都要简化，抓出骨头，用比较少的信息反映复杂的事理。中医解释人病了说"阴阳失调"，简单明了。简化以抓本质为基础，所以简化的能力不简单。用奔跑的一堆人来比喻电阻电流——狭窄的地方（横截面积小）人挤人，流量下降，很形象，也方便理解。

（3）交流能力。这是语言的表达能力，口齿伶俐是必要的，但还要投人所好，会说话，能采用对方熟悉的语言交流。一个人说英语一个人说汉语，都口齿伶俐也交流不了。所以，对数学家用数学语言交流，对生物学家用生物语言交流，才是会说话的体现。交流能力中还涉及到情感、价值观等问题，交流能力强体现在会找出与对方共同的信念，取得对方的认同，然后再说自己的观点、推销自己的意见。交流能力不是简单的演讲能力、辩论能力，仅仅是口语能力强不等于交流能力好。

（4）影响他人的说服能力。说服人是最困难的，因为并不是掌握真相、真理就能说服人，还要靠多方面因素，甚至靠权威等。《战国策》中有很多说服人的故事，如《触龙说赵太后》，通过利益的比较分析，说清长安君做人质对太后及长安君的好处，最终打动太后之心，实现了说服的目的。说服要具体对象具体分析，运用之妙存乎一心。

（5）论证能力的分解。

①归纳论题的能力。论题是论证中需要确定其真假的判断，是论证的主题和核心。善于论证，要能准确恰当地归纳出论题，旗帜鲜明，号角响亮。

②提出论据的能力。论据是一个论证的根据，也就是所谓的"理由"。论据一般也有两类：一类是已经确认为真的事实情况；一类是科学的定义、公理、定理。有力的论证，要有强力的论据，论据丰富、贴切，才有更大说服力。

③采用恰当有力的论证方式的能力。论证方式主要有演绎证明、归纳证明、直接证明、间接证明、反驳等，良好的论证就是根据对象、语境、论据选用适宜的论证方式。

十四、反思能力

1.含义

是指人对自身各种活动和结果的觉察、评价、总结、改进的思维能力。

反思是一种思考，其对象是主体自身或主体的各种言行。人在反思中总结经验得到教训，在反思中自我超越不断进步。反思是人发展的内动力。人对自己决策的反思，能提高决策能力；对自己社会交往的反思，能提高社交能力；对自己思维的反思，能提高思维能力；对自己掌握的知识、学习行为和策略不断反思，能提高学习的质量，学得更高效更智慧。

2.反思能力的分解

（1）把学习过程、思考活动客体化的能力。就是自己能够跳出自己的学习、思考之外，反观自己的学习和思考，把自己的学习和思考当做"他者"来研究。为此，人要双重化，能既当审判员也当被告，敢于和善于直视自己的学习、思维。

（2）对自己的思维方法、成绩、错误的反思。事情做得对与错、效率高与低，与思维方法关系很大，学习、做题更是如此。思维方法对路，学习如鱼得水；思维方法不对，缘木求鱼，越努力越跑偏。但是，方法在很大程度上是自我总结和发现的，不是简单教育获得的，所以反思很关键。善于反思、及时反思，会总结出方法的精髓，如虎添翼。一道题为何对了，为何错了，背后都是有方法的原因的。就出错而言，有时是知识理解方法不对，消化不良，有时是运用知识的方法不当。通过反思，好的经验、方法稳固下来，错的方法不断改掉，学习基础一点点夯实。

（3）对知识的反思——不断理解和反刍。学习是反复的过程，不是学过就完结了。前面学习的东西，以后要不断思索，加深理解和体认。例如，开学初学习"集合"，2周内学完了。但是，集合是数学的基本知识和方法，到处使用，使用时学生经常发现自己对集合的理解有疏漏，所以必须再反思、再补充。

（4）对老师、同学观点、方法的反思。反思的对象既可以是自己，也可以是老师和同学。因为学生受老师、同学影响较大，"自己的"观点、方法很多其实就是老师和同学的，老师和同学的很多观点、方法其实也是"自己的"。例如，一些语文老师对于作文的写法有套路的观念，对不对？那样写就好吗？学生完全应该反思一下。

（5）对自己言行的反思。社会生活是广阔的，每个人都是生活中的演员。不断反思自己言行，提高言行水平，有助于人扮演好自己的角色。而言行中值得反思的内容很多，因为人很难处处尽善尽美。比如反思自己的饭桌表现,可以促进自己更成熟。

十五、质疑能力

1. 含义

质疑即批判,指对一些现实事物、理论、论断等产生"不满"、感到"困惑",进而进行批评和探究的能力。

质疑是人的本性,小孩开始有思维、有语言能力后,就不断地发问、质疑,表达对世界的不理解和兴趣,拓展自己的认识范围。为什么要吃饭啊?我在干啥?这是什么?童趣中每个孩子都是思想家、科学家。孩子常问出大问题、科学的前沿问题,很多问题目前都没法回答。

提问、质疑、批判,是人类精神发展的内在动力。每一代科学家,都是在对前一代的知识结论的质疑中进步的。伽利略不满意亚里士多德的理论,提出自由落体规律;黑格尔不满意康德的哲学,才创造了黑格尔哲学;后代人嫌一代计算机又大又慢,便不断革新计算机。所以爱因斯坦说:"提出一个问题往往比解决一个问题更重要。因为解决一个问题也许仅是一个数学上的或实验上的技能而已。而提出新的问题,新的可能性,从新的角度去看旧的问题,却得要有创造性的想象力,而且标志着科学的真正进步。"近代以来科学技术的大繁荣,就是因为提出问题的社会环境大大改善,一流问题多了,一流的科学技术也就多了。

对于教育而言,培养学生质疑、批判、提问的精神和能力,是最主要的育人目标。这是学生人格独立的标志,是其创造力的内动力,是奠定一流人才的台阶。敢于提问、善于提问,自觉探究和研究事理,而后才有可能有所发明有所创造。现在很多学生都羞于提问,更不敢质疑,也不会批判,这是一个极大的问题。从这里找出一流人才越来越渺茫——好学生不少,但是思想家、科学家的苗子并不多。学生时代不可能提出重大的问题,但是,是否养成质疑、批判、提问的精神和能力,却已经决定了他们10年后、20年后能否站到世界科学大奖的领奖台上。

在学习中,质疑、批判也是一种学习态度、动力和方法。质疑有利于学生保持积极的学习心态,能避免麻木、怠惰和厌倦,让学生拥有"战斗的热情";对知识进行多方面考问,可获得更为全面深刻的道理,能掌握更多的"为什么",体悟学科的逻辑和方法。发问、质疑和批判,还能有效活跃课堂气氛,打破死气沉沉的局面,实现师生教学相长。

2.质疑批判能力的分解

(1)对自我思维能力、结论的自信心。质疑别人的观点,需要有立足点,这个立足点是自我。人有自信才能质疑。其实每个人的思维是平等的,没有天然的权威。人要尊重、相信自己的能力。我国的文化传统重视中庸平和,不赞成唯我独尊、个性张扬,导致一些学生缺乏自信,尤其是对自己的思维没有自信,这不利于质疑,需要改变。

(2)追问为什么和提出反证的能力。质疑并不是简单的情绪表达,要有道理、有力量,因此要会问为什么,会提出反例。有人说"病都是吃出来的",不赞同是一个层次,而能追问"病是怎样发生的?""吃的东西在疾病发生中占多大分量?""吃的东西引发疾病的机理是什么?""吃东西何以能够治病?"就深入了很多,对方就要小心应付了。有人说"为富不仁",如果能举出几个比尔·盖茨似的人物,论点便不攻自破。此外,论据、论证方式也常会埋藏谬误,对于持论者逻辑的批评也是一个重要的能力。

(3)质疑权威的能力。权威有多种体现。教材、老师等是学问上的权威,但是权威不等于真理,也许也有错误。而且,人对真理也有选择性,原则上说人可以不信服真理。对于教材、老师挑错,是思想解放的表现,是思维进步的台阶。流行价值观也是一种权威。社会经常有流行的是非观、善恶观、美丑观,通常是不得质疑的。但实际上,每个人都可以有自己的价值观,社会价值观都需要他的自觉认同。例如,人们常说《蒙娜丽莎》是伟大作品,其实观众完全可以有自己的品评，说"不好"也是合理的。

十六、判断能力

1. 含义

判断能力是指对某种事物、现象、问题、观点、命题肯定或否定的思维能力，或是构建起概念间关系的思维能力。

判断是人的基本思维能力。生活中有大量事物、情况、问题需要判断，判断后才能有所选择，采取行动。例如，每天我们都需要判断事物的真假、善恶、美丑，在判断后确定态度和行为。"把钱存在我这里，我每月给你20%的利息！""吃啥补啥，要让孩子聪明，就得给他吃核桃仁。""没有教不好的学生，只有不会教的老师。"这些话是真的吗？对吗？这就必须判断，要自己拿主意。缺乏判断力导致人优柔寡断，判断不当则造成盲目失误。人要形成健全、正常、自我的判断力，不能人云亦云，不能犹犹豫豫。生活中我们要根据自己的判断选择信仰、职业、朋友，自己构造人生的轨迹和方式。

各学科的知识体系，包含大量的判断。判断既是知识形成的方法、过程，也是重要的知识点，如"物体具有惯性"，"温度影响化学反应的速度"。学生学习，在一定程度上就是领会、运用学科判断的过程。运用判断不是简单的记忆书本中固有的判断，而是根据一些学科的原理、原则或价值观念，建构、生产新的判断。例如，利用地理学知识，判断"围湖造田是否值得"。即便是学生做题也要先行判断，如判断用哪个原理、公式，判断试题中某个条件有无用处。学生只有先行做出判断才好确定解答的路线。

2. 判断能力的分解

（1）对于事物、理论等真假的判断能力。生活不断出现新的事物、新的说法、新的理论，对其真假需要判断。"这款新型汽车极其省油，百公里耗油1升"，"某某名医发现了治疗癌症的新药，世界震惊"，"某某董事长留学美国，获得科学博士学位"，"2012年是世界末日"、"科学技术是第一生产力"、"本楼盘增值潜力巨大，估计价格每年能上升30%"，这些说法都需要作出真假判断。世界上真假相对，有真就有假，需要进行真假判断的事物太多了。真假判断是判断的第一步，是最基本的判断能力，如此，才能避免盲动、迷信、愚昧，理性地看待事物并理性地生存。

（2）在概念间构造判断的能力。对于不同概念，能够发现它们的关系，构造出一个判断（句子），以一个概念来判定另一个概念。例如，"醋是一种酸"，"三角形不是正方形"。概念间可能有关系，可能没关系，可能是这样的关系，可能是那样的关系，通过判断力，把它们联系起来，揭示更多的道理。

（3）做题、运用知识时的判断能力。题目中哪些是条件？哪些是干扰项？某个词的具体含义为何？解题的思路方向在哪？运用哪个公式原理？选择题目选哪个选项？都需要判断。

（4）对于教材知识（如史地政等课程）的评价能力。教材有很多人物、事件、活动，对这些往往公说公有理婆说婆有理。学生可以给出自己的态度，确立自我的评价。秦始皇是否是伟人，学生们可以自定。评价的重点要说出道理，肯定否定要有根据。评价的根据有两类，一是事物内在的逻辑性，一是各类事物外在的标准。所以，评价前要对事物自身的逻辑性或规律搞清楚，要对外在标准消化吸收。史地政等知识，如果没经过自己的价值断定，那还仅仅是知识；只有经过价值判定，它们才能上升为信念。我们现在一些文科教育失败，主要就是因为缺少学生判断加工环节，不能达成有效的信念。

（5）价值评判能力。是对客体具有的意义进行评价，以及自我设定追求、目标的思维能力。

真善美是人类社会三大核心问题，也是人类认识的三大核心对象。科学技术回答"是什么"、"怎么样"、"为什么"等真的问题，占有人类知识的半壁江山；宗教、道德、艺术、法律、政治等回答"追求什么"、"合理与否"等问题，占有知识的另一半天地。而且，这部分知识更加重要，它们是人类的信念、习俗、文化等的源泉，对社会和个人发生精神支柱的作用。

价值理性，是指引社会发展的路标和人生前行的明灯。在学习中，价值理性的知识占有很大分量，各个学科都有价值性内容，灌输一定的价值观念。语文告诉学生何种句子准确简洁，何种文章优美动人；历史告诉学生什么样的皇帝仁慈英明，什么样的政策顺应民心，什么样的起义可歌可泣；地理告诉学生我们的祖国伟大在哪里，黄河长江何以是母亲河；数学启发我们智慧，训练我们的逻辑能力；物理告诉我们顺应自然的办法，善待地球的可能途径……

价值评判能力是极其重要的一种判断能力，可分解为：

第一，设定自我的价值观（价值评价标准与体系）的能力。其中可以有多种内容。道德标准、艺术标准、好人标准、君子标准、名著标准、大师标准、强国标准、宜居城市标准等，都是价值观的一些方面。

第二，道德评价能力。人之善恶、事之是非，能做出判断，秉持独立的看法。

第三，艺术评价能力。能评价美丑，有自己的感受。一部作品、一处风景，自己判断，不人云亦云。

第四，福祸评价能力。所处的环境、生活、社会状态如何？有自我的看法，在乎自己的体验。

（6）发展趋势判断及预测能力。即判断、预测事物的发展趋势的思维能力。这是一种特殊的判断力。

事物都是发展变化的，其中既有偶然的趋势，又有必然的趋势。必然的趋势指事物在联系和发展过程中合乎规律的、一定要发生的、确定不移的趋势。如种瓜得瓜、种豆得豆，日夜循环、四季更替，新陈代谢、生老病死等。偶然的趋势是指客观事物发展过程中并非确定发生的，可以出现、也可以不出现，可以这样出现、也可以那样出现的不确定的趋势。

人十分关心将会发生的事件及结果，因此要预测、把握事物的趋势。社会的政治走向、经济趋势需要预测，气候气象、地质灾害需要预测，某项政策的影响、一些言行的效果也需要预测。不论必然趋势还是偶然趋势都十分重要，这是人最关心的信息，对人实践的指导意义极其巨大。

但是，到目前为止，人类预测能力还很低，有关预测的知识也不够。例如，我们对长期的气候还难预测，很多天灾我们仍束手无策。人生中我们尽量理性，但在现实面前，往往预测失准——例如婚姻嫁娶，很多预测是失败的。

提高发展趋势的判断及预测能力，需要注意采集、分析历史数据，从历史的数据得出未来的走向，如靠分析历史数据预测一个国家的经济走向；还要注意抓出因果，掌握因果规律，通过今天的因逻辑地得出明天的果。

（7）决策能力。就是作出决定或选择的能力，或通过分析、比较，在若干种可供选择的方案中选定最优方案的能力。

决策是一种特殊的判断，也是普遍性活动，不仅仅政治家、军事家、企业家在决策，就是普通人也在决策。每天的衣食住行中，很多问题都是决策，早晨起来，穿哪件上衣是一种决策；到食堂打饭，吃馒头还是吃米饭，也是一种决策。决策能力是极其重要的判断力，对实践的影响极为巨大。正确决策带来预期的积极成效，错误决策满盘皆输。

发展决策能力，需要提高确定目标的能力。决策是为了达到一定目标、解决某一问题、实现某一价值的，确定目标是决策过程的第一步。没有明确的目标，决策将是盲目的；确立不当的目标，决策将带来恶果。为此要提高价值判断力。其次要提高制定备选方案的能力。决策实质上是选择行动方案的过程，如果只有一个备选方案，就不存在决策的问题，因而，至少要有两个或两个以上方案。制定备选方案，要调动多种能力，是复杂的思维过程。大的方案，本身就是很有高度的知识成果。如作战方案、工作计划等，制定起来很不容易，常常要汇集多方面专家，长期研究和编撰，才得出一个有价值的方案。

此外，决策不仅是一个认识过程，也是一个行动的过程，决策的方案不能束之高阁。

十七、建模能力

1. 含义

建模能力是指从实际的事物、现象、过程中，抽象出一些要素建立起观念形态的模拟物的思维能力。

模型是事物的模拟物，可以是实在的物体，如沙盘；也可以是某种图形，如地图；或者是由语言文字、符号、数学式等构成的表达式，如分子结构模型、化学反应式、数学方程、质点、物理公式、小说、剧本等。

人类思维发展到一定程度，对世界的知识就是走向间接，形成一系列模型来反映世界。例如物理学充满了物理模型，差不多就是用物理模型来反映物理世界，如$F=f$（作用力等于反作用力）；化学满是化学模型，如$Fe+CuSO_4=FeSO_4+Cu$；就是社会科学中也有大量模型，如生产力决定生产关系、陈述句=主谓宾等。现代各门学科都普遍地应用模型。

模型是"等效思维"，模型应该等于实际情况。实际的复杂情况通过简化为模型，既方便解决问题，也能提高思维的精度。

建模是理论发展的主要途径。建立理想化模型（理想化客体、理想化过程、理想化关系），可以把复杂的、具体的物体或过程简化，突出主要矛盾，暴露主要性质，有利于寻找规律。一个学科的发达程度、成熟程度，往往看其模型数量，尤其是数学模型的状况——是否建立起足够数量的数学模型。经典科学之所以经典，主要是其建立起了较多的数学模型。

学习的重要方面就是学习建模，理解学科通用的经典模型，学习建模的思路、方法，并且在面对实际问题时，能够运用已有的模型知识，构建起合理的具体的模型。

从考试角度说，最难的题目，都是建模的题目——数学、物理中的应用题，语文的写作文等，都是应用模型解决问题的代表。例如：静止在水面上的船长为L，质量为M，一个质量为m的人站立在船头，当此人由船头走到船尾时，不计水的阻力，船移动的距离为多少？解答这个问题，需要模型化，处理成"动量守恒"模型：设人做的是匀速运动，船后退的位移为S，从而得出：$MS/t-m(L-S)/t=0$，$S=ML/m+M$。如果不能简化、模型化，考虑得太复杂，如人快走、慢走、或跳或跑，做不同形式的运动，解答起来几乎不可能。

2. 建模能力的分解

建模是综合能力，是认识从感性到理性、抓本质、找规律的过程，是多种思维能力的综合运用，需要较好的思维基础。

（1）抽象能力。建立模型首先需要抽象，要把具体的事物抽象为若干要素、符号；这种抽象在一定程度上也是简化，抓事物的主干与特征。例如，把社会发展抽象为生产力、生产关系、上层建筑的变化；把土壤性质抽象为物理性质、化学性质。

（2）因果关系分析能力。要能在抽象出的若干要素间找出因果规律或固定的内在关系，使它们有可能成为一体。有时建模还需要调动其他关系的分析能力，如搞清空间关系等。

（3）能对要素及其关系符号化，形成一种符号体系。例如，一个运动的物体，可以抽象出速度、加速度、质量、力、位移等因素，分别表示成V、a、M、F、S；三角形的量，可抽象出面积、底边、高等要素，用S、L、H等表示。

（4）构建数学模型的能力。建模的结果，一般是数学化、算式化，建立数学方程，这个过程也是数学建模。数学模型是根据事物的数量特征或数量依存关系，采用数学语言，概括地或近似地表述成一种数学算式或图形，把所研究的实际问题化为数学问题，通过对数学模型的研究，使实际问题得以解决。数学建模需要较好的数学技能。

（5）设计能力。是对事物构想和构建的能力，是一种通向实物创造的建模能力，如设计园林、楼宇、道路、机械等。设计能力取决于多种能力，如想像能力、结构功能的构建能力、外形或形象构建能力、材料与工艺等组合运用能力等，是一种综合程度很高的能力。设计大家，既是艺术家，也是科学家或工程师。

十八、观察能力

1. 含义

是指对事物的反应、感知、注意等思维能力。

观察是一种感性的认识活动，是人通过感官而进行的直接认识外界的活动。它记录和报道事实，使人获得了关于外部世界的经验认识。观察在本源上说，是人类获得一切知识的首要步骤、重要途径，也是一切创造发明的必要条件。许多科学上的发明和创造，都是某位科学家敏锐、细致、准确、深刻的观察的结果。科学的发明发现，很多来源于观察，从个性中发现了共性，从共性中看到了特质，然后才产生了某种理论创想。例如，我们经常讲的牛顿观察苹果落地，猜想有万有引力；瓦特观察到壶盖的震动，开始研制蒸汽机；高斯观察$1+2+3+4+\cdots\cdots+98+99+100$的规律，发现头尾相加总得101，得出$101\times50=5050$的简易算法，给历史留下一段佳话。观察能力是了不起的能力，福尔摩斯之所以能够很快地破那么多案子，敏锐的观察力是其中的决定因素。

学习需要观察能力，这不仅是一些学科中专门要求的（如化学观察、生物观察），而且在政治、语文、历史、地理和美术等学科的学习中，也离不开观察，都需要自觉地去观察自然、观察社会、观察生活。阅读、做题都需要较好的观察能力，如观察题目中的图、表、数字，寻找其特点，揭示其奥秘。下面一组数列1、9、17、25、（ ）、41，括号中填什么？观察发现，这是一个等差数列，后边的数比前面的数多8，所以括号中应填33。

人都有眼睛耳朵，所以观察是容易的。但是，并不能因此说观察能力就是简单的。其实,观察能力是极为重要和高级的能力,善于观察、观察到关键之点对任何人都不容易。对于要成为思想家、科学家的个体说,观察能力是关键能力。只有那些善于观察的人,才能成名成家、有所建树,否则,知识再多、学问再大,也仅仅是个学者,不能成为思想家、科学家。例如,达尔文观察生物界和生物化石,提出了"生物进化"的理论;弗莱明观察菌株变化,发现了青霉素。相对应的,无数的人都看到过类似的人和事,但他们并没有观察到最关键的地方,也没有感触,所以他们不能创建理论,也不会发明伟大的技术。

2. 观察能力的分解

(1) 特征的观察能力。即对现象的特征进行观察的能力。例如,老中医观察人的舌苔、切脉,音乐老师听学生演奏的声音,学生观察试题中的几何特征、空间结构等。梅花香自苦寒来,于无声处听惊雷,高超的观察能力是难得的,"明察秋毫"是构成名家大家绝活的一部分。

(2) 变化的观察能力。即对事物的变化的观察能力,能够发现事物的细微变化。例如,观察到战场局面变化、市场行情变化。这种变化的观察能力十分重要,因为世界是不断变化的,而且变化都是从量的积累开始的。能够防微杜渐,必须眼明手快善抓变化的苗头。很多领袖人物,对于社会的重要变化观察力敏锐,具有前瞻性,成为他们为众人信服的要诀。

(3) 关系的观察能力。即对事物关系的观察能力,能够看出事物的相关性,对其关系有初步认识;对于各种关系的微妙处,具备捕捉能力。例如,新到一个单位,能观察到人际关系;走一遍立交桥,能明白几条道路关系等。

十九、方法、工具运用与发明能力

1. 含义

即创设方法、优化方法、拓展方法的思维能力,与把方法实体化、发明制造有形工具的思维能力。

人类发明了大量方法,以便思考和实践。它们集中体现在各个学科中,是学科成就的重要部分。例如,数学的阿拉伯记数法、十进制、方程、坐标系、函数、集合、二项式定律、根的判别式、归纳法、数形转化方法、分类讨论方法;物理的理想化方法、模型方法、函数方法、科学计数法等;语文中的象形造字、六书造字、词性分类、拼音、平仄表等,都是学科的方法。各个学科中还存在很多"理论性方法",即某些理论本身具有很大的工具性,是解决其他问题的重要方法。例如,数学的函数、哲学中的辩证法、物理的力学等,都具有方法论的意义,在思考和实践中有巨大指导作用。人类根据方法、理论,利用和改造客观物质,创造了大量技术工具与手段。例如,格尺、圆规、钳子、扳子、杠杆、齿轮等。这些物质工具和手段,支撑了人类文明的大厦。

在人类生存和发展中,方法、工具思维能力极其重要,唯此才能改造世界、创造财富。进入知识经济时代后,它更加重要,是核心竞争力,是最卖钱的各项技术的关键所在,如医疗的CT机、导航的GPS、电脑的Windows视窗、photoshop绘图软件等。近世西方方法、工具思维比较发达,带来了技术和经济的繁荣。而近代中国落后了,其原因很多,但方法、工具思维相对落后和滞后是一个不可忽视的因素。遗憾的是,我们今天的教育仍然是知识至上的教育,对方法、工具思维仍很轻视。很多学校、学生根本不讲究方法,糊里糊涂地灌输知识;不做实验,对基本工具都不了解。工欲善其事,必先利其器。我们必须重视、开展方法、工具思维的培养,提高新一代学子的方法、工具运用水平,最终源源不断地发明、控制一些核心工具,占据技术的制高点。

2.方法与工具思维的分解

（1）方法发明能力。即创造一个全新的方法，实现方法的从无到有。仓颉造字，提出了创造汉字的方法；笛卡尔研究解析几何，创造了坐标系方法；牛顿冥思数量变化，创造了微积分方法。新方法带来学科的新发展，在历史上都功勋卓著。在学习中，有的语文老师提出了写作文的"三步法"，历史老师提出"口诀法"，对于学习都颇为新颖，富有意义。

（2）方法优化能力。就是不满足于现有的方法，不断尝试、求新，改进和完善方法的能力。例如，数学符号体系，是一步步优化起来的；汉语拼音方案，是逐步完善的。人类对数学的认识，开始是实质性的，表述起来很复杂，后来出现了+、=，数学变得简洁了。

（3）方法运用能力。即灵活运用方法，解决不同问题的能力。方法是有限的，问题却是无穷的。方法运用之妙在于变通。坐标系提出后，不仅用于数学，也用于航海、天文、地理，每次使用都有些变化，扩大了适用范围，满足了不同的需要。

（4）方法的总结与反思能力。对于自己做事与思考，能够总结提炼，归纳出一些方法；对自己运用方法的活动能够反思，总结经验，吸取教训。相对知识而言，方法是潜在的，大多没有明确地总结出来，所以每个人都要自己总结方法。而且，因为个人做事、思考的方法都具有个性，所以自己总结十分必要。方法的使用总存在提升的空间，所以反思和升华也很有意义。例如，农民反思施肥方法（根下施肥、叶面喷施等），实现效果最佳、用量最小；学生总结做题方法，达到精熟化用。

（5）工具发明能力。即发明创造全新工具，改变了一个方面的生存方式、活动方式。例如，比尔·盖茨发明Windows，创造一种新的人机视窗；科学家发明超声波诊断仪、胃镜、DNA检测，为医疗提供了巨大便利。深入观察人的需求，对现有工具有所不满，利用各种技术资源，是工具发明的一般道路。

(6)标准化(规范化)能力。指设计出标准并运用这些标准来规范事物、处理问题的思维能力。这是方法、工具思维的一个特殊方面。

　　标准是一种准则和依据，目的是为了统一，实现社会的自组织，达成最佳秩序和社会效益。社会有很多标准，如简化汉字标准、汽车标准、入学标准等。

　　标准化能力有多种，如名词、术语、符号、代号等标准化能力。一个人发明一个符号，推向社会，获得认同，是了不起的业绩。一个国家的强大，也表现在符号的发明使用上，如OK的广泛使用，占领了话语权。再如方法(包括工艺要求、过程、要素、工艺说明等)标准化。做事情、生产产品，都有很多方法。方法标准化就是把流程分成标准的环节、步骤、阶段，采取标准的程序、做法，生成理想的产品。又如指标化，对于比较大的项目、事情，为了标准化而把事物分解为若干指标，考核各种指标，掌握工作的情况。学生学习中也有标准化问题，如自己做读书笔记，标志、代号就应统一。

二十、程序思维能力

1.含义

　　指对于事物发展程序的思考能力，以及对于自己思维的程序化能力。

　　时间是世界物质存在的形式，所有的事物、现象、活动都存在一个发展的过程，其过程都有环节、步骤、顺序——程序。所以，程序可以成为独立的认识对象。程序思维能力，就是能够认识程序、分析程序，把程序作为独立的研究对象，研究清事物发展的过程及其环节、步骤、顺序等。例如，研究人生命的过程，研究胚胎、婴儿、儿童、少年等各个时期。思维也是有过程的，有前后、环节、步骤、顺序，思维的程序化能力，是能够把思考(及其外在化的做事、学习、做题等)安排出合理的先后、环节、步骤、顺序，让思考呈现出合理的流程，形成程序化的过程意识，达到有条不紊、思路清晰、高效合用、准确正确的效果。

人类的认识，多是从有形开始的，所以人们认识实物容易，而认识过程、程序较困难。能够把过程、程序作为对象来思索，把人自我的思维过程化，是认识的高级阶段，要在思维发达后才能达到。我们传统上思维讲究直观、笼统、天人合一，不大关注实践的过程、环节、步骤，不大讲究对这些方面的理性设计、选择、调控、优化。因此，中医、国画、厨师的手法等都很难普及，很多能工巧匠都没有传人，很多绝活都销声匿迹，因为这些行当的实践过程、环节、步骤缺乏总结，难以普遍化。就是在今天的我国，对程序的关注仍然比较薄弱，对于实践、工农业生产的过程、环节、步骤的单独研究还较少，理性而深入地设计、选择、调控、优化程序的工作开展得更少。相应地，我们的学生程序思维能力不强，思考有条理、层次分明的较少。培养学生程序思维能力，是学习进步、培养现代公民的必须。

2.程序思维能力的分解

（1）分清发展的时序。事物均存在于时间中，表现为时间的延展过程。而时间都是有先有后的，事物的发展体现为时间的顺序。先后、顺序，对于很多事物是重要的，也是认识的要点。例如，生物生长的顺序、化学反应的顺序、历史事件的顺序不能颠倒；制取氢气，先稀释盐酸，再放入锌片，再收集，否则会出事故。事物发展的时间上的顺序是客观的，反映它们的知识也是不能混淆的。学习要重视发展的顺序问题，分清顺序，并能从顺序中把握逻辑。

（2）思考（及其外在化的学习、做题、做事等）能够环节化、顺序化。思维要高效、科学，应该能够分出思维的环节、顺序，呈现出条理，不能笼统、含混。例如解题，先审题，再想所用公式、原理，再看有什么条件并缺少什么，再具体求算；写作文，先形成感情、思想，然后想出结构，再写第一段。做事也必须明晰顺序，要做饭需要买菜、洗菜、切菜、炒菜，环环相扣。做事中，时间的顺序和空间的内外、远近、上下、左右等相结合，时空都要注意顺序。如写汉字，起笔收笔，既有时间也有空间的顺序在内；装置实验仪器，也要先后、上下等一起想明白。

（3）语言表达顺序化。语言是思想的外壳，思想有程序，表达也要有程序。先说什么，再说什么，脉络清晰，层次分明。例如，老师讲课，一般都是先介绍现象，再归纳特点，再得出定义。

（4）计划能力。决定在什么时间，什么地点，由什么人，用什么方法，达到一个什么样的目的，就是计划、谋划。这是程序化能力的展开，比一般程序化要复杂。任何一件工作都需要计划。想明白才能做明白，想得巧妙才能做得顺利。大的工作例如建设大楼、研制大飞机、教育孩子等需要计划不言而喻，就是小事情也需要计划，例如做一顿饭、做一道题等，计划好了也事半功倍。学生阶段养成计划能力，未来工作、生活会大受裨益。

计划中的关键有三，其一是分析起点，对客观局面形成正确认识和评价。现实情况、阶段、问题、矛盾如何？向何方向发展？这是从现状认识得出的结论，这些结论是计划的基础。基础正确牢靠，后续的努力才能有效。例如，学生制定学习计划，必须深切了解自己学习的现状和不足，否则会缘木求鱼。解一道较复杂的题目，计划也要从题目本身出发。其二是确立目标。目标是计划的价值追求，也是计划的主要动力。目标高度不够不行，高度太高也出问题，如果错位问题更大。例如，学习计划，要切合自己的程度和需要，太庞大不切实际，太普通则缺乏动力。其三是合理分配资源，充分利用条件。执行计划需要物质条件，但良好的计划应该是用较少的精力、财力、物力，达到最大效果。为完成计划和提高效率，要讲究资源分配，好钢用在刀刃上；还应因地制宜，因陋就简，在条件不充足的情况下让计划执行下去。

20种思维能力是一个系统，它们合起来形成完满的思维能力，互相配合解决各种问题，同时也相互渗透和补充。现在很多学生思维能力不系统，缺东少西，需要注意改善，争取全面发展。

第三节 良好的思维方式与思维品质

思维方式的不断优化,思维品质的不断提高,是人思维发展的重要内容。思维教育要以此为己任,促进思维方式的科学化和思维品质的现代化。

一、思维方式的理论概说

1.含义

所谓思维方式,是指人们反映事物、思考问题的角度、方法及其特征,是主体反映客体的习惯性思维模式,是思维活动沉淀下来的稳定的格式。

思维方式既是一个群体现象,也是一种个体现象。一个民族有其思维方式,一个人也有其思维方式。例如,我国的学生被问到:一天内手表的三个指针会重合几次?我们学生都开笔计算,而很少有人会用拨手表实验的方法来查一下。让学生写一篇题目为"一件小事"的文章,学生们一定会写成作文,而且一定写成"罕见的好人好事",一定要发"他已经走远了,而我的眼睛模糊了"这样的篇末感慨。这些就是一种思维方式。

2.思维方式的构成要素

(1)知识与文化。一个人的知识与文化背景,制约其思维方式;一个民族的知识与文化背景,制约民族的思维方式。例如,我们英语教学很重视语法,总关注说的对不对,所以,我们学生开口说英语总小心翼翼,关注语言形式重于语言的交流功能。

人都是民族、文化的个体，打着民族和文化的烙印。他的背景文化，对其思维方式影响很大。在一定意义上，个体思维方式是继承民族文化的体现。例如，我们中国人到了外国，常常问"谁是你们这儿的领导"，这是很典型的中国特征。

（2）价值观念。价值观念影响着思维的目标、取向，是思维方式的重要构成要素。各民族价值观念不同，各个人的价值观念也有较大区别，所以其思维方式常有所不同。例如，中国人和西方人，价值观念差别较大，中国人喜欢整体、和谐，西方人崇尚个性、自由，反映到思维方式上，就出现了中国式的整体思维和西方式的分析思维，迥然各异。

思维方式包含一定的价值观念，因此也有一定的思想内容。每种思维方式，也是一种思想倾向，表明了喜欢什么反对什么。有些人善用矛盾分析的思维方式，其实也反映了他们喜欢矛盾、爱制造矛盾、勇于直面矛盾的心理。

（3）思维视野。思想能触及哪些方面？思维能看到多大的时空？这也影响思维方式。一个人从事某个职业，想问题就具有职业特点，这就是思维视野影响其思维方式的例证。例如，看到一条新奇的鱼，厨师想能不能吃？怎么做才好？科学家想它是哪里来的？生长在什么环境里？属于哪科哪目？

（4）思维的方法。每种思维方式，主要使用的思维方法是各具特点的，具有民族文化的色彩。例如，中国传统思维使用综合方法较多，西方科学思维方式运用分析、定量分析、数理模型等方法较多。方法在各种思维方式中定型化、模式化，与思维方式相对应，构成并制约着思维方式。

（5）思维的程序。思维的程序体现为思维的起点、中介、终点。每一次思维都有一个程序，但是不同的思维方式，起点、中介、终点各有特色。我国思维，常常从人伦出发，归于天人合一；西方思维常从实体出发，终结为改造自然。中西思维方式，差别可谓是全方位的。

3.思维方式的功能

思维方式形成后，适用范围很广，会多次使用，提供一种原则性答案。所以，它对人的思维的方向、性质、水平影响很大。

具体说，思维方式的功能有：

（1）外界信息筛选功能。人总是喜欢接受自己认同的信息，把这样的信息选出来、强化起来，而其他信息则可能遗漏。例如，数学老师对于数字信息更关注，语文老师则关注文采，同一篇报道两人阅读的收获有差别。

（2）组织加工功能。思维方式对材料按照自定的规则编排加工，按照某种原则、习惯下判断，做出推理、分析、综合，得到某种有倾向的结论。思维方式如同一架机器，把来料加工成某种产品。例如，行政思维方式遇到"领导要来视察"，考虑的是"如何接待，如何布置环境，如何展示亮点"等问题，至于"领导视察"的学理性问题——领导分工是什么，他有无权力到本单位视察、视察的本意等考虑很少。

（3）解释功能。思维方式是内在的尺度，对于事物价值能作出衡量，赋予认识对象一定的意义、性质和价值。例如，我们中国童话中，两只小熊常被分成熊哥哥、熊弟弟，太阳、月亮常被称做太阳爸爸、月亮妈妈。就是在数学课本中，人也叫小红、小明，单位叫向阳村、永红玩具厂。这都是中国思维方式的反映，自然存在被赋予伦理意义，社会存在被文饰、修饰。

（4）指导实践的功能。即指导人们改造世界、实现其意志的能力。人的实践是在意识支配下完成的，内在的思维方式，对于实践有很大反作用，思维方式的样式，决定实践的样式，思维方式正确、合理与否，直接影响人们的认识和实践活动的结果。原始人生病了，就要跳舞驱魔，他们的思维方式是"泛灵论"的。"人定胜天"的思维方式，则带来了围湖造田、开山劈地的"壮举"，这在其他思维方式下的人们看来是不可思议的。

二、中国传统思维方式的特点

每个人都是民族的、传统的、文化的产物。作为中国人,我们身上都或多或少存在着民族的、传统的、文化的影子,都有一些中国传统的思维方式。所以了解我们的传统思维方式,发挥其长处、避免其短处是很必要的。中国传统思维方式的特点主要有:

1.重视宏观整体思考,忽视细节分析

传统思维重综合而不善于分析,长于直觉而短于逻辑的思考,缺少把细节从整体中区分出来的意愿、能力、技巧,因而无法做出进一步的分类,进行更细致的剖析与研究,尤其是造成概念模糊。例如,我们说人病了是阴阳失调,但阴阳怎么回事不清楚,哪个阴与哪个阳失调也不清楚。理解这句话靠个人体悟。现在我们也常说:这个人思想进步,但怎么进步、体现在哪些方面,都不清楚。

整体思考也很有特色,相当重要。中医讲究整体疗法,头疼可能医脚;一些穴位包含了整个人体的信息,把下脉能了解全身状况;国画大处着眼,洋洋洒洒,意象无穷……整体观创造了一种文化和特色。

2.经验的形象的思维,抽象化程度不高

传统上国人不大用抽象,而喜欢用形象的类比的思考方法。说明、说理、论证等,都是用形象的类比方法,用各种具体的形象、事例来加强某个"真理"的力量,突发地、直觉地把握事物的本质。例如"逐客不可取",李斯写道:"臣闻吏议逐客,窃以为过矣。昔缪公求士,西取由余于戎,东得百里奚于宛,迎蹇叔于宋,求邳豹、公孙支于晋。此五子者,不产于秦,而缪公用之,并国二十,遂霸西戎。孝公用商鞅之法,移风易俗,民以殷盛,国以富强,百姓乐用,诸侯亲服,获楚、魏之师,举地千里,至今治强。惠王用张仪之计,拔三川之地,西并巴、蜀,北收上郡,南取汉中,包九夷,制鄢、郢,东据成皋之险,割膏腴之壤,遂散六国之众,使之西面事秦,功施到今。昭王得范雎,废穰侯,逐华阳,强公室,杜私门,蚕食诸侯,使秦成帝业。"通过事例来证明自己观点。经验、形象的思维方式艺术性强,直观可感,但往往只停留在对事物表面的观察上,不能真正深入到事物的内部,不会建立严密的逻辑关系。

3.重视实用性

中国人是一个最讲实际、善从世俗角度考虑问题的民族,不大进行抽象的思辨,也不想去费力解决那些和现实生活好像没有什么明显的直接关系的终极问题。例如国人的宗教,不是用来信的,是拿来用的,"平日不烧香,临时抱佛脚"便是写照。类似的,对事物的判断,国人完全是从利害关系进行衡量,比较得失,很少关注事实本身及其对错。中国传统科技鼎盛于"器"止步于"道",就是实用性思维的成与失。

4.逻辑薄弱

中国传统思维方式模糊笼统,逻辑不够发达。即便是古代的先哲,他们的思想、文字虽然令人高山仰止、幽思神往,但从逻辑角度评价,严密系统的概念、推理、演绎普遍缺乏。中国古代没有逻辑结构严密的著述及理论。就是现代,很多人的思维也是跳跃式的,往往看到现象就得出结论,中间没有推理过程。

5.重人伦,轻视自然

研究事而不研究物,穷天理而不穷物理。中国思维传统表现了鲜明的重人文、重人伦的特色,注重血缘亲情,强调等级名分,强化社会成员的角色意识,着眼于家庭和社会利益的全局,注重内部的秩序与凝聚力,但在认识和改造自然界方面却比较忽视。中国传统的哲学、史学、教育、文学、艺术等相对发达,而天文、物理、化学、动植物学、农学、工学等方面相对薄弱,现象层面的著述较多,理论的研究较少。

6.一元性思维

强调集权统一的观念文化与制度文化浓厚,以统一看待各种事情和要求各种事情,整齐划一是理想典范。政治、文化、道德如此,教育也如此。古代士子读四书五经,地不分南北,都用朱熹的注释本;参加科考,千难万难,都要汇集到首都。现在学校里用统一教材,老师公布标准答案,作文按照套路写作,也类同古代。

7. 中庸和保守

强调折中和辞让,避免偏激,对先哲、传统、权威多有尊崇、膜拜、趋附的倾向。生活中如此,思维中也如此。标新立异、批评别人学说都为人所诟病,洪钟大吕常被视为洪水猛兽;"述而不作,信而好古"为人所信奉,墨守成规、好好先生为人欢迎。

三、科学思维方式

1. 崇尚自然,以自然为主要思考对象

自然是宇宙万物的整体,是自然物的集合,是自然存在的物质、能量、信息的起源、生成、生长、变化、本性、本质、规律等的总称。自然具有实在性、客观性、有序性、不变性、和谐性和非道德性。科学思维方式较多关注自然、探索自然、理解自然、解释自然,力图揭示自然的奥秘,了解实体实在或关系实在,发现潜藏在自然现象背后的规律,了解塑造我们所知晓的这个世界的过程、秩序。在科学的初始阶段,研究的对象是运动的物体和天体、按主要性征分类的植物和动物;在科学的成熟阶段,研究的对象是质点、原子、基本粒子和夸克、脱氧核糖核酸的遗传密码等。前者在不少情况下用日常语言就可以大体描述,后者则需要专门术语和数学公式才能够揭示。自然是一本大书,在科学思维方式下,人一直在孜孜不倦地研读这本大书。

2. 重视知识的实证性、合理性、精确性

科学思维方式关注知识的实证性、合理性、精确性,强调知识必须建立在观察和实验的经验事实上,通过经验观察的数据和实验研究的手段,从个别到一般来揭示一般结论,并且要求这种结论在同一条件下具有可证性。要求通过具有说服力的论据提出论点,能通过符合逻辑的推理而非依靠表象获得结论,能为自己的意见和行动提出合理的理由,分析、处理问题能按照事物发展的规律和原则来展开,而非凭借个人意志、感觉来进行,能够识别、判断、评估实际理由以及使人的行为符合特定目的。要求精益求精，对问题求得精确的解答，表达出事物的数量特征和关系。科学思维方式大大促进了知识的实证性、合理性和精确性。

3.强调思维逻辑，注重理论体系

科学思维制定了系列的思维规则和思维形式，使科学知识、发明发现具有规范、严密、确定和可重复的特点。科学思维重视锻造也富含思维工具，给人类提供了大量思维武器，如归纳法、演绎法等。科学思维努力构建理论体系，其中数学、物理等成为经典学科，它们体系之严密、内容之丰富、一致性之高令人叹服。

4.提倡怀疑批判的精神

就是对一切不轻信、不盲从、不屈服、不虚骄、不武断、不固执、不保守，对知识的真实性、合理性和价值先做个人判断，进而再去决定什么可做、什么可信。怀疑批判思维方式是一种心理准备状态、意愿、倾向和能力，包含六大要素：独立自主、充满自信、乐于思考、不迷信权威、头脑开放、尊重他人。怀疑批判思维在对待知识时，总要：抓住中心思想和议题，概括出那些已经明说或未加明说的观点、立场、意图以及假设；从多种角度考察观点等的合理性，在更大的背景中检验其适用性；判断证据的准确性和可靠性，判断推理的质量和逻辑一致性；评定知识的价值和意义，预测可能的后果。

四、优秀的思维品质

学校教育的根本目标之一，是培养学生良好的思维能力、思维品质，最后让学生成为能独立思考和有思想、善判断的人。教育要改变知识至上型的模式，开展知识、思维并进的教育，让学生掌握科学的思考方法，勇于思考、善于思考，发展起合乎时代要求的、支撑国家创新和民族建设的优秀的思维品质。优秀的思维能力具有如下特点：

1.思维独立

独立是思维能力形成的基石，也是展开思想的良田沃土。没有思

维独立,思维能力就难以发展,更难以产生有价值的思想成果。思维独立要求:

(1) 思维的过程独立。自己琢磨、研究、探索,思维全过程倾情投入,独立地分析和解决问题。人的思维发展是不可代替的,主要靠自己,别人的教导、别人的思考是外在的,不起多大作用。而人只要思考,思维能力便会慢慢发展,只要独立地琢磨,笨人也有开窍的一天。所以,思维进步是不能越俎代庖的,别人告诉你如何分析、如何下结论,你可能也听懂了,但是思维能力并没有提高。看人家吃大餐,自己并不会得到营养;自己吃,就是萝卜白菜,也能长点肉。自己思考,一路顺畅是经验,遇到问题是教训,正反情况都有很大意义。现在情况是,一些学生思维过程不完全独立,关键环节还是依赖老师,因此思维发展的程度很有限。甚至有的学生,抄袭答案,对付作业,思维的过程是空的,这更是自欺欺人了。

(2) 思维的结论独立。一则是自己独立思考得出结论,二则是对于自己的结论要坚持,不随波逐流轻易放弃。独立思考后,结论未必是标准答案所要求的,但既然是自己思考一番后的结果,一定有些道理。即便是错误的,深入分析,也会得到很多教训。况且,思维本来应该百花齐放,很多问题未必有标准答案,每个人的思考结论都是一种贡献。就是一道数学题,也可以有不同的结论——真实世界里的数学问题都是多解的。

(3) 思考、学习有主见。学哪些材料、怎么学习,不要简单为别人所驱使和左右。思考什么、怎么思考、结论如何,遵循自己的"浅见"。思考、学习的参照建立在自己身上,不是建立在别人身上,甚至不建立在老师身上。例如,有的老师喜欢每堂课一张卷子,学生完全可以"看"卷子而不用做卷子;有的老师爱出复杂的、魔术般的题目,学生可以不做。

(4) 人格独立。人格独立是指不受世俗观念的束缚,不屈从于周围人们、一般舆论的压力,敢于坚持自己的见解,并按照自己的信念或观念去操控自己的行为。爱因斯坦说："只有个人才能思考，从而能为社会创造新价值，要是没有能独立思考和独立判断的有创造能力的个人，社会的向上发展就不可想象。"皮亚杰说："在我的生命历程里，我的确突然产生过一两个小小的灵感，当我对它产生的根源进行探究时，我发现，它的产生需要三个条件。第一个条件是独立工作，无视他人的存在，不轻易受外部任何人的影响……"一般地说，一个有创造性的人，一定要在他创造性活动的领域内具有一种不顺从性和不随俗性。青少年必须发展独立的人格，培养独立的精神世界、价值原则、生活方式，维护自己社会参与的权利，不随波逐流，让自己的人格独立在大地上。

2. 思维主动

思维主动是树立思考的主体意识，有目的、自觉、自愿的思考。主要体现是自己发动思维机器，设立思维的任务，提出思维要求、内容、目标，总结思维的经验教训；不依赖外在力量推动自己思维，不懒惰，不被动。思维过程是一个需要自调节、自控制的动态过程，思维应以我为主，自我设计、自我选择、自我培养、自我控制。一个人自己做思维的动力源是思维主动的关键所在。学生思考要有主动性，不能等老师催，靠布置作业再开展，要对所学的任何知识都主动去思考，对生活中看到的接触到的有趣、不解的现象都琢磨。打开眼睛，打开耳朵，更要打开和发动心灵。

3. 思维勇敢和自信

学生要养成思考的勇气，相信自己的思考能力，不人云亦云，不惧怕权威。要有"舍我其谁"、"数英雄人物还看今朝"、"为天下立心、为生民立命"的信心和信念，要高看自己的思维能力，高看自己的思想成果，不因地位低下而气馁，不因别人是权威而动摇。

有些人有学科自卑感，在长期的考试中勇气被打压下去，自信被毁掉，觉得自己学不好英语、学不好数学、学不好语文，结果造成负反馈，学习越发困难，思维发展越发迟缓。要扫除心理上的障碍，去掉自卑感，鼓起勇气，重建自信心。实际上，很多学生被断定的"学不会、学不好"，是以我们应试标准判断的，而实质上他们可能很有潜力和成效。例如一些孩子被断定为不会写作文，可他们可能是很好的作家、诗人，拿作文标准去衡量他们的作品，肯定是毁灭性的，而换成文学的标准，他们可能是王勃式的少年英才。

4.思维勤奋

学生要养成爱动脑筋，肯钻研，有坚韧劲头的品质。要对思考难点不松懈，克服思维的惰性。我们一些同学学习是勤奋的，尤其是愿意做试卷，但是对于思考、读教材，很多学生是懒惰的。他们遇到思考的困难，就去找老师、等老师，不愿开动自己的脑筋。思考常常"满九十半一百"，自己攻克了大部分难关，但到最后的关口却不再进攻，不钻研"卡脖子"问题，被困难所征服。这种思维不辛不苦、松松散散、投机取巧、消极怠工、遇难而退，造成思维总体效果的低下，进步迟缓，做了一大堆试题，都是浅尝辄止，思维难点都靠别人指点，真会的、内化为自己本领的就不多。这是学习的形式主义，要力求克服。实际上，自己搞懂一个问题、一个道理，悟出一个思维方法，比做了十道"半拉"题目、学了十种未彻底搞懂的道理还重要，收获还大。$1>10×0.9$。一些看上去不用功的学生，成绩比一些天天忙着做题但多数题目都是做出一半的学生要好。何以如此？就在于他们思维真勤奋真顽强，对自己做的题目彻底搞懂了，让道理、方法真正扎根到心底。人们说，滴水可以见到大海，真正钻研清楚两道题，比做成百上千道题收益还要大。有的同学学习过程比较急躁，还有攀比的心理及焦虑。别的同学做了多少题目？自己有没有做那么多？这似乎很成问题。各套辅导书都练了吗？人大附中的练完了吗？黄冈中学的练过了吗？时间不等人，所以每道题目都匆匆涉略，难以用心去思考，想清想透。他们觉得自己做题多，眼界开阔，各种题型都见识了，就能学得好，考得通，其实错了。

在学习某些知识时，经常需要展开复杂的思维加工操作，这是实现完整认知的客观要求,但不少学生嫌麻烦、费时、费事,常常经受不了思考的强度和紧张感,经受不了思维过程的烦琐和复杂,有意无意地降低了思维的广度、深度和复杂度,只进行很粗浅的思维加工,本来可以产生很多对眼下、对后续思考都很有价值的思维经验,却都被忽视、放弃了。如英语课文,如果进行深入全面的思考,不断分析、比较、归纳、概括、联想、扩展,可以获得大大小小近百个知识点,可以让思维经历很丰富的训练;但如果在思考问题时急懒、疏忽、畏缩、嫌麻烦,则只能获取十来个知识点,一篇精选的课文的思维价值也只能挖掘出一点点。

5. 思维顽强

这是指在思维困难和失败面前所表现出的一种百折不回的坚定精神和坚忍不拔的毅力,是高度的果断性和自制性,是自觉排除与目的无关的各种干扰而保持高度注意力的能力。思考要坐得住,不心猿意马,不心浮气躁;要意志顽强,精力集中,不分心不动心;要能够控制住自己,自我约束,自我管理,安排好自我的精力、时间、兴趣等事项。学生要正确理解聪明、勤奋、顽强、认真的关系,聪明只是学好的必要条件,必须有勤奋顽强认真配合才能成大器。很多学生很聪明,但业荒于嬉,坐不住、思不深把他们耽误了。

6. 思维认真

思维不可对付,思考时要求实、求明白,不想明白不放过。要克服表面性、模糊性、片面性等弱点,在思维过程中认真行进,对思维的每一步、每个点都认真思考,不马马虎虎、得过且过。例如读教材,对定义、推理等来龙去脉,认真思索,理解其含义、背景;做题时,对题目的具体情形如何抽象成学科问题,实际关系如何模型化都认真对待。认真就是搞清思维的然和所以然,刻画出清晰的思维脉络。

7. 思维严谨规范

指考虑问题严密、有据、合乎逻辑。表现为:仔细区分概念间的差别,弄清概念的内涵与外延,正确地使用概念;运用定理时注意定理成立的条件，给出问题的全部解答，不使之遗漏；推理遵守规则，不违反逻辑要求；对于结论小心求证，反复核查；对知识结构的严密性和科学性能够充分认识。如"你能画一条完整的直线吗？"答案是不能，因为直线不光是直，而且是无限长的，一个人一辈子也画不完一条直线。再如，写议论文，对论点要尽量提出充分必要的支持理由，而不要靠堆砌辞藻、排比造势、大发感慨来论证。

8.思维深刻

指能够透过事物的表面现象把握其本质及相互关系，能够正确认识事物发展的内在规律，能够分析出问题的关键症结，能够提出反映民众心理的价值理想。思维深刻是认识的层面提升或深化，常人认识现象层，某人认识到本质层；常人认识实体层，某人认识到关系层；常人认识到民众的渴望，某人概括出理想的社会形态；常人说出只言片语，某人拿出皇皇论著，这些都是思维深刻性的体现。

学生发展思维的深刻性，主要要从日常思维发展为学科思维，对生产生活现象能用历史学的、经济学的、物理学的、化学的思维去思考；要发展思维能力，善于归纳、概括、抽象、分析；要对客观现象开展知识型的认识，研究其原因结果、结构功能、系统要素；还要锻炼思维品质，严密推理，充分论证。

9.思维广阔全面

指善于全面地分析问题，思路开阔，多角度、多层次地探求事理和物理。表现为：能把握知识、问题的整体，抓住它的基本特征；思考全面，不偏颇，对问题解决周全无遗漏；不放过其中有意义的细节与特殊因素，进行多方面的思考，找出解决问题的多种方法（一题多解、一法多用），并将之推广应用于类似的问题中。思维广阔来自思想的解放和开放。思维封闭和保守难以做到思维的广阔全面。所以学生要眼观六路、耳听八方，不能局限在课堂、课本和习题册中，应接受广泛的信息和思想。

10.思维灵活

指能依据客观条件的变化及时调整思维的方向。表现为：转向的及时性以及不过多地受思维定势的影响；善于从旧的模式或通常的制约条件中摆脱出来；思维的起点灵活，例如从不同角度、不同方面去思考，用不同的方法解题（多解和求异）；思维能拐若干个弯，对于很绕的问题能转出来，得到应有的答案。灵活的反面是拘泥和固执，信奉某种教条或权威，思维僵化和愚昧。因而，求灵活不但要多角度看问题，还要实事求是和思想解放。

11.思维有批判性

指思维活动中善于提出疑问，并发表不同的看法，严格客观地评价思维的结果，及时地发现和纠正错误。表现为：对已有的知识或理论能提出自己的看法，自我评判，辨别正误，排除成见，而非一味盲从；思想上接受的东西也能不断改善，包括修正、完善自己原有的认识，去粗取精，去伪存真；对于流行说法、通行价值观有自己的思考，不简单接受，而能追问其真假善恶。对于学生，思维批判性主要体现为运用知识解题时，能不断分析解决问题所依据的条件，善于考虑正反两方面的论据，不轻易为各种暗示所左右，不陷落题目的陷阱中。

12.思维敏捷

即思维速度快，能够快捷计算，准确无误；能很快抓出问题，把握实质；能快速形成思路，拿出对策；能够发现错误，及时改正；能够灵活变通，随机应变，当思维在某一方向无法继续时，能迅速往逆向、旁向转换，寻找解决问题的新方法、新途径。在实际生活中，思维敏捷其实不是很重要，重大问题都是要慢慢思考的，多种情形都应该有预案来应对。大智若讷，八面玲珑的伶牙俐齿并非必不可少。现在我们的考试追求学生思维敏捷，总要学生1分钟完成多少个计算题，实际是思维训练的雕虫小技。

13.思维简洁经济

指能够用最少的语言文字来准确清晰地表达一个思想或解决掉

一个问题。表现为语言的简洁、思路的简洁、方法的简洁、过程的简洁、解题步骤的简洁等。数学是简洁的典范,科学技术都以简洁为特征,而且也追求更简洁。学习的过程,是从不简洁到简洁的发展过程。未经良好教育培训的人说话啰里啰嗦,绕来绕去表达不清,枝枝蔓蔓,曲曲折折;思路无条理、无层次,乱七八糟看不出头绪;概括力低,抽象力低,云山雾罩抓不到本质;直观化、个别化,解决问题一个个来,不能公理化、程式化处理;思维过程、结论不优美,横七竖八,臃肿杂乱。教育培养人,要把人的思维培养得简洁起来,形成对知识、问题、技术的简约化处理能力,提高智慧,增进美感。

14. 条理性强

即思维能够按照思维规则来展开,顺应事物的秩序与法则,思维的过程有条理,思维的结论有条理。先说什么,后说什么,不颠倒不混淆。这项思维品质应该说是比较基础的,但实现起来也有难度,要提高思维水平和认识水平,思维水平不高或没能认识到事物的条理,思维都将混乱。现在很多学生思维没有条理,例如写作文时想到哪写到哪,文章层次不清、结构不严,别人看不懂,就是学生自己也迷糊,因此要多做条理性训练。

15. 思维逻辑性强

逻辑是思维的逻辑,所有人群的所有的思维,不论是运用概念、下判断还是推论,都要遵循逻辑要求。逻辑要求主要体现为:

(1) 同一律。即在同一思维过程中,每一思想的自身必须是同一的,所使用的每一概念或判断都要保持内容的确定性,不能任意变换。

例如:由 $\sqrt{ab}=\sqrt{a}\cdot\sqrt{b}$ 得 $\sqrt{(-4)\cdot(-9)}=\sqrt{(-4)}\cdot\sqrt{(-9)}=2i\cdot 3i=-6$

结论是错误的。导致错误的原因是,前式为对于两个非负实数a、b成立的等式,在后一式中,偷换成了对于两个负实数的等式。

违反同一律的逻辑错误有两种:

①混淆概念或偷换概念。

如：物理学是科学的理论，所以《基督教物理学》是科学的理论。

②转移论题或偷换论题。

甲："植物生长中盐是重要的营养物质。"

乙："那好，我给花多施咸盐。"

（2）矛盾律。即在同一思维过程中，两个互相矛盾或反对的思想不能同真，一个思想及其否定不能同时存在。它要求对两个互相矛盾或互相反对的判断不能都肯定，必须否定其中的一个。否则，会犯"自相矛盾"的错误，思维首尾不一致。

例：对于两个实数a和b，"$a>b$"与"$a \leqslant b$"是两个矛盾判断，至少有一个是错误的，不能全肯定。

平面内两条直线a和b，要么$a \parallel b$，要么a与b相交，不能同时成立。

他是很多死难者中幸免的一个，死难与幸免相矛盾。

（3）排中律。排中律即在同一思维过程中，两个互相矛盾的思想不能同假，必有一真。排中律的主要作用在于保证思想的明确性，避免模棱两可，既不肯定，也不否定。

例如：电流足够大时此涡流加热器能融化任何物体；此涡流加热器极其坚固，任何大的电流下它自身都不变形——矛盾的说法都被肯定，逻辑错误。

（4）充足理由律。在论断过程中，任何一个论断要被确定为真的，理由必须真实，理由与推断之间要有必然的联系。

例如，设立教师节的理由：教师很重要，教师未受到充分的重视，需要引导社会舆论。

违反充足理由律，会犯虚假理由或推不出的逻辑错误。

16.重视思维的交流

交流是思维发展的外在动力，是思维进步的重要途径。思维交流的内容有很多，理性思维的方法、思维拐弯的技巧、别人思维的优缺点等，都是交流的好项目。通过思维交流和讨论，学生可以学习到老师、同学的优秀思维方法，学到活的技能和本领，并促进自己对学习内容的理解和掌握。奇文共欣赏，疑义相与析，大家一起讨论，各抒己见，互相启发，实现智慧的融合与碰撞，也是一件乐事。但是，现在很多学生不善于思维交流，他们或者提不出思维的问题，或者羞于"笨"而不去提问，即便有交流也是知识性的，对学生思维成长很不利。这个情况必须改变，老师要经常提出思维的问题，激发思维交流讨论的气氛。闷头学习只能成就思想僵化的乖学生，但是难以成就大人才。现在到国外留学的人多了，很多中国学生都发现，外国校园里师生思维交流很活跃，恐怕这也是他们源源不断诞生诺贝尔奖得主的一大原因。

第三章

思维教育的实施

　　学校是育人的主要场所，新一代人的思维发展，主要靠学校来完成。学校要变思维教育的不自觉状态为自觉状态，采取有力的措施，予以全面推动。

　　学校思维教育的实施是一项系统工作，需要对教学的各个方面作出调整。学校要调整育人目标，改变教学模式，引入新的教学内容与项目，引导师生转变角色与行为，创设出浓郁的思维教育氛围，加大思维教育的实施力度。

第一节　转变教学模式

为了促进知识、思维的共同进步，必须改变目前的知识至上型教育模式。学校应利用各种条件，在教学目标、教学内容、教学方法等一系列方面做出改变，有计划地教育、培养学生的思维能力。

一、确立培养思维能力的教学目标

教学目标是教学的总纲，具有指导性、引导性。一门课程列出的教学目标，是老师和学生共同的努力方向。明确地把思维能力纳入到教学目标中，可以激发师生培养思维能力的自觉性，促进他们寻求有效的办法，为思维教育创造出巨大的动力和拉力。

在中小学基础教育阶段，思维能力培养应作为一项单独的任务来对待，单列为教学的目标。学校要成为学生思维能力形成、发展的主阵地，在思维能力培养上作出大的贡献。学校思维培养目标要明确化，应包括：

1.促进学生成为健全的思维主体，具有强烈的思维需要、积极的问题意识和全面的思维形式，能够投入思维过程，加工思维对象。

2.促进学生发展从语言能力到程序思维能力的20项思维能力，做到思维能力发育完全，个别思维能力突出，但总体上不缺项漏项。

3.提升学生的思维品质，使其了解思维的逻辑要求，遵循逻辑规则，思维的严密性、合理性等明显加强。

4.转变思维方式，扬弃思维方式中不合理、不科学的特征，养成现代的科学的思维方式。

5.把握一般思维方法，掌握各个学科中特殊的思维方法和规则，能够运用专门的思维能力加工处理学科知识与问题，成为学科的行家里手。

6.思维潜能开发较好，大脑的潜能开发较好，左右脑发展均衡。

7.掌握思维发展的基本方法，形成知识重建、再发现、读教材、讨论、反思、实践等发展思维的各项能力，运用多种途径发展思维。

通过教学，学校、老师要把学生培养成能思考、会思考的人，让他们在未来发展中，可以独立思考、判断、分析和解决问题。有了这样的基础，学生在机会和条件适宜的时候，能够发明发现，成为思想家、文学家、艺术家、科学家、发明家；在缺乏合适的条件时，也可以生存生活，成为能够自足自立的社会建设者。

作为教学目标，要统摄一切教学活动。上课、留作业、考试……都要把思维摆到核心位置。整个教学内容、过程都要渗透、融会思维的要素，用思维统领教育教学，把它们变成促进新一代思维发展与才华形成的良田沃土。

二、摒弃满堂灌和越俎代庖，发挥学生思维主体作用

长期以来，受应试教育的影响，为了考出好成绩，保证升学率，老师往往把学生当做被动接受的机器，实行"填鸭式"满堂灌，从头讲到底，学生埋头听讲授、记笔记、抄答案，结果言者谆谆，听者昏昏，教学效果不佳，还导致部分学生出现厌学倾向。甚至有些学校的课堂连知识都不教，退化到了试题魔鬼训练的地步，用考试代替上课，不断给学生出一些不切实际、技巧过度的试卷，结果学生不但学科知识没学好，形成的做题能力也半通不通。

叶圣陶说："学生跟种子一样，有自己的生命力，老师能做到的，只是给他们适当的条件和照料，让他们自己成长。"一切教学活动都必须以调动学生思维积极性、主动性为支点。学生的学业发展归根结底必须依赖其自身思维努力，一切外在的影响因素只有化为学生

的内在需要、内在思维时，才能发挥作用。老师必须在激发思维、引导思维上下工夫，必须摒弃单向灌输知识、搞题海战术的旧的传统教学模式，树立以开发、培养学生思维能力为本的教学理念。老师要明确"教"是为了学生的"思"，要成为学生思考型学习的指导者和组织者，鼓动学生思考，帮助学生思考。

课堂要从老师中心过渡到学生中心，从以老师为主导回归到以学生为主体，改变学生被动、机械、漠然的状态，给学生主动、个性、独立思考的机会，让他们变思维活动的旁观者为思维过程的操作者，真正成为课堂的主人、学习的主人，而老师则转身去当好学生学习的组织者、思考的引导者与课堂的合作者，起好"授人以渔"的作用。老师的"教"也不应再是一成不变的讲授，而应辅以讨论、谈话、实验、社会大课堂等有利于引导学生思考的教学方式，让学生开动思维机器，尽可能促成学生自己去发现、归纳和总结知识。

任何学习都是通过思考进行的，没有学生的思考就没有真正的学习。老师的思维不能代替学生的思维。要对学生放手，让学生自己组织学习的过程，主导学习的活动，完成思考与探索。所以老师课堂上要留白，应该给学生足够的思考时间和空间。老师要管住嘴，要改变"好为人师"的积习，满堂灌、不停地说、手把手地教，不利于学生的思考、独立和发展。老师要当好配角，让学生担起学习和思考的主角。

三、营造促进思维发展的微观环境

思维教育中，处于关键地位的是老师。开启思维教育，首先要改变老师"师道尊严、管控课堂"的积习，改变学校、班级、课堂的微观环境，建立师生平等的思维关系与氛围。

1. 师生平等，生生平等，氛围宽松

平等是尊重各方人格和权利，给予均等的机会。思维上的平等，要求老师放低身段，给学生更多的机会和尊重。老师要让学生发言，表达他们的观点，说出他们的思维过程；老师不能嘲笑学生的幼稚、笨拙乃至荒谬，要尊重他们思考的努力和思维中的个性。老师要摒弃抱怨"学生笨"的积习，要包容学生的笨拙、发展不充分——其实老师也经历过这样的阶段，人人都是从笨拙发展过来的。每个学生思维上其实都有潜力，优秀的老师要善于挖掘潜力、化"腐朽"为神奇。

老师要注意给各层次的学生平等的思维机会和权利，不能光顾着好学生，还要顾及普通学生，要尊重学生思维差别，对于基础、智力和爱好特长等不突出的学生，要给予参与思考活动、表达思考过程的平等机会。厚此薄彼其实是不对的，甚至是不道德的。课堂应成为每名学生发挥个性、享受思考的场所，不应成为酿造思维优越感与自卑感、扩大人生不平等的诱因。

老师在课上，自我要有开放的态势，教学中一切都可以和学生商量，其身不凌驾于学生之上而融入学生之中，其心不孤高自傲而走进学生的心灵。老师应允许质疑，允许发问，允许争论，欢迎学生发表与教材、与自己不同的见解；允许学生出错，允许他们改正，允许他们保留意见。老师在课堂上要摒弃教学专权，摒弃家长制一言堂作风，不搞包办，更不可无端地嘲弄学生。

2.自由民主

在教学思考过程中，师生双方要相互尊重、相互信任、相互配合、相互促进，形成民主、融洽、和谐、自由的教学气氛，让学生充分发表自己的见解，大胆质疑，大胆答辩，展示出思想的活力、魅力和能力，提高自我、自立、自爱、自信的程度。要树立"童言无忌"、"思维无禁区"的原则，让学生处于精神上自在、自由、放松的状态。老师要做民主的老师，创设民主的教学氛围，为学生提供一个宽松的学习环境，创造思想上自由争鸣的气氛。天才需要在自由的空气里自由自在地呼吸，民主教学是智慧和人才成长的最好温床。

3.师者倾听

倾听，是一种能力，一种素养，一种美德。老师倾听学生的观点、思路和表达，可以深切地认识学生，为指导学生提供依据；可以给学生巨大的鼓励,帮助学生确立自信;可以走进学生思维,给学生切实的有效的指导;可以密切师生关系,成为学生信赖的人。倾听,给学生思维展示的平台,常常比指点还重要。

倾听,关键是端正态度。老师要心怀谦虚和忍耐,不急躁,不打断学生,不简单评价对错。倾听是很高的修养,老师必须克制自我,虚怀若谷,让学生安心、放心,愿意暴露和表述。

4. 尊重学生的思维习惯和水平

由于学生生活背景和自然条件不同,形成的思维习惯、表现的思维特点和达到的思维水平必然是多样的,老师应尊重学生的"原生态"和思维个性,不求整齐划一,不搞一刀切。

有这样一个例子,美国一位小学老师给自己所任教的四年级学生提出问题:每箱橘汁都装有24罐,为了让250个学生人手一罐,共需要多少箱?从传统的观点看,这显然是一道除法问题。但是,老师在此并没有直接给出算式$250 \div 24 = ?$,而是写出了下面的表达式:250人,24罐/箱。其主要目的就是让学生自由地去进行思考。这一表达式刺激了学生的好奇心,得到的回应多种多样:

有些学生用加法:对24进行连加直至达到250,从而求得解答;

有些学生用减法:从250连续减去24直至最终达到0;

有些学生则试图利用乘法:努力发现24与何数相乘将得到250;

还有一个小女孩提出了这样的求解方法:100包括4个25,由于250个学生是两个100再加上半个100,因此,如果每箱橘汁都装有25罐的话,相应的结果就是4箱加4箱再加2箱(总共10箱)。但现在每箱只有24罐,也即每箱少了1罐,因而必须在第11箱中补取10罐。

从严格意义上说,各种思维方法虽然有效率高低、灵巧与否的差别,但是教育意义是一样的。"笨方法"也能带来很多教益,从中体悟出很多东西,比如"对24进行连加直至达到250",这个"笨拙"的方法可以让学生深切体会数量增加的过程性、连续性(要从实际生产角度说,多大数量都是一个个增加上去的),体会到乘法和加法的内在联系。

学生思维和他们的身高一样，存在很大的个体差异，水平有高有低。老师要尊重现实，不能拿高标准要求所有人，只出高难度的题目，让低水平的孩子陪绑并气馁。我们现在知识至上的教学"嫌贫爱富"，每上一门课就打击一部分学生的信心，让他们觉得自己数学不行、语文不行、音乐不行、体育不行，造成了很坏的结果。思维导向的教学要避免这种毛病，一视同仁，分层操作。

四、转变老师角色，担任思维导师

1. 树立培养思维能力的使命感和自觉性

老师要从思想上提高对思维能力培养的重视，把思维发展明确提升为教学目的，纳入自己的教学体系，置于教育教学的中心位置，作为自己教学工作的最高追求。因为思维方法是老师给予学生的最宝贵的财富，是最能体现老师对学生价值的关键所在，对学生的学业和人生帮助也最大。老师要站位更高，对思维教育的自觉性更强，满怀责任感地推进思维教育，促进学生的思维不断地由量变到质变，由低级向着高级发展。在教学全过程中，老师必须重视激发思，指导思，发展思，训练思，培养思，促进学生发疑、发问、发思、发难、发现，使学生展开充分活泼的思维活动，一边掌握知识一边发展思维。老师要引导学生站在思维的角度和高度去学习知识，使学生知识、思维双丰收。

现在很多老师的教育观念是需要转变的，他们忽视、轻视、反对思维教学，也缺乏开展思维教学的能力。他们认为思维是磨出来的——题做多了思维就会上去；认为思维教育耽误工夫，不如多教几个知识点、题型实在。对于知识背后的思维方法、概念公式等基础上的思维原则、典型试题里面的思维技巧，也缺少挖掘、提炼的本领，只能照本宣科地讲知识、布置作业。所以老师要转变自身，要预先进行思维培训。

2. 结合教材的知识内容，明确学生思维发展的项目和任务，推动

学生思维提升

　　知识和思维，一明一暗，不可分割。知识的展开过程也应是思维训练的过程。知识的教育价值之一，就在于给思维活动定向，提高思维活动的起点，提升思维运行的效率。老师要提炼教材中的思维因素，按照知识—思维—方法的顺序，从知识中挖掘出思维，从思维中提炼出方法，把教材知识里的思维暗河凸显出来，教给学生。

　　老师要把教材从薄读到厚，从思维角度延伸教材，挖掘出教材编写的逻辑和思路，搞清每项新知识提出、产生背后的思维过程，每个字词、概念、公式、例题中的思维精髓。教材读得"厚而多"，在思维上把自己变成了一缸水、一桶水，上课时才能教给学生一瓢水。

　　老师要结合课本，明确学生要培养的思维项目、能力水平，提炼出明确的目标，采取合适的方式，安排恰当的步骤，像知识教学一样清晰细致，循序渐进。各门课的老师，要结合自己的学科落实思维教育，对于本学科最急需的思维能力、学生最短腿的思维能力、思维能力在学科中渗透的结合点等研究清楚，讲清讲明。

　　3. 从学生的思维水平、发展阶段出发，提出学生思维训练内容和要求，激发学生新的思维需要，推动学生的思维不断地向前发展

　　从小学一年级到高三毕业，12年间，学生的思维自然地发展，呈现出阶段特点，每个年级的思维水平和培养要求不一样。老师要开展充分的"学情研究"，深入了解自己学生的思维特点，结合学生内在特点设计思维培养项目要求，突出思维教育的针对性和实效性，推动学生不断发展。例如，小学一年级学生，结构功能的分析能力较薄弱，而汉字却是一种由结构来决定功能的文字，所以老师要想办法培养学生汉字的结构功能分析能力，多设计实例，甚至动手操作，让学生建立起结构决定功能的意识，养成结构功能分析能力。再如，到了初一，很多学生学习函数显得吃力，跟不上教学进度，原因是他们的抽象能力没上去，因果思维没上去，对抽象的因果关系理解不好、把握不全。所以，要突出学生抽象、因果思维能力的培养。思维教学应

与知识、学生的认知发展水平相适应，按照反复孕育、初步形成、应用发展的顺序逐步展开，采取小步走、多层次、步步为营的方法，循序渐进，使学生慢慢地消化、吸收，天长日久达到潜移默化的功效。

4. 开展思维教学

老师要使思维教学明晰化、独立化，让思维成为一条贯穿教学前后的主线，树立传授知识与发展思维相统一的观念，在所教的每一点知识里都渗透些思维。

首先，老师在课堂上要增加思维内容，对于知识的来源、思维加工过程等多加讲解。要拉长被压缩的"知识链"，恰当地展示知识形成、问题解决的思维过程，展示所用的思维能力和方法，以此拉动学生的思维进步。例如讲授新的知识时，要注意淡化知识的传授方式，不要面面俱到地去讲解知识，而是以知识点为依托，填充思维方法内容，展示发现发明相应知识的思维过程。任何一个概念，都经历着由感性到理性的抽象概括过程；任何一个规律，都经历着由特殊到一般的归纳过程。知识是科学家、思想家们深入思考，运用科学的思维方法，对于研究对象进行主观加工，最终"创造"出来的"真理"。老师要讲科学家比较、分析、概括、抽象、归纳、推理、演绎的过程，充分展示知识由来的思维路径；要讲明知识点出现的历史前提，把问题、需要摆在学生面前，把材料现象交到学生手里，让学生模拟先哲去思考探索。课堂是学习的主阵地，在这个阵地上讲思维，才能发展起学生的思维能力。

其次，要结合学科内容重点训练，变学科教学为学科思维的培养过程。各个学科的研究对象是有区别的，因此它们的主要思维能力并不相同。在学科教学中，要结合学科特色重点讲解、训练某几项思维能力，不要面面俱到，混淆主次。学科教学要渗透、突出其发生发展中积淀下来的思维方法，理解它们的思维方法，运用它们的思维方法，让思维方法作为红线贯穿教学始终。老师要结合自己的课程，开展专门的思维训练，拿出几堂课，总结学科特点重点，讲解并强化学生有关的思维能力。例如，物理可开"本质现象分析、建模能力"专题，化学可开"结构与功能、要素与系统分析"专题，数学可开"抽象、语言能力"专题，集中训练，促成突破。学科老师还要教给学生学科思维规范，让学生懂得学科思维的规则和艺术。如物理的理想化、数学的严谨等。这样，学科教学不仅传授了学科知识，还培养了新一代学生的学科思维能力，有利于更多更快地涌现学科人才。事实上，数学家不是数学知识最多的人，关键是具备高超的数学思维能力；物理学家也不是物理知识最多的人，关键是具备杰出的物理思维能力。把学科教学开展成知识与思维并重的教学，才能培养出数学家、物理学家。

最后，要开动学生的思维机器，让学生的思维在课堂上运转。现在不少学生，上课效率不高，耳朵打开，心灵关闭。为此，老师要少讲，多与学生探讨、交流，把学生拉进自己的思考活动中。老师要提出问题，讲解思维程序和方法，学生要分析问题、解决问题，担负知识的加工过程。这样，学生在课堂上思维注意力、活跃性大大提高，消极被动地听讲的局面被化解，教学更有生气，学生也学到很多比知识更重要的东西。

5.提出问题，发起学生的思维训练，引导思考

老师不仅要结合课程教学生思维，还要提出思维训练任务，发动学生思维训练。就像出知识考卷一样，要经常地提出思维问题，引起学生思考，促进学生在不断的思考中进步。训练要有计划，成体系，在时间上相继进行，分项训练学生不同的思维能力，最终达到总体的提高。

老师要给学生思考的任务、目标、时间、方法，要天天提问题发动学生思考，每周下达任务"压迫"学生思考，经常教方法提升学生思考。老师要做学生思考的发起者、组织者、管理者，在班级树立"思考模范"，建立思考新风，持续促进学生思维能力的前进。

6.当好参谋，做好导师

知识与思维并重的教学，要求老师由主演变成导演，从前台退到后台，担当策划者、启发者，让学生自己出演思维发展的大戏，让他们在摸爬滚打中提高自己的思维能力。

在学生思考性学习中，老师应当好参谋。参谋的特点是比较善诊断、善分析，有较多建议，但不能决策。老师也应该这样，不能越俎代庖，应倾听、探讨，给予方向指引、方法指导、信心鼓励。

老师要起到答疑解惑的作用，适时点拨，解决学生思维的问题与困境。当学生思维卡壳时，老师要出面点拨；在学生思维迷失时，老师要指明方向。老师要寻找、发现学生思维的断点、拐点、障碍点，组织学生进行讨论，及时给予指点；要比较学生的思维方法，总结学生的思维规律和技巧，让学生互相借鉴、取长补短。老师的点拨要和学生的体悟结合好，不要当保姆。思维发展，外因只是外因，内在的思考和攻关才是最关键的。学生的懂必须建立在自己思索之上。所以，老师的点拨要适可而止，不宜过多，重要的是点到问题的根节处。比如有的学生说"我总记不住英语单词"，这背后的问题是他不会分析单词，不会从结构上剖析单词，告诉他分析结构，学生就会自己琢磨出道理。

老师要做好学生思维发展的咨询师，给学生咨询建议，在思维发展上为学生出好谋，划好策，告诉他们发展方向，努力的途径，规划他们思维的未来，避免学生困于幽暗，左突右冲。

7.做新时代名师

在突出了思维教育目标后，老师的评价指标发生了变化：

一般的老师——知识的叙述者、讲解者；

良好的老师——知识的提问者；

优秀的老师——思维的启发者、开发者。

好老师都是思维教学出色的老师（还有人格教育出色）。如果老师能最大程度激发学生的思考兴趣，能充分发挥和保护学生思考的积极性，并教之一些切实有用的思考方法，使之真正养成独立思维的习惯和能力，那么，这位老师就是杰出的老师。这样的老师，主要帮助学生在思维的道路上迅速前进，教会他们思维制胜的法宝，是一名向导和顾问，而不是简单的机械的传递知识的师傅。

改变教学模式、课堂模式说起来不难，做起来不易，关键是老师要改变观念。一则是要改变知识高于思维的谬见，二是要改变不教知识就觉得虚度时光的毛病。归根到底，老师要改变"学问家"的传统，摆正知识和思维的关系。

五、把思维能力列为考试测量的对象

我国是"考试大国"，考试数量多，而且人们对考试十分重视。考试已经成为最主要的社会行为，具有强烈的导向性。

提出了思维教育的模式、目标，要推动其落实，必须把思维融入到考试中，否则新模式就会流于形式，难以奏效。

考查思维发育情况，指标体系应为20种思维能力，但不同年级水平不同，考查的具体项目应有差别。思维考查要和知识考查融合到一起，在考查知识的同时考查思维能力。这需要改变试卷，在知识题目中融合更多思维内容，能够通过知识解答表现出思维状况。为此，记忆性的知识考核点要减少，运用分析、判断、推理、建模等的问题要增多，对试卷要进行深入的改造。改造现有试卷，增加思维测评内容，需要深入研究，目前还没有成熟的经验。这样的试卷的形式、信度、效度、精确度、标准化等问题，还都有待研究解决。

考查思维状况要运用发展性评价，把评价设计成一种连续的过程，获取学生思维发展程度的重要信息，指引思维培养的方向和层次；要关注学生个体的处境和需要，尊重和体现个体思维的差异，为学生提供学习的动力，提升学习的品质和效率。

六、重塑教学模式，开展知识与思维并重的教学

开展思维教育，是一个系统工程，需要重塑教学模式，在课程体系、课堂教学、考试测评、老师素质等方面做出全面的改革。这种新的教学模式，要开设专门的思维课、逻辑课，要开展思维与知识并重的教学，开展讨论课与活动，开展自学指导和教材阅读活动，开展动手实践活动和思维能力的专项训练，要全方位地改造教学的内容、方式、方法。知识与思维并重的教学模式是新的课题，尚待深入研究。

七、思维教育的原则

1. "让思维动起来"的原则

发展思维，具体的办法有很多，但归根结底，就是让思维都能够动起来，让人去思维。只要人在思考，思维在运作，思维能力、思维品质自然会发展。这就如同想让刀快就要磨刀一样。

在思维中发展思维的道理虽简单，但实际上做得并不好。很多学生在学习中思维不大动，不能主动创设问题、思考问题，所以思维发育不理想。

2. 优先原则

思维教育在整个教育系列中要放到优先的位置，优先安排，多方保障，力求落到实处发挥实效。思维比起知识，如同车床与钢锭，机床过关才能加工钢锭。磨刀不误砍柴工，工具优先配置齐全，活才能干得顺手漂亮。所以，学校、班级、每学科，都应优先安排思维教育，让学生的头脑灵活起来，思维先行发达起来。

3. "难度较高"的原则

凡是锻炼的项目，只有锻炼才能掌握，旁观、玩嘴皮子都是不行的。而且，锻炼的项目要有适度的难度，难度太低就没有锻炼效果，技术性要领就难以掌握。思维也是如此，给学生的思维问题难度低，或者思维的过程被老师替代了，学生学得容易快活，但思维能力得不到训练，思维的关节点难以打通。常有"好心"的老师过度体贴

学生，自己把所讲的一切都讲得明白易懂、毫无困难，学生听着无需动脑、不用思考，课上似乎很明白，但搁下会儿就糊涂了。所以，如果老师把学生的思维劳动减轻到了最低点，没有触动学生思想，没能激发他们探索，学生的思维力就会下降。因此，思维教育要给学生问题、较难的问题，让学生发动思维机器去攻克难关，在自我超越中实现思维的提升。

4.化隐为显的原则

由于思维往往隐含在知识的背后，知识教学虽然蕴含着思维，但是如果不是有意识地把思维作为教学内容，学生就常常只注意到处于表层的知识，而注意不到处于深层的思维。因此，进行思维教学时必须以知识为载体，把隐藏在知识背后的思维能力、方法凸显出来，使之明朗化，促进学生的领悟积累。

5.直观性原则

思维教学要由浅入深，多用感性、形象、具体的事物或例证，多用语言形象的描述，丰富学生的感性知识，从有形过渡到无形，具体上升为抽象，逐步揭示事物的内部结构、相互关系和发展过程，帮助学生形成科学的思维能力。例如，培养分析能力，可以先分解一个机器物件（如闹钟、电话），给学生一种分析很浅易、很有趣的印象；然后再分解一本书，把各章各节拆开来；再分析一个历史事件，把人物、活动、重要文献条分缕析。逐次提升，学生的分析思维就会发达起来。

6.启发式原则

贯彻五个启发：从已知到未知，启发学生利用已知展开推理、推导，得到新知；从现象到本质，启发学生通过复杂现象，抓住事物本质，建立理想模型；从具体到抽象，从抽象到具体，启发学生从具体事物概括出抽象概念，或用抽象概念说明具体事物，从特殊到一般，一般到特殊，启发学生由特殊事例归纳概括出一般概念或规律，或依据概念或规律通过演绎推理解决特殊问题；作比较，找联系，启发学生区分事物，在联系中理解概念或规律。

7.发展思维和生活实践相结合的原则

要不断拓宽学生生活实践的领域，引导学生开展生活实践和社会生产实践，开阔眼界，丰富阅历，给思维、认识以充分的感性材料。现在一些学生，学到初中后越学越困难，究其原因，是因为与生活生产长期隔绝，一点感性的实践体验都没有，学科内容无法理解。例如，面对储蓄利息计算的题目，很多学生虽然函数知识很好，却不能把问题化成函数，因为他们根本没有进过银行；计算化肥用量，有的同学得出一亩地施用480斤尿素的结论，却一点也不吃惊，因为他们连化肥长得什么样都没见过！"纸上得来终觉浅，绝知此事要躬行。"思维、知识教育进展快于学生的实践经验，必然会困惑学生，造成思维和知识的夹生。

8.发展思维和知识教育相结合的原则

知识和思维之间既存在着区别也有着紧密的联系。一方面，知识并不等于思维。有的人可能会记住不少的书本知识，但不一定有科学的思维能力。另一方面，思维又和知识紧密联系，是在学习、消化、掌握知识的过程中提升的。学校让学生系统地学习知识与文化，就是为了给学生的思维发展创造有利的条件。因此，学校教育应当把发展思维和知识教育紧密地结合在一起，互相渗透，双管齐下，让学生成为以往知识的继承者，未来文化的创造者，在延续人类文明之火中再创文明的辉煌。

9.循序渐进的原则

从感性到理性、从简单到复杂、由具体到抽象、由有形到无形、由低级到高级是思维发展的规律。思维教育要遵循规律，注重在感性认识的基础上形成理性认识，在小缓坡上实现思维的逐步成长。例如，先讲明人体结构，再讲明原子结构，再讲解梦的结构，学生就容易理解，绝大多数学生的思维都能跟得上。

10.个别对待原则

思维教育既要考虑到学生群体内的城乡之间、校际之间、班级之间、男女之间的差异,也要考虑到学生思维品质方面所存在的差异。要依据学生的实际水平,有针对性地确定训练的内容和方法,对超常和低常的学生给以格外的关心和爱护,采取不同的方法和手段,因材施教,让每个学生得到自己最好的思维教育。对于"笨"学生,他的思维哪怕发展较慢,但只要在发展就是很大成就。

第二节　开设思维课

学校开设思维能力课程迫在眉睫。每个学生要受12年基础教育，而与学习息息相关、每一日都不可或缺的思维能力教育，时至今日还没提到日程上来，学生思维还没有得到过老师系统的教授和指导，还得靠自己摸索、总结，还在低水平上运行，这不能不说是教育的一大问题或遗憾。开设思维课程，可谓势在必行。

一、中小学思维课程的目的

中小学开设思维课程，目的是：

1.对学生思维能力、思维品质和思维方式等进行全面培养和训练，实现学生思维的充分的良好的发展；

2.根据学生个体间的思维特性和差异，让每个学生的思维获得可能的良好发展，促进每位学生的思维进步；

3.教给学生科学的思维方法，养成独立地分析问题和解决问题的能力；

4.结合相应课程的知识教学培养学生的思维，使学生的思维在每个学段都得到良好的发展，适应教学要求；

5.养成学生勤于动脑、乐于思考和思维快乐的好习惯；

6.提起普遍的对思维教育的重视，促进老师、学生开展思维教育工作。

我国的教育方针，提的是"德智体美劳全面发展"，但是，在实际执行中，很多人把"智育"片面化、狭隘化，理解成单纯的知识教育与学习，忽视了思维能力培养这一大块。现在新课改提出课程的三维目标"知识与技能、过程与方法、情感·态度·价值观"，但很多老师不能理解三维目标的思维内容或要求，还是停留在"双基"的层面上，关注知识和技能（特别是读、写、算等技能）。实际上，三维目标中十分重视思维的培养，技能中包含思维技能，要培养学生感知、记忆、想象、推理、反思等思维技能；过程中包含思维过程，要侧重讲授概念形成的抽象过程、规律的归纳和演绎过程，改变过去教学重结论轻过程的弊端，要求学生不仅知道简单的结论，更要知道一些思维过程；方法中包含思维方法，要教给学生观察方法、比较方法、联想方法等；情感·态度·价值观中包含着思维的方面，要求教师激发学生的兴趣，培养学生的思维积极性。所以，按照课改精神，必须明确思维教育目标，让师生自觉开展思维教育，改变知识的呈现、表达与评价方式，让学生经历知识形成的过程，引导学生学会学习、学会创造，让教育的品质攀升一个新台阶。

二、中小学思维课程的内容

1.讲解思维主体的性质

介绍思维主体应有的思维需要、问题意识和思维形式，激发学生的思维动机、愿望和自信，促成更多学生成为健全的思维主体。这项教育，要和公民教育相结合，在培育现代公民的过程中，人的思维主体性也日益成熟。

2.讲解思维能力的项目、特点、含义、要求

人的思维能力有20种，学生的思维发展，就是要提高这些思维能力。要把20种思维能力明确地讲给学生，作为培养目标树立起来，并帮助学生深入了解每种思维能力的特点、含义、要求，促进学生在学习和生活中有意锻炼自己的专项思维能力。要开展思维能力案例教学，通过科学技术的案例或生产生活案例，帮助学生认识和提高单项思维能力。例如，结合居里夫人提炼镭矿，讲解分析能力的含义和运用。

学校要组织学生开展20种思维能力的专项培养，分解教学，各个击破。如抽象是知识的最大特点，也是很多学生学习的拦路虎。理解不了、消化不良，主要出在抽象能力不够上。学校要结合课程，开展抽象能力的专项训练，力争让学生思维能力均衡发展，各项思维较为发达。

3.讲解思维方式与品质

要讲解思维方式的含义、思维品质的要求，让学生了解科学思维方式的特点和良好思维品质的属性。要组织学生联系实际比较讨论思维品质，如分析"义和团口念符箓刀枪不入"的思维方式，说明实证、精确化的好处；结合"守株待兔"、"刻舟求剑"，说明机械思维的弊端。要结合各位学生的特点，指点思维品质发展的方向，如对于勤奋做题而不愿思考的学生，告诉他最大的勤奋是思考勤奋。

4.开设逻辑课，明确思维品质要求

思维的合理性是一个大问题，现在学生中思维不合逻辑的现象很多，影响其思维的质量和学习成绩。学校要结合学生学习的内容，开设逻辑课。这门逻辑课以逻辑学为基础，但不是逻辑学的翻版，要避免逻辑符号化和专门化倾向，多用学科事例举例说明，要切合学生的学习实际和关注领域。

5.组织学生研究并优化自己的思维

人的思维各有其质和量，与完满状态相比都有不足；学生思维在发展中问题也会更多，需要诊断和救济。思维课要组织学生把自己的思维当成研究的客体，分析利弊或优缺点，提出改进建议，促进学生思维的优化，提高学生的思维能力。这种活动可以阶段性地重复开展，每一学期做一次，会推动学生思维不断上台阶。

三、中小学思维课程的实施

到目前为止，还没有国家级的思维课程，所以思维教育的实施从头到尾只能依赖各所学校，学校要通过思维课程来开展思维教育。

学校开设思维课程，第一步要做研究，提出思维课程的框架、计划、纲要、教案，设定课程目标、课程结构、教材教案、课程管理办法，研制教学过程、教学方式、单项思维训练途径等。这一步是思维教育从无到有的过程。

第二步要实施思维课程教学。学校要安排时间、给予课时，配备必要的空间、设备、材料，组织一些班级来开展思维课。教学中要落实课程方案，采用合适的教学方式。

第三步要进行课程评估，改进课程，对教学方案质疑、批判、验证和改写。

思维教育教学尚属全新事物，每所学校的起点都是一样的，学校、老师在这门课上研究、开发，都会大有所为，在深化教育内涵、拓展人才培养模式上将做出重要贡献。

第三节　改造知识的"样式"

一、知识对思维发展的意义

1.知识是思维的原材料

人具有思维的潜能，但是思维的发生发展，离不开知识、实践与问题。对学生而言，知识是思维最主要的原材料，是思维的主要刺激物，为思维加工提供素材。缺乏必要的知识，就谈不上判断、推理、分析、综合，思维机器无法开动，思维发展成为空谈。源源不断的知识材料，促成源源不断的思辨、思考；源源不断的思辨、思考，实现思维量和质的双重提升。

2.知识是思维的动力源

知识是思维发生发展的重要动力源泉，它刺激思维，给思维以动力、压力、拉力，推动思维的进步。当知识信息进入到大脑，理解它、改造它、运用它，就必须思考，思维便运转起来，在运转之中不断提高。多数知识都不是不假思索就能理解的，对人的思维都是挑战，这样的知识作为问题，牢牢地抓住思维，迫使思维动起来、发展上去。

3.知识是思维的导航器、定型器

思维发展成何种样子，和知识密切相关。知识塑造思维的局面和结构，是思维的"导航器"，思维顺着知识的方向、特点和结构而定型，克隆出知识底下的思维模式。接触中国传统文化，读中国古书，形成中国式思维，会比喻，会排比，会整体把握，会关注人伦。读物理书，形成因果思维、抽象思维、模型思维。读历史书，学会关心朝代兴衰、人物命运，探究天人之际、古今之变。知识训练具体的思维能力，提升具体的思维能力，并由此制约人的思维式样。

二、活化知识

从思维的角度看，知识可以分为活的知识和死的知识。活的知识是主动的知识，是向人提问的知识，是教给人解决问题的方法的知识；死的知识则是被动的知识、印在书本里的知识、单纯表述"知道"的知识。活的知识与人互动，可成为思维的动力，调动思维机器，促进思维发展。学生要锻炼思维，必须活化知识：

1. 把知识变成问题

学习内容以问题形式直接呈现出来，这样能引起读者思考，启动思维活动，并在思考中锻炼思维。例如，汉字，如果作为知识出现，就是汉字，学生只需要记忆，而作为问题则需要思考。如"好"，是什么结构？组成部分是什么？组成部分的含义与整个字的含义是什么关系？"秦始皇"，为什么叫秦始皇？皇是何意？"1+1=2"，1的特点是什么？什么样的事物、现象可以变成1？+是什么样的关系或过程？哪些关系、过程可以概括为+？把知识转化成问题，学生就需要思考，思维就得到锻炼。

2. 把知识变成工具，变成解决问题的模式

知识其实都是工具，有的是直接的工具，可以指导生产生活；有的是理论性工具，间接帮助人解决实际问题。知识变成了工具，它们对人就有了用途，就变得亲切，学生就要研究它们的价值，思考其可能的作用。例如，矩形面积$S=ab$，作为工具，就可以指导人们盖房子、规划土地，可以帮助人们解决买窗帘、买床单要买多少布的问题。再如，陈述句由主谓宾构成，可以用来判断句子成分是否完整、是否病句。知识转化为工具，作为解决问题的模式，知识活跃起来，人的思维也因之活跃。

3.把知识变成论点、观点

教材的知识，都是"真理"。但是，真理往往只要求学习、记忆，不能辩驳、讨论，不利于激发思维，所以要把知识变成论点、观点，由此展开讨论、辩驳，深化思维的层次。例如，"工具促进社会进步"，看做一种论点，就可以提出很多不同的论点，如提出"需要促进社会进步、贪欲促进社会进步"等；"电子定向运动形成电流"，可以提出不同见解，提出"原子定向运动形成电流、电子非定向运动形成电流"等。提出的不同论点，有些可能明显荒谬，但没关系，它们对发展思维很有意义，通过查找错误的所在，对正确的知识认识更深。

4.把知识变成思维的"范式"

思维都是针对问题的，作为思维的范式不同于知识的状貌，思维关注的是"是什么、怎么样、为什么"。把知识改造成思维范式，有助于知识的消化，也容易开动思维。比如，静态地学习力，就是记忆的问题，而从是什么、为什么角度看待力，研究它是结果还是原因，思维就活起来了。

5.寻找知识的关系

知识是分散的，同时也是单向度的，而事实上知识间有复杂的关系，很多关系都是潜在的、多维的。提出了知识的关系问题，就需要思维去解决。例如，力、能、功在教材里关系说得不多，但它们有关系。是什么关系？学生可以去考虑。汉唐是不同朝代，但关系是很大的，但哪些方面有关系，是何种关系？都需要思维去解答。

三、按照思维的范式、知识的范畴，把知识改造为问题形式，促进思维发展

人类千百年间不停地思索，探索世界"是什么、为什么、怎么样"的问题，逐步形成了一系列固定的思维范式——思考的兴趣点和用力点，处理事物的角度和方式，因此知识也形成若干基本范畴，如

属性与状态、系统与要素、整体与部分等。思维范式决定知识范畴，思维过程中关心的问题，即知识结论中的一般内容。在教和学中，对知识按照思维范式、知识范畴加以分类、归类，可以加深对知识的消化理解，也有助于促进思维能力的发展。

思维的范式有三大类，每类下有若干知识的范畴：

（一）是什么问题

1.属性与状态

思维首先都要思考存在的属性和状态，这是各种认识的第一步。如人认识金属，先认识的是金属的色泽、硬度，因为这些属性，金属获得人们的喜爱，在古代都成了宝贝；去市场购买衣服，首先都是观察各种衣服的款式、色彩，要反复比较它们的属性。

存在和属性密不可分，所有存在都有若干属性。事物的区别，一般也是在属性上不同。人们认识事物，是通过属性来初步实现的。属性知识，既是基本的知识，也是重要的知识。地球是球体，有自转公转，这些地球属性是很重要的地理知识；偶数可以被2整除，偶数加奇数等于奇数，这是重要的数学知识；水是液体，具有涨缩和压力，无色、无味，比重为"1"，在一个标准大气压下沸点为100℃、冰点为0℃等，是很重要的化学知识。

每个学科中，都包含大量属性知识。要把属性知识变成属性的问题，追问事物是什么、表现如何、特点何在？进一步的，要把事物联系到一起，分析它们的共性和特色。还要把学科属性描述变成方法，如模仿物理中"铁，比重7.8，黑色，导电"的属性表述，作为解决"是什么"问题的钥匙，利用这种模式去描述其他物质。

状态是事物表现出来的状况、形态，是变化过程中一个个片段内事物呈现的特别样子。事物都是具体存在的，都处于一定状态下。例如，水有沸腾状态，物体有静止状态、加速状态等。认识状态，是对事物认识的重要方面。每个学科，都形成一系列描述事物状态的概念、指标体系。如物理中描述物体机械运动的位移、速度、加速度等，使得对于运动物体的认识更加精确而深入。

属性和状态是研究事物"是什么"的，这是认识的初期阶段，人接触新的事物，首先要探究它们是什么，具有什么属性和状态。一旦提出对属性和状态的疑问，思维就开动，要运用分析、比较、抽象、建模等多种思维能力，努力对是什么问题做出较为可行的解答。比如，我们要写一篇描写父母的文章，刻画父母的样子，就必须对他们的长相反复分析、比较、抽象，最后才可能得出"面孔慈祥、饱经风霜"等特征。这就如同画家画人，画得像，实际是深入思考的结果，是把人的主要特征抓出来了。

历史上，提出描述属性、状态的术语、指标、办法、概念并不容易，都是较重大的学术贡献。学生既要把属性知识变成是什么的问题，还要学会描述方法、用语，发展起思维能力和学术能力。

2.系统与要素、整体与部分

思维思考系统与整体，研究要素与部分，获得很多重要认识。

系统是诸多要素相互联系的整体，要素是组成一个整体的相互作用的各部分。整体是指由事物的各相互联系的部分构成的有机统一体及其发展的全过程，部分是指构成事物有机统一体的各个方面及发展全过程的各个阶段。整体与部分是系统与要素的一种表现形式，侧重于空间和时间的角度。

世界存在的一切事物都是系统，都包含要素。例如，太阳系是系统，地球是其要素；地球是系统，大陆、海洋是其要素；人体是系统，器官是其要素；手是系统，骨骼、肌肉是其要素。世界的一切存在也都是整体，都包含部分。中国是个整体，北京、浙江、河北等是部分。汽车是整体，四只轮子是其部分。人类历史是个整体，秦汉魏晋是其部分。汉字"燥"是整体，火、品、木是部分。Look for为整体，look和for为部分。系统具有整体性、复合性、稳定性，它的功能超越要素。如氢气、氧气化合成水，水具有氢和氧所没有的性质；两根木棒能够组成一双筷子，但任何一根木棒都不能夹菜。整体与部分的关系也是如此。

系统与要素、整体与部分的知识，是各门学科的重要知识内容。如，生物要认识植物、动物的系统，要研究系统中的器官、组织；地理要认识太阳系，研究其中的行星。系统与要素、整体与部分的知识在学科中体现为：

（1）系统知识。每门课都是一门知识系统，课内又有很多小系统，如数学和数学中的"函数"，化学和化学中的"金属"、"卤族"，地理和地理中的"太阳系"、"大气层"等各为系统。

（2）要素知识。系统包含一些重要的要素，学科作为重点来剖析。例如函数中的"自变量"及其取值范围，生物中叶片、叶绿素等，细胞中细胞核、细胞质等，英语中的take、have等。

（3）要素之间关系的知识。剖析重要要素的重要关系。如物理要剖析力和位移、力和冲量的关系，英语要剖析动词和介词、副词的关系（短语），数学要剖析相等关系、不等关系、空间关系以及三角和函数、方程和图形的关系等。

（4）整体与部分的知识。认识整体能够把握全局，认识部分可以深入微观。例如，元素周期表提供整体认识，氧族、卤族等章节又对一些重要的族进行深入解析。语文课先展示整篇课文，然后分析段落、句词。

系统与要素、整体与部分的知识，是对于事物是什么的深入回答，反过来，要把这样的知识变成是什么的问题，问"系统如何，有哪些要素，要素中何者最关键"，或者问"要素上边是什么系统"，"某要素和谁是一家的"，等等。这样梳理知识，可以建立起更好的整体感，也能激发思考，启动思维机器。例如，学过光学、电磁学后，应该想一想，它们联合成一个什么统一体，贯穿统一体的是什么东西？层层递进，可以找出哪些系统？这样知识获得整理、理解也更加深刻。

（二）怎么样问题

1.事物的发展、变化、过程及其条件

思维关注事物的发展、变化、过程及其条件，对事物的"生灭、历史"形成认识。

发展是事物由无到有、由小到大、由简单到复杂、由低级到高级的变化。例如生物的进化、语言的发展等。变化指事物在形态上或本质上产生新的状况，如氧气和氢气燃烧产生水，生态改变后大熊猫改吃玉米等。过程是指事物在时间中的变迁，或事物从一个状态变成另一个状态的进程，如地球的演进、王朝更迭等。

发展、变化、过程是存在的形式，所有事物都在发展、变化，都处在过程中，所谓运动是永恒的，静止是相对的。思维思考事物的发展、变化，产生一类重要的知识，例如人类的历史、生物的进化、胚胎的发育、细胞的分裂等。

事物的发展、变化是有条件的，内在地有其因果关系，不存在无缘无故的发展变化。这些条件的知识和发展、变化、过程的知识一样，也很重要，是知识宝库的重要元素。如人类社会进步的条件（生产力发展，政治文明提高等），石油冶炼中温度、压力、催化剂等条件，都是一些重要的知识。

对于发展、变化、过程、条件等知识，应该反过来问些"怎么样"的问题，这有助于理解知识的目的，升华知识的功能，而且加深思考。同时，问发展、变化、过程、条件，也要成为思维方法，对于新鲜事物、不了解的事物，多做些这样的探讨，思想会上一个层次，思维也会更加活跃。例如问，今天的东北口音是怎么形成的？200年后会如何？

2.关系

思维从关注实体事物、孤立的事物，发展到关注事物的关系，是思维抽象性增强的体现，是思维发达的结果。

关系指事物之间的某种性质的联系，或事物之间相互作用、相互

影响的状态。

事物具有普遍联系,因此有各式各样的关系:有直接的、间接的关系,如心脏和血管是直接关系,心脏和四肢是间接关系;本质、非本质的关系,如振动和声音是本质关系,产地和西瓜的含糖量是非本质关系;内部、外部的关系,如身体各组织是内部关系,组织和环境是外部关系;必然的、偶然的关系,如地壳运动和地震是必然关系,地震和社会危害是偶然关系。

思维致力于研究事物的关系,尤其是那些直接的、本质的、内部的、必然的关系,研究各类因果关系、系统与要素的关系、结构与功能的关系、整体与局部的关系,得出很多重要结论,成为知识的主要部分。各门学科中,凝聚大量的关系,如语文揭示了词汇的关系、语言和生活的关系、美和善的关系;数学揭示了加减乘除、方程函数等关系。关系构成各学科最重要最复杂的内容。

关系是对事物怎么样的一种特殊的认识,它是从事物的集群中来揭示事物怎么样的。例如,一个人的怎么样,不只是其长相、身高等属性,还包括他是谁的问题。某人的儿子,某人的父亲,某人的丈夫,合到一起才能说明状态。

对于关系知识,不要死记硬背,要问些怎么样的问题,对关系的各方面的怎么样,多加思考。例如,长方形面积=长×宽,即$S=ab$,要问问,面积取决于什么?改变哪些因素可以改变面积?影响面积的参量有哪些?主谓宾构成句子,主语是独立的吗?谓语、宾语怎么制约它(如从句,主语用it)?

3.内容与形式

内容是指构成事物一切要素的总和,即事物的各种内在的特性、成分、运动的过程、发展的趋势等等的总和。形式是指把内容诸要素统一起来的结构或表现内容的方式。

任何现实事物都是内容与形式的统一体,都有内容与形式两个方面。例如,地球的形状是形式,地壳、地幔等是内容;植物的枝叶是形式,叶绿素、导管等是内容；文章的文体是形式，表达的思想感情是内容。

事物的内容决定形式，形式依赖于内容；同一内容可以采取多种形式，同一形式也可以表现不同的内容；在内容与形式的关系上，内容是主要的。

思维考察事物的内容形式，形成了内容与形式的知识。它们在学科中体现为：

（1）内容知识。这是各门课的主体。语文中汉字本身，文章的思想、感情、哲理，数学中事物的数量关系、公式的实质意义等都是内容。

（2）形式知识。书法、文体、句式、方程、算式、化学符号、单位名称等都是形式知识。

（3）根据内容选择形式的技能知识。例如写文章，根据思想观点的特点，选择不同的文体。表达政治意见，一般用议论文，表达情感经历，一般用散文。

对于内容与形式的知识，要注意多问些"形式"问题，因为形式是人为的、命定的。例如，$F=am$，为什么用这些字母？因为力、加速度、质量的英文是force、acceleration和mass。"生存还是毁灭？"多好的一句话！巨大的困惑、激烈的情绪，被这句话给传达无遗。作者怎么能写出这么好的句子？真是神来之笔。不仅仅绘画、音乐有形式美，在形式上是巨大的创造，数学、物理、语文等等，形式上的新奇特都令人惊诧，应该仔细体会。

4.质与量

质是指事物成为它自身并使该事物同其他事物区别开来的内在规定性；量是指事物的规模、程度、速度，以及它的构成成分在空间上的排列组合等可以用数量表示的规定性。

事物都有其质与量。例如电流，其质是电子的定向运动，其量是单位时间运动电子的多少（电流强度）；铁矿石，质是铁的氧化物，量则是矿石的含铁量；氧的质在于其原子核、质子数，其原子量、外围电子个数、化合价可以视为其量的一面。

思维不停地发现事物的质，探究事物的量，形成丰富的质与量的知识。各门学科，都既包括质的知识，也包括量的知识，它们首先阐述质的知识，然后阐述量的知识，用质奠定知识基础，用量深化知识的精密度，所谓定性分析和定量分析结合。数理化等学科，量的知识比较发达，相当程度地实现了数学化。

学习知识时要多问关于质和量的问题。一个事物怎么样，具有何种质、何种量？特殊在哪里、特殊到什么程度？这样一想，质与量的知识就被理解了，它们都是深化认识的一个方面。例如，我们说金的密度是$19.32g/cm^3$，说明金是一种有质量的物质，和光、磁场不同（它们没有"静质量"），而且其单位体积的质量达到19.32，因此又和铁、铜等不一样。一个数字如6，表示的是"6个单独事物的集体"，这种集体的数量为6，所以不同于5，不同于7。很多学生学习中关注量的知识，热衷于计算，对质的知识相对轻视，这是不良的需要改变的流弊。

5.价值

思维醉心于意义，寻求价值规范。

价值，表示客体对主体的意义。事物的有用性通常构成事物的价值。事物间普遍联系，因此各种事物都有一定价值。但因为人类把自身作为世界的主体，所以价值主要是指事物对人的意义。历史发展下来，人提出了多种多样的价值，并且在不同民族、时代、思维方式下，价值还有很大区别。如古代认为耕地、水塘有价值（能生产农产品），沙漠戈壁没价值，现在则不同了，沙漠戈壁也有重要价值——或者是地下产出矿物，或者调节气候。

价值思考的结果是价值观，体现为反映"真善美"的文化和学问，如道德、宗教、法律、艺术等知识。

对于价值观的知识，要多问一下"有什么用，意义何在"。如"遵纪守法"有什么用？"生动简洁"（文学）有什么用？从价值上思考，有助于明白一种社会学或人类学的怎么样，可以更好地理解知识，同时也会较好地锻炼思维。

（三）为什么问题

1.现象与本质

认识事物，通常从现象开始，最终上升到本质。

所谓现象，是指事物外在联系和表面特征。现象是人能够看到、听到、闻到、触摸到的，如刮风下雨、苹果落地、枝繁叶茂、鸟语花香、战争、犯罪、起义、贫富分化等。人借助显微镜观察到的细菌的形状、借助望远镜观察到的天体的形状，也都是现象。

所谓本质，是事物的根本性质，是组成事物基本要素的内在联系。如声音的本质是振动，燃烧的本质是激烈的氧化反应。

事物的现象背后是本质。思维追求认识事物的本质，摆脱现象的纷繁，把握深藏的奥秘。人类的历史是探索本质的历史，文明的不断进步，就是对于越来越多的事物达到了本质的认识。

新一代人的学习，基本的内容是学习以往人类对于现象、本质得到的知识，掌握特定的现象与本质，理解现象背后的本质。各门学科也有大量的现象与本质的知识，体现为：

（1）现象描述。如课本里对于一些重要的学科现象的描述，像金属的特点、植物的样子等。

（2）本质概括、揭示、解释。如课本中的概念、命题、公式等，都是对于本质、规律的揭示，是学科的核心内容。因为本质比较深刻而费解，课本都要做出一定的解释。

（3）分析现象抓本质。学科的展开过程，常常是从现象中找出本质的过程。学科知识的应用（如例题），也主要是分析现象把握本质。

（4）揭开假象。假象类同于现象，但不是真的。各学科都介绍一些重要假象，避免人们上当。

对于知识，要从现象与本质角度加以思考，考虑一下哪些知识是现象，哪些知识是本质，各类现象背后是什么本质，各种本质表现为哪些现象。例如，1是什么方面的知识？1是本质知识。1呈现为哪些现象？太多了，单个人、单独的苹果、完整的事件，都是1。这样来思考,思维被发动,知识得到进一步消化。

2.原因与结果

思维总是追问原因,探寻结果,要在整个世界普遍联系中,找出因果的链条。

原因是引起、产生其他事物或现象的事物,结果是受某种事物或现象的作用而产生的事物。明火引燃泄露的煤气发生爆炸,明火、煤气泄露为原因,爆炸是结果;阳光雨露滋长禾苗,阳光雨露是原因,禾苗成长是结果。

事物是相互联系、彼此制约和相互影响的,在自然界、社会和思维领域,在各种宏观、微观过程中,都没有无缘无故产生的东西,没有无原因的事物;世界上也没有任何不影响其他事物的事物,不存在孤零零自己存在、毫无意义的现象。因果关系是普遍的关系,它来自事物发展中固有的、本质的、必然的、紧密的联系,具有稳定性,在一定条件下会重复出现。

原因与结果是对应的,相对于某结果某事物才是原因,相对于某原因某事物才是结果。因果关系是复杂的,有一因一果、一因多果、多因一果、多因多果等多种情况。

人类思维的重要内容之一是事物的因果关系,思维关注事物的所以然、为什么,并力求把因果关系等式化、数学化。如人思考是什么引起运动,是哪些东西造成世界的丰富多彩,是何物导致疾病?人类思维的很多伟大成果,都是对因果关系的揭示。能揭示因果关系,是对人类文明的重大贡献。牛顿发现了力和运动的因果关系,巴斯德发现了微生物和疾病等的因果关系,他们都英名永垂。

人们对于因果的思考积淀在知识中,因果知识构成各学科的基本内容。因果知识在学科中的体现有:

(1)基本规律。学科中一些基本规律,都是揭示事物的因果关系的。物理中牛顿定律、法拉第定律、右手定则等如此;化学中酸碱反应生成盐、温度制约反应速度等亦如此;历史中关于王朝的兴衰、事件始末的解释也均如此。因果关系是学科规律的核心。

（2）重要推理。学科中有很多因果推理，即根据因果规律，已知原因，推导结果，或者知道结果，推导原因。这是因果关系的运用，也是因果关系的细化，属于因果关系重要内容。一些学科的重要知识点、公式就是这样推导出来的，例如物理中的动量定理是由牛顿第二定律推导出来的，数学中半角、倍角等公式是由余弦定律推导出来的。

（3）原因分析。一些现象对人类或是有利或是有害，因此需要深入了解其原因，力求扩大益处避免害处。学科对于重要的有害现象进行因果分析，为在实践上趋利避害提供理论依据。例如，什么造成了学生近视？通过分析，发现用眼习惯不好、课业负担过重诱发近视，因此要制定政策加以纠正和限制。

（4）试题。各学科试题多集中在因果关系的推理上，锻炼学生由因推果、由果推因的能力。

对于因果性知识，要多从因果关系上思考，一个知识点，是因还是果？它为什么能出现？谁是它的结果？受何种影响？例如汉字"天"，它的原因是什么？是客观的天，是造字的法则——象形，人头顶青天。天也是原因，它可以新造很多汉字，例如昊、吴、奏、蚕、吞等等。通过探因索果的思考，思维得到更多锻炼，多项思维能力获得发展。

3.结构与功能

思维惊诧于事物的功能，探究事物的结构。

所谓功能，是指事物作用于其他事物的能力，或事物具有的效应。所谓结构，是指事物内各要素的组合方式、结合方式。

凡物均有结构与功能，它们是事物的重要特性。人能直立行走，能手拿东西；人的四肢高度分化，形成了人类的手脚、胳膊和双腿。原子能够相互化合构成分子，各自得到或失去电子；原子有原子核和外层电子，原子核对电子有吸引力。

人类通过对结构与功能的长期思考，认识了结构与功能的关系，发现：第一，事物的结构决定着事物的功能，结构是功能的基础和前提；第二，功能反作用于结构，或者使原有的结构向更有序的方向发展，或者使结构失稳和解体；第三，事物的结构与功能相互作用，在一定条件下转化，结构变化到一定程度会导致新功能的产生，功能发挥到一定程度导致新结构的出现。人们还发现，结构与功能不是简单的对应，同构异功现象和同功异构现象普遍存在。

结构与功能知识是重要的知识内容，各学科都讲授很多，它们在学科中体现为：

（1）事物的结构、机构。如地球的结构，大陆板块的结构，植物的结构，滑轮的结构，原子的结构，国家权力的结构，汉字的结构，句子的结构，英语各时态的构成规则（结构）等。

（2）各种结构的功能。如陈述句的功能，细胞的功能，滑轮组的功能。

（3）结构与功能的"设计和优化技术"。优化结构从而可以优化功能。如优化文章结构，可提高文章艺术性；改进化学实验设计，可提高实验安全性和效率；培育矮秆作物，可增强作物抗风暴的能力；改进整车设计和发动机结构，可提高汽车速度；训练运动员，会促进对应项目的某些肌肉发达等。

对于结构与功能的知识，需要经常变换角度地发问，基于结构问功能，基于功能问结构。比如，学习了氢键，要问下它们有何作用？大自然创造出氢键是何用意？学习了种子的传播，要多研究下结构，不同的种子靠了哪些结构来传播？这些结构对传播范围、效果有何影响？在生活中，也要多思考结构与功能的问题，例如人的手太灵巧了，是什么样的骨骼、肌肉结构，给人这么大的便利？思考这样的问题，很多思维能力便调动起来，思维的水平自会不断提高。

4.规律与真理

思维不断发现规律、构造规律，一直追求真理、创造真理。

所谓规律，是指事物之间内在的必然联系。这种联系不断重复出现，在一定条件下经常起作用，并且决定着事物必然向着某种趋向发展。比如电流与电压正相关，地球公转位置与气候、物候相对应（农历的24节气），这些都是规律。所谓真理，是人们对于客观事物及其规律的正确反映，是主观形式和客观内容的统一。历史上人们提出很多理论、观点、说法，它们都被一些人宣称为真理。

人类建构起众多的规律与真理，发现规律、提出真理，都是精神史上重大事件。规律与真理沉淀在各门学科中，成为学科知识的主体部分。定理、法则、公式、原理等，通常是它们的表现形式。

对于规律与真理，可以看成是一些观点、说法，可以持不同见解。这样，人就会同规律、真理发生辩论，思维越来越锐利。对于规律、真理，也需要不断地分析综合、抽象概括，在加工消化中发展思维。同时，人还要形成规律、真理的探求欲望，努力从生产生活中找到规律、真理，透视和揭示事物最隐秘的奥妙。例如，弃考的学生越来越多，背后是什么规律？爱情、事业、人生的真谛是什么？这些发问，具有很大的思维训练意义。

思维的范式、知识的范畴，是思维共性的对象，知识普遍的架构，历代思想者、科学家们，都是思考这些方面的，都是就某一领域、存在部类（如数字、语言、地质等）的是什么、怎么样、为什么，或对于属性与状态、本质与现象、原因与结果、结构与功能等，做出新的解答，提出深刻的认识。各个学科、各门课程，也是这些重大问题的一种回答，或是这些重大问题认识结果的总和。了解思维范式、知识范畴，有助于人把握好思维的对象，为思维找准训练的平台；有助于人宏观地把握学科知识，理清学科的结构和框架，具有双重促进学习和发展思维的重大意义。

第四节　消纳学科要素

消化理解知识是逐步认识事物的本质、规律的一种思维活动，是利用已有知识经验获取新的知识经验，并把新的知识经验纳入已有的知识经验的系统之中的过程。学习知识贵在消化理解，消化了理解后知识才能扎根在学生心中，成为有用的财富，否则就是生吞活剥、死记硬背、囫囵吞枣，只得到皮毛而未掌握其精髓。

消化理解知识，是发展思维的最主要方式、途径，具有重要的思维训练意义。在消化理解知识中，学生进入积极状态，知识作为原材料被思维机器加工改造，被主体同化并滋养着主体，促成人思维能力不断加强，思维品质不断优化。

一、科学与技术的消化理解

科学与技术是知识的精华，各门课程的核心都在于相应的科学与技术。在学习课程时，既需要理解消化具体的知识点，更需要上升一步，消化理解相应的科学与技术。了解科学与技术的体系与特点，对于学好各门课，训练思维、提高思维都有很大帮助。

（一）科学

科学是运用概念、定理、定律等思维形式反映现实世界各种现象的本质和规律的知识体系。

科学的构成是命题、定理、定律等思维形式，核心是现实世界各种现象的本质和规律，表现是知识体系。

科学是学问的总名，包含了小学、中学、大学的大部分学科或课程，如数学、物理、化学、天文学、地理学、生物学、医学、语言学、历史学、政治学、经济学等。

1. 科学的要素与体系

科学主要由概念、命题、公式、原理等构成。

（1）概念。科学的各个部分——各学科都产生一批自己的概念。发达的、专业化程度高的学科概念很多，如数学，从小学一年级到高中三年级，拥有上千个概念。概念是学科的基础。

（2）命题（论断）、公式、原理。各个学科从概念出发，经过判断、推理等思维加工，得出命题、公式和原理。

命题是对一些最重要的现象、存在的判断，揭示事物最基本的属性、特点、关系或价值。命题表现为句子，一般包含两个或两个以上的概念。例如：物体具有惯性；两个负数绝对值大的数小；万物生长靠太阳；革命是历史进步的杠杆；鸦片战争是帝国主义对中国的侵略，等等。命题是对概念关系的加工，在命题基础上才能提出公式或原理。

公式是用数学符号表示几个量之间关系的式子。如平方差公式、欧姆定律。公式是思维的极致。

原理是重要的命题、公式、定律或定理等的泛称，它们是学科中具有普遍意义的基本规律。如物理中的力学原理、电磁原理，化学中的化学反应原理、化学键原理，政治中的普遍联系原理、历史唯物主义原理等，核心可能是一个公式或一个命题。

（3）学科技术。各个学科都有一些技术，包括学科的工具、设备装备、工艺、方法（步骤、过程、程序、环节）、技巧、规则体系等。

例如，物理学有物理技术，包括杠杆、发电机、天平、游标卡尺、电压表、试电笔等物质工具，还包括数学化、理想化等物理方法；生物学中有生物技术，包括培养皿、显微镜、切片刀等物质工具，也包括对照实验、连续观察等实验方法等。学科技术中的方法

(步骤、过程、程序、环节、诀窍等）是学科技术的核心。

（4）价值观。价值观是人们对待万事万物的主观态度。善恶、美丑、好坏等都是价值观。语文中关于文章写得好坏的评价，历史中关于人物的评价、某项政策进步退步的定性，地理中"要保护人类家园——地球"，政治中科学技术是第一生产力等，都是价值观。数理化等自然科学也有些价值观，如"数学美"，对于怎么计算、如何推理提出要求，确立起一种数学趣味和追求。各学科中有很多价值观知识，它们是信念、是意识形态，是社会要求学生接受并树立的看待问题的立场和态度。

人类发展到今天，科学已经很发达，形成众多科学门类，表面上差距很大，天文上天，地理入地，历史关注过去，政治把握现在，但是各学科的要素是一样的，都不外乎概念、命题、公式、原理、技术等。每个学科拿这些要素构造成一个体系，按照学科逻辑规则（或历史发展脉络）建起一座知识大厦，组成多层级、多角度的立体网络。学习学科，就是掌握其要素和要素关系（学科结构），理解每一个要素的内涵和每一种要素关系的特殊性质。

2．科学的特点

（1）抽象性、间接性、符号化。科学是思维对客观对象和经验加工的产物，抽象、间接是其基本特点。表现为：

抽象性。即抛弃事物的非本质特征，舍弃其直观具体的表现和形象，展示事物的本质或特点。例如水，存在形态千千万万，淡水海水、水汽冰川大不相同，但化学上把它抽象为H_2O。红色，抛开颜色、亮度等外在部分，抽象为630～750纳米光波。

间接性。即脱离具体事物、现象，运用语言符号研究事物，并研究事物的本质规律。如物理学，运用一套物理符号，研究物理现象背后的本质规律，而不是直观自然的风雨雷电等物理现象。再如语言学，不是研究某人说话、作品，而是研究各类语言背后的语言规则。

符号化。科学表达为符号，符号构成了科学，每一门科学都充满了符号。如用汉字表示汉语,用F、M、R等表示物理现象,用O、H、C表示构造世界的元素。学校传授科学,传与学的是符号体系。

(2)建构性。很多知识来自合乎逻辑的建构,是推理的结论,不是生活的经验、事实的直接概括。例如物理中的磁力线、光线,数学中的各种点线面,"无穷分割"……都是假想的。这其中,人的思维能力极为伟大,因为客观世界虽然有现象、本质、规律,但没有现成的概念、符号、公式定理,这些主观形式的知识,是人靠思维构造出来的。正因如此,人类有知识,动物没有知识;理解知识需要发展思维能力。

(3)概括性。即简明扼要,按照大类来讲述事物或道理。

学科知识很概括,不再那么具体,很少个别化叙述,而是讲解一般的普遍的共性的存在。如细胞,事实上存在于各类动物、植物之中,各有特点,但学理的"细胞"则抛弃一切具体,只泛讲其结构与要素。知识从表象到常识再到学科知识,越来越概括,越来越抽象。

(4)本质性、深刻性。学科知识深入事物本质,揭示事物的深层的内在规律。例如函数,揭示自变量、因变量的数学关系;氨基酸,破译出蛋白质的本质;地震,深入到地壳的变动中去理解;语法,揭开纷繁的语言表象寻出不变的法则。

知识从表面到深层,从个别到一般,从局部到全体,研究的是事物内在的深层的奥秘,因此也表现为更大的间接性、概括性,理解时需要辅以想象,还原为具体,慢慢咀嚼消化。

(5)规律性、因果性。学科知识研究客观对象中的规律、固定的趋势、原因和结果等,给出最一般的存在图景。例如力学,揭示运动的规律及其中的因果关系;化学,揭示化合和分解的规律,解释各种化学变化的原因;语文,揭示语言的规律,反映语言发展变化及其审美的因与果。找出规律,阐明因果,是各学科的核心内容,是知识的精髓。

(6)逻辑性。各门知识都是由概念、命题、推理等逻辑要素和方法组成的，它们遵循逻辑规则，很有层次、条理、秩序，结构清晰严整，不可混淆。这体现在知识的构造方式、推进方式、前后顺序、适用范围等方面。语文先学拼音，再学字词，再学段落文章；化学先讲物质的物理属性，再讲化学属性，再讨论其转化、制作；数学先公理，再公式，再推导，再运用。各科知识不是零散的堆积，而是按一定规则整合在一起的。关于因果的知识，总是先讲原因后讲结果，如物理中先讲"力"后讲"运动"；化学方程中左侧代表原因，右侧代表结果（现代阅读从左到右）。关于现象与本质的知识，常常先讲现象后讲本质，如先谈氧的各种理化性质，再从原子结构上谈其氧化性强的内在根源。关于形式与内容、结构与功能、要素与系统等的知识，讲述起来也各有其逻辑线索。

（7）认识性。科学属于认识范畴，它主要回答"是什么"、"怎么样"、"为什么"的问题，增进人对世界的理解，丰富人的知识宝库。科学满足人的好奇心，洞察世界的真相和本质，通向真善美，在丰富人的精神世界中意义巨大。

（8）体系性。每门学科知识都是多个知识点（概念、符号、公式定理等）构成的相互联系的有机系统，知识内部有一定的秩序和逻辑。例如语文的比喻、夸张等，构成修辞知识体系；数学的函数、方程、对数等，构成函数知识体系；物理的电势、电势能、电场力做功、等势面等，构成电学知识体系。知识点看上去是孤立的，但是都处于体系的联系中，因此完整理解知识点，要从体系角度理解。只有对各个知识点都从体系角度理解后，知识的理解才能到位。如理解力，要把重力、弹力、电磁力等全部理解了，才能对这一最基本的出现最早的概念理解完全。

科学的上述特点，在基础教育中随着年级的提高而加强，到了初中比较突出，到了高中则相当强烈。也正因为如此，在初中中后期、高中全过程中，对思维能力的要求越来越高。一些学生学习起来很费劲，甚至跟不上，主要问题在于思维能力发育不够。

（二）技术

技术是人类为了满足社会需要，依靠自然规律和自然的物质、能量与信息，创造的控制和改进世界的手段和方法的总和。

人类改造自然，生存和发展，一直靠的是技术，技术是最为关键的文明。古代发明了生火、烹饪、建造房屋、种植、驯养动物、医疗、运输等技术，创造了灿烂的古代文明；现当代人类技术更为发达，生产生活的每一方面都有一套技术，例如材料、电信、能源、计算机、诊断等技术，让当代人类世界更为富足。技术分门别类，大学里各院系专门传授和研究某门技术，社会一些行业也以某个专门技术为支撑。

1. 技术的要素与体系

（1）设施设备：即物质的改造世界的各种器具。如镰刀、斧头、蒸汽机、内燃机、发电机、计算机、飞机、火箭、人造卫星、机器人、道桥车船、厂房、建筑物、交通运输线、机器、装备、设备等。设施设备在历史上不断进步，现代已经高度发达，林林总总，数不胜数。

（2）工艺与流程。工艺是使各种原材料、半成品加工成为产品的方法、机制、配方或规则；流程指从原料到制成品间各项工序安排，是加工的步骤、过程、程序和环节。例如某一特型钢材，能不能制造出来，关键看是否掌握了相关的工艺和流程。各类技术，最重要、最核心、最关键的部分都是工艺与流程，它们是技术知识或技术科学的精髓，是核心技术、专利产权等最主要的构成者。

（3）工具与方法。可分成物质形态和观念形态的工具与方法。物质形态的工具与方法，是物化的延伸人的感官或力量的各种器具，如钳子、扳子、螺丝刀、望远镜、显微镜、离心机、光谱仪、机床、火箭、雷达、航空母舰、加速器、工业仪器仪表等。它们大多延展的是人的手脚眼鼻耳等能力。观念的工具与方法是一些理论或图表，用来解释和解决思想和实际的问题，如加法、乘法、坐标系、数形转化、对数表、黑箱方法、控制论、结构力学、材料力学、催化理论、进化论等。

工具与方法是生产方式的决定因素。一个国家要想繁荣富强，非得发展先进的工具与方法不可。落后、陈旧的工具与方法是国家发展的巨大障碍。水磨、铁犁、锄头只能支撑农业国家，而蒸汽机、发电机、挖掘机才能带来现代国家。需要注意的是，很多物质工具是高度复杂的，能否制造它们，核心还在于是否掌握了相应的工艺、流程以及由工艺流程制约的材料。

（4）身体、肢体与感觉器官的操控能力。技术对于个人来讲，是一种劳动能力、职业能力、工作能力，其基本构成是对自己身体、肢体、感觉器官的操控能力，是这些人体物质器官的功能最优化，是它们在力量、速度、精确性、灵活性等方面发育较好。例如，对于驾驶员而言，眼睛反应快、观察敏锐、脚下灵便，对于外科医生而言，手的力道准确、手指头灵巧、两手配合协调，都是重要职业能力。所以，各种职业、技术的训练，首先都是要练习身体、肢体和感觉器官。

（5）经验与技巧，操作规则与技能。经验、技巧是人在长期专业实践中体验和积累起来的专业活动能力或操作能力。它们是通过直观、师徒传授、试错式学习等方式获取的，是主观性技术要素，是技术活起来的关键，表现为专业活动的水平。经验、技巧系统化、一般化，成为人人可学、可以掌握的东西，就是操作规则与技能。例如，某修车工人通过闻气味判断汽车的故障，开始是个人经验，被总结提高后，就是通用的技能。

（6）改造自然：拆分、组合、转化。技术属于实践范畴，主要解决"做什么"和"如何做"的问题，担当人类改造世界的中介，建立起相应的操作体系。技术加工自然，改造自然，对自然物质、存在施以拆分、组合和转化。如木工技术，就是物理性分解树木、分解木板、制出部件（转化木板为部件）、组合部件等活动；酿酒技术，就是化学性分解粮食、转化粮食的过程；蒸汽机技术，主要实现热能向机械能的转化。拆分、组合、转化，是各门技术的操作性关键点，是经验、技巧、技能的主要部分，是工艺与流程的主要内容。

2. 技术的特点

(1) 工具性。技术是人类改造自然的手段，是用来延长自己肢体和器官的物质力量，是实现自己理性目的的中介、手段和途径。人拥有了技术，对于自然就拥有了更大的力量，有了更加敏捷、深入的感官，就能在更深入更广阔的层面上改造自然。技术是人的"手脚"，是撬动世界的杠杆，通过技术人实现自己的愿望。技术本身不是目的，它主要是服务目的的工具。

技术的精华也在于工具。技术整体上对人是工具，某项技术对最后的目的也是工具。拆分、组合、转化，经验与技巧，操作规则与技能，工具与方法，工艺与流程，设施设备，是一层层的工具并互为工具。一套设施设备，自身的要素间互为工具，例如汽车，发动机是其动力的工具，变速箱是其速度转换的工具，油表是其自动化指示的工具，而汽车是人实现快速、大量运载物品的工具。

(2) 发明性。技术是人发明的，每项技术，都是某个人或一群人发明的结果。世界没有给人提供自然的技术，技术不是自然赋予的果实。技术发明不同于科学发现，它主要是物化形态的，是创造出过去没有的崭新器物。

技术发明取决于发明者的素质、能力和思维方式。发明是创造性的脑力劳动，需要想象、猜测、直觉、灵感等，往往要经过几十次乃至几百次的试验，克服许多困难和挫折才得以完成。历史上的发明家在发明器物或工艺时大都从切身的需要出发，没有也不可能充分认识到所作出的发明的重大价值和应用后果。而且，他们通常是以业余的方式从事发明创造的。到了近现代，发明在自觉性、质量和数量上都有了很大提高，发明成为专门的职业。

(3) 巧妙性。技术发明的机制、结构、工艺、流程具有鲜明的巧妙性，体现为节约材料和空间，物尽其用，安排紧凑，精密精巧，关节神奇，具有高度的智慧和技术含量。例如手表、手机、相机等，都是相当巧妙的，机器的结构很巧，部件关系安排得很妙，机器的机制、运作方式很奇,可以说把巧妙发挥到淋漓尽致的地步,令人不能不叹为观止。

巧妙性也是精致性、精确性。现在的技术,都很精致、很精确,而且还不断精益求精。例如,计算机从重达几吨发展到今天的微型笔记本,手表从原来每天误差几分钟发展到现在的几万年才误差1秒钟!

技术的巧妙性,在个人的技艺方面表现为窍门。具有很高技术经验的人,实际是掌握了较多的窍门。例如修车的老师傅,窍门就比年轻人多。

(4)效率性。技术是直接生产力,是变革自然和社会的重要力量。技术本质在于改造自然,延伸人的体力和能力,提高人类改造自然活动的效率。因此,技术对效率极其推崇,提高效率是技术的目标,能生产出更新的、更好的、更多的产品,是技术不倦的追求。技术努力为人带来更大的价值,获取更多的经济效益。判断技术的重要指标也是效率和效益。

(5)不同于科学的异质性。技术不同于科学,两者不是必然的对应关系。科学未必都带来技术,技术也未必都依赖科学。很多技术发明游离在科学之外,其发明者未必懂得相应的科学。长期的从业经验,对于需要的敏感,构思的巧妙,有时就促成了重大发明。技术专才也不同于科学家,他们长在操作、改造世界,科学家长在思考、解释世界。我国常把科学和技术混用,误认为科学等同技术,让学生学习大量科学知识,实际是不当的;现在一些技术性高等学校,按照中学生"理论科学考试成绩"来录取将要从事技术工作的大学新生,也很不妥。这些可以说都是我国技术不发达的原因。

在学习某一门课程时,要分清各知识点的属性,科学的归科学,技术的归技术。把科学知识点梳理出、构造成科学体系,把技术知识点梳理出、构造成技术体系,这既能深化对知识的理解,也可以训练思维能力。例如,学习语文后,把语文中"修辞学"体系重塑出来,把相应修辞概念、命题、原理归拢到一起,对理解修辞很有意义;把语文中造字的技术、拼音的技术、书写的技术等归纳出来,对掌握语言技术、提高运用水平很有价值。做一番这样的加工，对有关知识的掌握就深入一层，思维也因此得到一次训练。

二、概念的消化理解

概念是反映事物本质属性或特有属性的思维形式，是各科知识的根本、构造基元，在学科中就像树根、细胞对于大树一样重要。一个学科的知识，只有在概念吃透后，才能学得扎实、学得到位；人的整个思维，也只有练好消化理解概念这一步，才能扎实前进。

现实中常有这样的学生，在学习时只重视背诵公式、定理，热衷于难题的求解，却不重视对概念的透彻理解，结果学习的根底不牢，对概念的理解模糊、遗漏、混淆甚至错误，推理、判断和运算中总出问题。这就要求必须加强概念消化理解能力的培养，把概念作为一类知识，发展和发挥各项思维能力，集中攻克概念消化理解的难关。

（一）掌握概念的定义方式

了解概念的定义方式，是深入理解概念的有效途径。

定义是建立概念的逻辑方法、语言方法。一切定义都是由被定义项、定义项和定义联项三部分组成的。被定义的事物（词语）叫做被定义项，用来解释事物（词语）的叫做定义项，系词是定义联项。

比如定义："生产力是人类征服和改造自然使其适应社会需要的客观物质力量。"被定义项——生产力。定义项——人类征服和改造自然使其适应社会需要的客观物质力量。定义联项——是。

定义方式有多种，如下：

1. 属加种差定义

如"一组邻边相等的平行四边形是菱形"。

属——平行四边形，它与被定义的菱形的内涵之差最小。

一组邻边相等——种差，是菱形的本质属性。

属加种差定义是揭示本质属性的定义法，它舍弃个别的、非本质的因素，突出主要的、本质的因素。这类概念重在揭示、区分，把事物的特性从一大类事物中区分出来并加以表述，抓到这个概念的最小数量的本质因素。

2. 发生定义

如"在平面上，射线绕它的端点旋转所成的图形叫角"。

这个概念描述了如何画出角的情形。

又如，"用数值代替代数式里的字母计算后所得结果，叫做代数式的值"。

类似地可以用发生定义来定义圆、椭圆、双曲线、数轴、三角函数等等。

3. 关系定义

"能被2整除的整数叫做偶数。"

它揭示了整数与偶数的关系，从关系角度描述偶数特有的属性。

4. 语词定义

就是直接给出被规定语词、词组或数字符号的学科意义。

如"$\in$ 表示属于关系"，"Φ 表示空集"。

历史、语文中，很多定义较宽泛，需要语言解释。如韩愈的"左迁至蓝关示侄孙湘"中"左迁"是一个概念，解释为"古代以右为尊以左为卑，所以称降职为左迁"。

5. 外延定义（举例定义）

就是指出概念所适用的情形、外延所包含的事例，来明确概念的含义。

例如："有理数和无理数统称为实数。""整数和分数统称为有理数。"

这种定义适合于外延比较小的概念，把其包含的对象列举全，概念内涵也就明确了。

6. 数学操作定义法

概念是由数学方式计算出来的，列出数学式，便知概念的含义。

例如，速度：$V=S/T$，加速度 $a=\triangle V/t$。我们规定：$a^0=1$ ($a\neq 0$)。

7.公理定义（隐定义）

一些原始概念是不加以描述、解释或定义的，它们具备公理的性质和关系。

如"直线"，在教材中不定义；"垂面"也不定义。

（二）了解概念使用的逻辑要求

概念是思维的细胞，掌握使用概念的逻辑要求十分重要。

1.遵守下定义的规则

大多数概念都要定义，概念定义有几个规则：

（1）用来定义新概念的概念（或词语）必须是清楚确切的科学术语。如元素定义："具有相同核电荷数（即质子数）的同一类原子总称为元素。"核电荷数（即质子数）、原子都是清楚准确的科学用语。而"生命是通过塑造出来的模式而进行的新陈代谢"则是不当定义，因为"塑造出来的模式"是一个含义非常含混的词串，它不可能准确描述一个生命现象的特有属性。

（2）定义中不能直接或间接地包含被定义的新概念。"圆就是圆形的曲线"不当，这是一种同义反复。圆形也要在知道什么是圆后才清楚。

（3）定义必须相应相称。由定义所确定的概念的外延，应当和人们已经形成的概念外延相同。"叶片是树叶的主体部分，通常为一很薄的扁平体，有利于光穿透叶的组织以及最大面积地吸收光、二氧化碳进行光合作用。"此定义太窄了，"树叶"排除了庄稼叶、草叶等，与人们已形成的叶子印象不相称。

（4）定义一般不能用否定句形式或负概念。"化合反应不是分解反应"，这样定义得不到确切的知识。

2.概念内涵和外延要明确、稳定、一致

每个概念都有内涵和外延，其内涵外延都是确定的、不变的。理解和运用学科概念，要按照课本中给定的内涵外延去理解，不能自己随意理解，不能对其内涵外延增加、减少、扩大、缩小。如果是自己设定概念，也要讲清其内涵外延，避免听者一头雾水。

很多学生没有真正理解课本中概念的内涵外延，自己理解与课本有出入；运用概念前后不一致，偷换概念。例如，有的同学没有理解氧化剂，把氧化物当成氧化剂，如把$CaCO_3$当成了氧化剂。有的人发明一些新词，但不解释，没法明白其含义。如有的牛奶广告说，他们的牛奶里面添加了α、β因子，有利健康云云，但对于什么是α、β因子不解释，让人看不懂，涉嫌欺骗。

3. 理清概念间的关系

有些概念是相关概念，它们内涵相关，但外延大小不同。其关系分为：

（1）属种关系：指一个概念的部分外延等于另一个概念的全部外延。外延较大的概念叫做属概念，外延较小的概念叫做种概念。例如，力和重力，三角形和直角三角形，封建王朝和清王朝，名词和物质名词。

（2）交叉关系：指两个概念的外延有一部分重合。例如，弹力和压力，等腰三角形和直角三角形，矩形和菱形。

（3）矛盾关系：两个概念的外延没有任何部分重合，但它们的外延之和刚好等于其属概念的外延。例如，直流电和交流电，合起来为电流；细菌、霉菌、真菌、病毒，合起来为微生物；正有理数、负有理数，合起来为有理数；连词、介词、感叹词，合起来为虚词。

（4）反对关系：两个概念的外延没有任何部分重合，而它们的外延之和小于其属概念的外延。铁与铜，合起来小于金属的外延。中国、美国，合起来小于世界。

思考中要注意概念的关系，因为很多概念有关系，容易混淆。还要利用概念关系，建立起概念体系。每个学科都有种属层次不同的概念，例如函数、增函数、减函数、指数函数；力、弹力、重力；名词、专有名词、物质名词、抽象名词；元素、金属元素、卤族元素等。搞清种属关系，建立起概念体系，既可以避免混淆，又可以加速理解（种概念相当于在属概念的内涵里加了点内容，是一种"概念的限制"）。此外，在语言表达中不能把属概念与种概念并列使用，否则，会使部分外延出现重复断定，语言表现累赘。例如，"化学要讲述金属、钾、钠和铁"这句话中，金属是属概念，钾、钠和铁是种概念，说了金属就没必要说后面的钾、钠和铁了。

4.概念外延的缩小与扩大

（1）增加概念内涵，缩小概念外延（概念的限制）。具体方法是增加附加语或限制词，如在名词前加名词，在动词、形容词前加副词等。人——名人，快车——特别快车，概念变小了。

在课本中，为了用较一般的概念来说明特殊概念，往往采取逐步增加概念的内涵，使概念的外延缩小的方法。如：平行四边形定义是"两组对边分别平行的四边形"，在四边形前增加了两组对边分别平行；平行四边形的内涵中增加"有一个角为直角"这一性质，就成为矩形了。因此，理解一个特殊概念，可以往回推，在理解普通概念的基础上侧重理解新的特殊性质。

（2）减少概念内涵，扩大概念外延（概念的概括）。具体方法是减去概念前的附加语或限制词。

如，减去"中国人"的"中国"，就剩下人；减去"黄土高原"的"黄土"，就成了高原。在理解切近的特殊概念的基础上，通过概念的概括，可以理解更一般的概念。

5.理解一个负概念，必须注意它的条件

正概念是反映对象具有某种属性的概念，例如实数、金属、通顺等。负概念是反映对象不具有某种属性的概念，例如虚数、非金属、不通顺等。

负概念是相对于一个特定条件、范围的。"非金属"相对的是物质，是对物质的一个分类，精神现象没有是否金属的问题。

（三）加强对概念文字的理解和挖掘

1.熟悉各概念的字形、符号、读音

概念都是以字词、符号表示的，它们有自己的读音和写法。要熟悉这些"形式"的东西，要读得准，读得流畅，认得下，认得对。

一个学段每门课程大致有几百个概念，对各概念的名称、记号、含义等，应该滚瓜烂熟。如烃、烷、羟、羧等要熟练地读出来，胆固醇、三磷酸腺苷、人工诱变等要能写得对，否则会严重制约阅读能力、相互交流和学习效果。

但是，有些同学忽略这些"形式"性知识，对某些概念学了很久却不会读或总读错，写不准或不流畅，这必须改变。

2. 充分理解定义中所用的每一个字词和符号

新概念出现，一般都要做定义。理解一个概念的关键，就在理解定义的含义；而理解定义含义的关键，就在理解定义中的字词含义。

很多字词，从字面上好认甚至好理解，但放到学科中，就不好理解，需要下大工夫了。学习概念要对字面材料"咬文嚼字"，深挖硬抠，不遗余力地联想、对比、推广、延伸，努力开展更深更广的概念加工。

例如力的定义："力是物体之间的相互作用。"理解此定义，重点是理解物体、之间、相互、作用这几个词语。物体，是客观存在，与非物质对立。力的定义告诉我们，力是物质现象，非物体间没有力。所以，自然界的星球、微粒、人的手足肌体等可以产生力、存在力，而心灵、思想却产生不了力。之间，含义是"在两者中间"，不是单一物体，要两个物体或更多物体才行，而且，之间常常是"非实体"的存在现象，是一种特别的关系属性。所以，两个或两个以上的物体会产生力，单一的物体没有力；力是一种客观现象，但并不是看得见摸得到的实体物质。"相互"，是"两相对待的，彼此之间的"，含义是你如此对我我也如此对你，一来一往彼此对等。所以，两个物体间的力，是你给我我给你，物体甲给物体乙某作用，物体乙也给物体甲某作用。相互和之间照应，也表明一个物体没有力。作用，含义是"对事物产生的影响、效果"，也指"作为，行为"，在定义中的意思，一则说力是物体的一种效果（结果），一则是指物体对其他物体的接触、碰撞、推动、影响、挤压、支撑等"行为"。

再如电阻率 ρ 的定义："ρ 是个与材料本身有关的物理量，它直接反映材料导电性的好坏"," $\rho=RS/L$ ",这里用文字和代数式两种方式定义了电阻率。文字定义说 ρ 是个"物理量",而所谓"物理量",是人类在认识物质世界时给物质现象、属性的一个符号、指称,它们是人类创造的和规定的,是人类思维抽象的产物,不是简单的自然存在的现象,这与直观可感的鸡蛋、面包等名词不同。我们可以随意规定一种金属比如铜的 ρ 数值,但规定了铜的 ρ 值后,其他金属的 ρ 值就得按比例确定了,不能随意。就如同我们把一个1.7米的成年人身高规定为10米,而原来的身高1.2米的小孩就变成了7米一样。文字定义还说明, ρ "与材料本身有关",说明它取决于材料的固有属性,其高低大小受制于物质本身,一类物质一个量。在文字定义中还说到:"它直接反映材料导电性的好坏",说明 ρ 这个物理量表示的是材料导电性的好坏的程度,其数值越大,导电性越差。" $\rho=RS/L$ "这个代数式,交代了 ρ 的算法,说明了它与其他物理概念的关系,和谁成正比、和谁成反比,并为计算提供了便利。

又如氧化剂的定义:"得到电子的物质是氧化剂。"理解定义的重点是"得到电子的物质"。物质是一种客观存在,有宏观和微观两种形式,此处是指那些原子、分子、分子团等微观物质。得到电子,是指原子外层获得电子,形成金属键或氢键;氧化剂是一个"比喻性的用语",因为人们最先发现氧气"夺得"电子,后扩而充之喻称其他非氧的物质,如同豺狼本是一个物种,后来把狠毒的人也叫豺狼一样。

在生物学中,介绍概念不像物理、化学那么集中,而是散布在一个小目甚至一节中,理解了这一目或节的要点,也就基本理解了相应概念。比如,讲氨基酸时有这样几句话:"各种蛋白质的基本组成单位,都是氨基酸";"各种氨基酸的分子在结构上具有同一特点,这就是每种氨基酸分子都至少含有一个氨基($-NH_2$)和一个羧基($-COOH$),并且都有一个氨基和一个羧基连接在同一个碳原子上"。从这两句叙述中,我们可以归纳出:第一,氨基酸是种"分子";第二,其功能主要是构成蛋白质;第三,它在结构上有几个特点,含有氨基、羧基,并且氨基和羧基连接在一个碳原子上。这些散见的话合起来才相当于一个定义，揭示了氨基酸为何物。

在数学中，概念较抽象，具有强烈的数学化色彩。比如闭区间的定义："设a、b是两个实数，而且a<b，我们把满足a≤x≤b的实数X的集合叫做闭区间。"理解此定义，要理解实数、集合、≥、≤等字词符号。再如："一般的，如果a（a>0，a不为1）的b次幂等于N，就是$a^b=N$，那么数b就叫做以a为底的N的对数，记做$\log_a N=b$，其中a叫做底数，N叫做真数，式子$\log_a N=b$叫做对数式。"这一段话"含金量"高，交代了几个概念，对数、底数、真数、对数式，这些概念都要放到数学式子中来理解。b在$\log_a N=b$中是对数，在$a^b=N$中是幂，就像一个女子，在父家是女儿，在夫家是媳妇。而且作为女儿、媳妇，其身份都有环境限定，必须是在父家与夫家，不可泛泛而言。

定义中的每一个字眼都不是随意的，都有明确的重要的含义，尤其是宾语、定语和状语中的每个字词。理解概念的定义很不简单，这可不是仅仅认识字或符号的事儿，而要深入把握和逐渐消化。定义中有的字眼比较抽象，如作用、度量，需要反复理解才能吃透。在人类的科学发展史上，每个概念都是经过千锤百炼才形成的，其间有不少次修改、深化、提炼，所以我们理解好一个概念也不是一下子就可做到的，也要经历若干次的反复。

学习中除了要抓好对有明确定义的概念的理解，还要注意准概念、准定义，即一些学科中的术语解释，如语文课本中的注释，需要很好消化。高中语文《茶馆》下有注释"老舍"一条，写道"原名舒庆春，字舍予，北京人，满族，现代著名作家"。这里面需要进一步消化理解的词语不少，"字"是什么？现在人怎么没有字了？"满族"是怎样一个民族？"现代"是哪个时代？时间起止有无说法？"著名"怎么衡量？"作家"是什么人？等等。

3.诠释词语

学过概念要练习复述的能力，用自己的话说一遍。学生要自己想词，给概念下定义；解释定义的词语，延伸解释；举出一些错误的定义句子，辨析改正。一次次用普通词语诠释概念用语，学生逐步懂得了概念的内涵和外延、概念间的关系、概念的概括和限制、定义和划分等规定，对概念的理解和思维能力得到升华。

（四）深入理解概念的内涵与外延

概念的内涵是概念所反映的对象特有的属性或本质属性；概念的外延是指概念所反映的具有特有属性的对象，即所谓概念的适用范围。如，"金属是一种具有光泽（即对可见光强烈反射）、富有延展性、容易导电、导热等性质的物质。"定义是金属的内涵，外延则是金、银、铜、铁、锡等各类金属以及加工成各式各样的金属器物。

概念的内涵往往是丰富的，外延往往很庞杂，需要深入理解。

理解概念的内涵外延，首先要抠定义，抠字眼，从文字上达到通、达、准。

其次，要把握概念的本质，明确概念对应的现象，联系实际理解概念。例如磁场定义"对放入其中的小磁针有磁力作用的物质叫做磁场"。对应的现象或外延，有电磁铁产生的磁场，通电导线产生的磁场，运动电荷产生的磁场等。作为本质，表现为三个方面：第一，磁场是一种物质，是一种客观存在，所以磁场有质量、能量；但是磁场又与实物形态的物质不同，它是看不见、摸不着的一种特殊的物质，而且在同一空间区域内可以有几个磁场共同存在。第二，磁场与电场是统一的电磁场的两个方面，磁场既可以由电流激发，也可以由变化的电场（即位移电流）激发。第三，磁场与电场不同，不论是静磁场还是变化磁场，都是涡旋场，所以其磁感线永远是闭合的，既没有起点，也没有终点。

再次，要整合课程前后的概念知识，实现概念的统一。在课本中，概念往往是不断展开、分阶段学完的，例如角的概念。起初，角是作为具有公共端点的两条射线所构成的图形，其外延在小学阶段是0°到180°的角；到初中发展为0°到360°的角。后来发展成角是一条射线绕着端点旋转所形成的图形，其外延，在平面几何中为0°到360°的角，在三角中发展为任意角。在以上的发展变化过程中，角这一概念的外延与内涵都发生了变化。再如"功"的概念，在机械运动中，功的概念由力和位移两个概念组合构成，当恒力F作用于物体，使物体发生位移S时，力F对物体做的功定义为：$W=FS\cos\theta$。在热学中，$Q=\Delta U+A$，热可以转变为功，功也可以转变为热；消耗一定的功必产生一定的热，一定的热消失时，也必产生一定的功。在电学中，$W_{AB}=qU_{AB}=Eqd$，$\Delta E_{AB}=-W_{AB}=-qU_{AB}$，电场力做功与电场中电势差成正比，电势能的增量等于电场力做功的负值。因此，完整的功的概念，需要在发展中逐渐构建。

最后，同一概念，常常有几种不同定义，要理解它们各自用意和用途。比如，加速度有两种定义：$a=\Delta v/\Delta t$ 和 $a=F/m$，前一个定义是表示a的含义，说明a是表示单位时间内速度变化的大小的量；第二个定义则说明a的原因，表明它只取决于质量和外力两个因素。很多重要的概念常有几种不同的定义，如圆可定义为"与一个点等距的所有点的集合"和"在一个坐标系中，符合方程$x^2+y^2=r^2$的点的轨迹"，分别用几何和解析式来说明圆，一个的侧重点在于揭示圆的形状，另一个则要说明其解析几何数量特征。

概念内涵由定义明确揭示，但是理解需要很多时间，并不是读过定义就能一下子理解的。概念外延具有多样性、差异性、隐蔽性，表现为复杂的外部现象，也需要慢慢琢磨。

（五）深研概念的关系，辨析概念异同

在各门课程中，概念是作为知识网络的纽结存在的，如果不放在网络中理解，概念就失去了学科性质，也难以把握它们的内涵与特征。所以，概念的学习，不能孤立地进行，每个概念都必须同其他概念或规律相联系地去掌握，搞清概念关系，有意识地做好概念分类和系统化，建立概念的关系网络。比如，学过理化生后，应该弄清力与弹力、重力、摩擦力的关系；基因、核苷酸、染色体的关系；化学键、氢键、金属键、离子键、氧化性的关系，搞清楚各概念相互间的大小、前后、因果。

区分、辨析概念，做充分的比较与鉴别，搞清各个概念的异同，不仅能使学生明确每个概念的本质、特征、原因、功能，避免概念混淆、错乱，而且能对知识的体系性和发展性有更好的理解。

在学习中，有些同学常常在刚学过某个概念时觉得很清楚、很明白，但再学新概念后，他们就糊涂了。概念混淆主要是内涵混淆、外延模糊，把有某些表面相似性的不同概念（如称谓相似）当做相同的概念来使用，如把速度和速率混用（速度是描述运动的快慢和运动的方向的，是"矢量"，而速率只能描述运动的快慢，是"标量"），把匀速圆周运动和匀速运动混同（匀速运动不但速率不变，且方向也不变）。如果及时比较，探讨这些概念的关系，混淆会推动学生学得更扎实；如果不去比较，这些概念就会在头脑中乱成一锅粥，最终导致误解误判。

此外还有很基础很重要的一条，就是要会"发现"概念。概念出现在教材中，学生要能从教材中找出概念。在有些教材里，以黑体字形式出现的词语、符号多为概念；但也有些教材概念不变字体，出现时没有标记，要学生自己去发现。读教材要找出概念，这是阅读的基本要求。不同学科中概念的表述方式不同，有的是一句话或一大段话，易引起人重视。有的只是在举例中给出，或画个图后给出，看上去没有"定义"，不易引起人们的重视。但是它们都是概念，都应注意，不能因为没有鲜明的"定义"就忽略掉。比如，英语中的名词、集合名词、情态动词、时态、重音等，数学中的斜二侧画法、异面直线、上垂线等都是概念，虽然教材中没有明确"定义"，但它们作为概念的地位不能抹杀。如果对这类概念不注意、不研究，知识就会出现断点，影响思维的流畅性和准确性。

三、命题、判断的消化理解

（一）命题的消化理解

各门课程都有大量命题，一些是重要命题，一些则属于铺垫性命题。如"物体具有惯性"、"酸碱具有腐蚀性"是重要命题；"汽油比重为0.8"属于不那么重要的命题。理解命题才能对知识有深入的掌握，养成较高的思维能力。

1. 掌握命题的结构

命题是由若干个概念和关系构成的陈述句。

如：在任何三角形中，任何两角之和小于两直角——它有两个概念，"任何两角之和"与"两直角"，一个关系"小于"。

在一个命题中，有且只有一个关系，它主要由动词、形容词和副词构成（只有动词、形容词和副词才是关系）。理解命题中的关系十分重要，命题的要害在于关系。但作为句子，可能包括多个命题、多个关系。一个句子中有多少个关系就有多少个命题。

2. 理解命题中的词语

理解命题，必须理解构成它的每个概念，理解其间的关系，找出关键点、关键词语，侧重关键词语的理解。例如"晶体内分子的化学键越强，其熔、沸点就越高"，必须逐字逐句理解，搞清楚晶体、分子、化学键、化学键的强弱、熔点、沸点等一系列概念的含义。

有时，概念和关系的词语字面上看都清楚，但是理解不容易，需要深入地反复地消化，多次理解后才能到位。如"物体具有惯性"，很多学生一开始理解"保持运动"一面，但忽视"保持不动"的一面，多次反复后才理解全面。

3. 了解命题是怎么来的

命题的来源，不仅是历史知识，更主要的是思维的知识，融合了命题提出的思维过程，充满了智慧。对于命题来源的学习，可以深切掌握学科的逻辑，熟悉学科思维方法，进一步了解学科解决问题的技巧。例如，"钠的性质非常活跃"，是思维归纳、比较的结果，要基于对钠、铁、锰等金属与氧、酸、碱反应情况的多次观察，发现其反应容易、速度很快后，归纳总结得到这一结论。

4. 注意命题使用条件

每个命题都有条件，都不是绝对真理。离开条件使用命题会犯错误。"相向而行的列车看到对方那个的速度，等于两车速度的和"，这在宏观、低速的世界成立，移到高速、微观世界就不成立了。再如动量守恒定律的条件：系统受合外力为零，或不受外力，或系统内力远大于外力，而且公式中的速度要相对同一参照物，如此才可使用公式。

5.运用命题解决问题

命题是一般性的原理，可以与具体情况相结合，解决具体问题。很多题目就是使用命题解决新的具体问题。如"电压决定电流"，这个命题可以用来解释闪电的强弱、生物电的大小等问题，有多种使用方法。能够灵活使用命题，从一般走向具体，是理论水平高的体现，也是善于解决具体问题的源泉。

6.从教材中找出命题

学科的命题都存在于教材中。有的教材出现新命题时变换字体、字号，较容易发现，有的需要学生自己去体会、寻找。要注意教材的命题，把重要命题找出来。

有些学生阅读教材读不出命题，以为都是基本的句子，忽略重要知识点、思维点。这样造成知识支离破碎，思维发展不良。不错，命题是句子，但是命题是对学科概念的延伸，是对概念间关系的断定，读到这样的句子尤其是第一次读到，学生就要注意了，要仔细体会。

（二）判断的消化理解

判断是用肯定或否定的句子形式反映现实的一种思维形式。判断和命题是一致的，但命题是作为判断的结果出现的，是一种认识成果；判断是形成命题的过程，是思维的运作方式。知识的延展、运用，存在大量的判断。理解消化学科知识，判断是一类要点、难点。思维能力的进步，也以对判断的消化理解为台阶。

1.掌握性质判断（直言判断）的规则

性质判断是指断定对象具有或不具有某种性质的判断。如：这个三角形ABC是等腰三角形。

一个判断至少是两个概念的结合，如句中的"三角形ABC"与"等腰三角形"。

判断的要素与结构：主项、谓项、联项、量项。

主项（即被断定的概念）：三角形ABC。

谓项（即表示被断定概念的性质的概念）：等腰三角形。

联项（一般用"是"和"不是"表示）：是。

量项（表示所断定的主项的数量或范围）：这个。

量项一般分三种：全称量项，涵盖主项的全部外延，如"所有的三角形"（或三角形）；特称量项，只涵盖主项的部分外延，如"一些三角形"；单称量项，只是主项外延中的一个对象，如"这个三角形"。

性质判断是各个学科大量存在的判断，它们多是学科的基础知识。如：金属具有导电性。

性质判断的类别：

单称肯定判断（断定某一个对象具有某种性质）——硫酸是强酸。

单称否定判断（断定某一个对象不具有某种性质）——石墨不是金属。

特称肯定判断（断定一类对象中的一部分具有某种性质）——有的化合物是有机物。

特称否定判断（断定一类对象中的一部分不具有某种性质）——一些方程没有实数根。

全称肯定判断（断定一类对象的全体都具有某种性质）——所有的金属都导电。

全称否定判断（断定一类对象的全体都不具有某种性质）——各种金属物体都不是绝缘体。

性质判断的规则：

（1）注意周延性。一个性质判断中，如果断定了主项或谓项的全部外延，叫做主项或谓项周延；反之则为不周延。

周延是不能混淆的。应该周延而不周延，或者不该周延的而周延了，都是错误的。性质判断的几个周延性规定：

全称判断的主项都应周延。如：各种金属物体都不是绝缘体。

否定判断的谓项都应周延。如：有些方程是没有实数根的。

特称判断的主项都不应周延。如：有的化合物是有机物。

肯定判断的谓项都不应周延。如：有的植物是裸子植物。（"裸子植物"是部分裸子植物，不是全部的）

（2）正确进行量项限定。如：有的植物有气生根。80%的化肥是氮肥。

恰当地根据实际情况选用"个别的、少数的、极少数的、至少一半、百分之八十、绝大多数、几乎全部"等限定量词。

（3）正确进行联项限定。

第一，正确使用多重否定。

所有物体都不是没有惯性的。（双重否定等于肯定）

第二，如实反映对象与性质之间的联系程度。

判断中常常不能简单地用"是"或者"不是"，而要用"基本上是、主要的是、大体上是、根本上是、更加是、尤其是、多半是、至少是、起码是"等等。

力学规律在宏观世界中基本上是适用的。

2.掌握关系判断的规则

关系判断是断定对象与对象之间关系的一种判断。例如：

2+3=5。

三角形ABC≌三角形A′B′C′。

直线a∥b。

元素a∈集合A。

a+b+c＞b+c。

铁的比重比玻璃大。

水的熔点比酒精高。

关系判断规则：

（1）对称关系：等于。判断反过来说也正确。

2+3=5——5=3+2。

（2）反对称关系：大于、小于、重于。反过来说错误。

-19＜0——0＜-19（错误）。

（3）非对称关系：喜欢、支持。反过来说可能对也可能错。

义和团拥护清政府——清政府拥护义和团（错误）。

（4）传递关系：大于、在前、在后、相等、平行。判断的关系可传递。

直线a‖b，直线b‖c，那么直线a‖c。

（5）反传递关系：父子、母女、比……早两天、迟一个月、大两岁。关系不能传递。

康熙是雍正的父亲，雍正是乾隆的父亲。——如果说"康熙是乾隆的父亲"就大错特错。

（6）非传递关系：认识、离……很近、控告。判断可能传递，也可能不可传递。

日本紧邻中国，中国紧邻哈萨克斯坦——日本紧邻哈萨克斯坦。（错误）。

3．掌握联言判断的规则

联言判断是断定几种情况同时存在的判断。例如：木块静止于光滑平面上，且被一颗子弹击中。

联言判断使用规则：当且仅当联言中各种情况（联言支）全真时，联言判断为真。只要有一个联言支是假的，整个判断就是假的。如：碱性溶液的PH值大于7，且呈淡蓝色。（错误，后一句判断不对）

4．掌握选言判断的规则

选言判断是断定几种情况至少有一种可能存在的判断。

（1）相容选言判断。各选言支中至少有一个为真的选言判断。

例如：电路无电流的原因或者是有开路，或者是电池装反了。

相容选言判断的真假断定：当全部选言支所断定的情况至少有一个存在时，相容选言判断就是真的；当全部选言支都为假时，相容选言判断就是假的。

（2）不相容选言判断。各选言支中有一个并且只有一个为真的选言判断。

例如：白色的沉淀物或者是碳酸钙，或者是硫酸钡。

不相容选言判断的真假断定：所包含的选言支有并且只有一个选言支为真，其余选言支为假时，该不相容选言判断为真；选言支全假全真都是错误的。

三角形内角之和要么大于180度，要么小于180度。（一个也不是真的，判断错误）

要么社会存在决定意识形态，要么意识形态被社会存在决定。（选言支全是真的，但累赘，判断错误）

（3）运用选言判断时应注意的问题

第一，可能情况必须穷尽。

如果不穷尽，则可能遗漏唯一为真的情况。只有可能情况穷尽，包揽无遗，才能保证整个选言判断为真。如果情况未穷尽，一定要说明，否则，人们就会当成穷尽了一切可能情况，作出误判。

物质的状态，要么是液态，要么是固态，要么是气态。（穷尽了各种情况，判断正确）

水的物理状态，要么是液态，要么是固态。（遗漏了气态，错误）

第二，不能混淆相容选言判断、不相容选言判断与联言判断。

例如：

不相容选言判断：平面内的两条直线，要么相互平行，要么相交。（真）

换成联言判断：平面内的两条直线，既相互平行又相交。（错误）

5.掌握假言判断（条件判断）的规则

假言判断是指断定某一事物情况的存在是另一事物情况存在的条件的判断。

判断结构：作为原因的判断称为"前件"（条件）；作为结果的判断称为"后件"（结果）。

例如：一个三角形如果等角，那么它就等边。

（1）充分条件假言判断。是断定一事物情况是另一事物情况存在的充分条件的假言判断。

前后件关系：前件是后件的充足原因，前件出现必然引起后件。

例如：

如果两个角是对顶角，则这两个角相等。

在同圆或等圆中，如果两个圆心角相等，则它们所对的弧相等。

（2）必要条件假言判断。是断定一事物情况是另一事物情况存在的必要条件的假言判断。

前后件关系：如果没有前件，后件必然不存在（无之必不然）；而有前件，却未必有后件（既可能有，也可能没有）。

例如：

如果两根线粗细长短一致，则它们的电阻相等。（未必如此）

（3）充分必要条件假言判断（充要条件假言判断）。是断定一事物情况是另一事物情况存在的充分必要条件的假言判断。

前后件关系：有前件必然有后件，无前件必然无后件，有后件必然有前件。

例如：有且只有分子在反应中获得电子，它才是氧化剂。

6. 掌握负判断的规则

负判断是否定某个判断的判断。负判断里面有"原判断"。负判断相对原判断，两者是矛盾关系，互为真假。

例如：并非一切在水中生活的动物都是用鳃呼吸的。

否定的是原判断"一切在水中生活的动物都是用鳃呼吸的"。这个原判断是假的，所以负判断是真的。

7. 掌握模态判断的规则

模态判断是断定事物情况的必然性或可能性的判断。

例如：

反应后物质总质量减少可能是部分生成物以气态形式挥发了。

大规模开垦草原，将会引起土壤退化。

人人平等的时代一定会到来。

四、公式、定律、定理、原理的消化理解

公式、定律、定理、原理是各学科知识最重要的组成部分，具有综合性，是对学科概念关系长期研究后得出的结论。它们有的揭示"是什么"，有的揭示"为什么"（比较少，现在科学对很多事物的为什么回答不了），构成学科最主要的认识或观点。对公式、定律、定理、原理等的真正理解必须经过多次咀嚼，需要下工夫做好。

1.分析公式等中包含的概念

公式、定律、定理、原理是个理论体系，要理解它们，需先理解其中各个要素，把其中的各个概念理解好。例如，自由落体定律 $h=gt^2/2$，包含了 h、g、t 等概念，必须理解每个概念含义，以及它们各自的质和量的规定性。还要研究公式与重要因素的相关性和无关性。如单摆周期公式 $T=2\pi\sqrt{\frac{L}{g}}$，从中可看出，T 与 L、g 有关，与摆角 θ、摆球质量 m 无关。这种相关性、无关性是公式的重要内容。一些学生背下公式，但一运用就出错，主要是因为对公式相关概念没理解好，运用时只做到了形似而非神似。

2.把握公式中每两个要素的关系

公式一般都含三个以上的概念，每两个概念的关系都需要分析，要搞清它们是直接关系还是间接关系，因果关系还是非因果关系。例如，牛顿定律 F=am 中，需要搞清 F、a，F、m，a、m 各自是什么关系。F 是原因，a 是结果，a 与 F 呈现正相关关系。F 和 m 没有关系，两者不搭界。a 与 m 有关，是反比关系。

公式是概念关系的集成，分析公式中概念间内在的联系，可以把握学科的逻辑。如果扩大化，分析学科中公式的内在联系，可以建构

起学科的体系。

3.搞清楚公式的含义

公式的含义具有多个层次和角度，它们有"质"的含义和"量"的含义，有质与量多方面规定性。

例如，圆的周长$L=2\pi r=\pi d$，表明周长和直径有关，这是质的规定；周长是直径的3.14倍，这是量的关系。

4.分析公式的因果性、必然性

如重力公式$G=mg$，应明确m、g是原因，G是结果；m、g是自变量，G是因变量。

物理、化学公式中都有主导的原因和必然的结果，数学的一些公式没有因果性，只是关系。

具体的公式，形式上是主观的、人定的，但其内容却是必然的。概念的关系是不能随意变动的，例如正比例关系、反比例关系这是不能变的，而正比例关系怎么定量是可以变的。重力公式$G=mg$也可以写成$G=2mg$，但同时，其他与重力有关的公式就要调整。物理、化学的单位统一，就是从各个公式的关系角度来规定每一个量的规格。

5.搞清楚公式的推理或得出方法，及其推理的基本前提

一些公式是归纳来的，如欧姆定律、法拉第电磁感应定律、理想气体状态方程，它们以实验为基础，归纳总结了实验中共性的反复出现的规律；一些公式是推理来的，如动量定理、动能定理，都是牛顿第二定律的推理扩展。归纳而得的公式应该注重研究归纳的方法，推理而得的公式应注重研究推理的方法。例如，倍角、半角等公式，是推理来的，学会推理，事半功倍。不用记公式，可以直接推导；推理方法的一般化，可以解决其他问题。

弄清一个公式的来源，对于理解公式与其他公式的关系，该公式所处地位也是十分重要的。若是推理得出的，就要知道该公式是根据哪些规律得来的，如何得来的，这对于理解公式的适用范围、条件很有帮助，也有利于形成完善的学科知识结构。

6.注意公式的条件、适用范围

公式、原理都是相对真理,超出一定条件就不成立,出了相应的范围都不科学,因此要注意它们的条件。"动量守恒定律",条件是一个系统不受外力或者所受合外力为零;适用范围是小到微观粒子,大到宇宙天体,不论是什么性质的相互作用,只要合外力为零,即使我们对相互作用的力的情况不太清楚,该定律也能适用。

各学科公式中各要素的常量选择、单位协调,也是公式使用的一个特别条件。单位处理非常重要,既要正确使用,还需要尽可能的方便。物理中M、s、kg等统一起来,才能合理计算。质和量是统一的,公式中各概念的关系,是在某种量度上得出的质的关系。没有量的平台,这种质的关系不成立。

物理公式有矢量式,有标量式,如牛顿第二定律$F=ma$、动量定理$Ft=mv'-mv$都是矢量式,它们可以写出相互垂直方向上相应的三个分量式。而机械能守恒之类的标量表达式只能写一个,不能写出相应的分量形式。公式的矢量性也是一种公式条件。

7.分析公式的一般表现与特殊情况

公式通常用一般形式描述各种情况。但是,多数公式都有特例,对应特殊形式。例如,一般位移公式是$S=v_0t+at^2/2$,初速度为0的位移公式是特殊形式,表达为$S=at^2/2$。在三角函数中,有一些特殊角,如30°、45°、60°等,函数值为简单单项式,计算中可以直接求出具体的值。

8.比较公式,开展公式联想

很多公式相似,需要比较。

电阻定义式$R=U/I$与$R=\rho(L/S)$,动量定理和动能定理,左、右手定则等都需要比较。

当公式"改头换面"后,要能抓住其实质,或把握同一公式的不同方面及其内在的一致性。如$P=W/t$改写成$P=UI$,在表达单位时间内所做的功这一含义上是一致的,因为I是单位时间流动的电子量。

要能以课本中给出的公式为根本,运用思维进行推导,推导出其他公式，以便扩大眼界，加深对基本公式的理解，提高解决问题的能力和水平。

五、演绎推理的消化理解

推理是依据已知的判断得到新判断的思维形式，它是学科知识和思维能力的综合运用。每门课程都需要推理，它们是知识延展的方式、讲解的方式和运用的方式。在学习和运用知识中，推理都是至关重要的能力，直接决定知识理解的质量和问题解决的水平。培养学生的一个基本目标，就是发展学生的推理能力，使之能够按照思维的规则和学科的逻辑去推理。论据充足，逻辑严密，推理思路来得快，是学生思维发展良好的主要表现。

在教学和学习中，推理是比较难的环节。产生学科定律公式等的演绎推理，相对比较难理解；试题中的数学证明题，物理判断题，化学物质鉴别题，语文、英语的阅读理解题，作文的议论文等，都是较难的题目。学生成绩不够好，主要原因是自身的推理能力不强，对推理的消化理解不够好。所以，注重推理的学习与消化，提高推理能力，是学生思维发展的关键一步。

（一）消化理解直接推理

直接推理是由一个判断推出另一个新判断的演绎推理。

1.消化理解性质判断的直接推理

具有相同素材的性质判断存在真假制约关系，可以直接推理。

（1）全称否定判断真，特称否定判断真。

所有金属都不绝热——金银等贵金属不绝热。

（2）全称判断与特称判断可同真同假。全称判断假，特称判断真假不定。

所有木材都绝缘——杨木、柳木绝缘。（同真）

所有生物都能进行光合作用——所有生物都不能进行光合作用。（假）

很多生物能进行光合作用——很多生物不能进行光合作用。（判断是真的。但不能凭逻辑判别真假，要依据事实判断）

（3）全称肯定判断与全称否定判断，不能同真，可以同假。

所有的分解反应都释放热量——所有的分解反应都不释放热量。（同假）

（4）全称肯定判断与特称否定判断，不能同真，也不能同假。

所有的化学反应都吸热——氢氧化合不吸热。（前假，后真）

（5）特称判断真，全称判断真假不定。

很多生物能进行光合作用——很多生物都不能进行光合作用。（真）

所有生物都能进行光合作用。（假）

所有生物都不能进行光合作用。（假）

（6）特称肯定与特称否定判断，不能同假，可以同真。

有些微生物厌氧——有些微生物不厌氧。（同真）

（7）特称判断假，全称判断必假。

很多种细胞都有神经——所有细胞都有神经。（假）

各学科教材中一些基本命题都是性质判断，一些定理、定律、原理拆分后也是性质判断。学生要研究教材的命题属于哪类判断，研究由它们出发推出的哪些判断是真的，哪些是假的，形成使用基本命题开展直接推理的能力。例如化学命题"原子都是由质子、中子和电子组成的"，这是"全称肯定判断"，由此出发的特称肯定、否定判断必真。如"铀的原子是由质子、中子和电子组成的"为真。

2.消化理解利用负判断的直接推理

（1）"负"全称肯定判断=特称否定判断/特称肯定判断

例如：

并非所有的运动都要力的推动

——有些运动不受力的推动。

——有些运动受力的推动。

"负"全称否定判断=特称肯定判断。

并非所有燃烧都不发光发热——有些燃烧发光发热。

（2）"负"特称肯定判断=全称否定判断／"负"全称肯定判断／特称否定判断。

并非某些三角形的内角和是300°

——所有三角形的内角和都不是300°。

——并非所有三角形的内角和都是300°。

—— 一些三角形的内角和不是300°。

"负"特称否定判断＝全称肯定判断／"负"全称否定判断／特称肯定判断。

并非现代国家没有政治性

——全部现代国家都有政治性。

——并非所有现代国家都没有政治性。

——有些现代国家有政治性。

（3）"负"单称肯定判断＝单称否定判断

"氧是惰性气体"是假的＝氧不是惰性气体。

（4）"负"联言判断＝否定的选言判断

并非铅和银都是活跃金属＝＝或者铅不是活跃金属，或者银不是活跃金属。

（5）"负"相容选言判断＝＝否定的联言判断

并非放出的气体或者含有氢气，或者含有二氧化碳＝＝放出的气体既不含氢气，也不含二氧化碳。

"负"不相容选言判断＝＝否定的选言判断

并非一个物体降温要么只是其分子动能减小，要么只是其分子势能减小—一个物体降温既是其分子动能减小，又是其分子势能减小。

（6）"负"充分条件假言判断＝联言判断

并非如果金属受热就熔化＝金属受热，但是没有熔化。

"负"必要条件假言判断＝联言判断

并非只有引起运动的后果，才能说明力的存在＝虽然没有造成运动的后果，也能说明力的存在。

"负"充分必要条件假言判断＝选言判断

并非当且仅当受力后物体才运动＝虽然受到了力但物体没有运

动,或者没有受力物体也在运动。

3.消化理解判断变形的直接推理

(1)换质法:就是通过改变前提的质(肯定改为否定,否定改为肯定),从而得出结论的直接推理方法。

这种元素不是金属——这种元素是非金属。

(2)换位法:就是通过交换前提中主项、谓项的位置(主项变谓项,谓项变主项),从而得出结论的直接推理。

所有商品交易都遵循价值规律——遵循价值规律的是商品交易。

(3)换质位法:对前提既换质又换位,从而得出结论的直接推理。

所有的资本主义国家都是实行资产阶级专政的——所有的资本主义国家都不是不实行资产阶级专政的——不实行资产阶级专政的不是资本主义国家。

(二)消化理解三段论

三段论是由包含着一个共同项的两个性质判断,推出一个新的性质判断的推理形式。

三段论的具体内容:对一类事物的全部对象有所断定(肯定或否定)后,得到对该类事物中部分对象的断定(肯定或否定)。

例如:对于一元二次方程$ax^2+bx+c=0$ ($a\neq 0$),$b^2-4ac>0$时,方程有两个不相等的实数根;当$b^2-4ac=0$时,方程有两个相等的实数根;当$b^2-4ac<0$时,方程没有实数根。

方程$8x^2+9x+12=0$的$b^2-4ac=-303<0$,此方程没有实数根。

再如:在锐角三角形ABC中,AD⊥BC,BE⊥AC,D、E是垂足,如图。

求证:AB的中点M到D、E的距离相等。

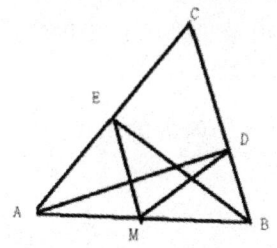

解：因为直角三角形斜边上的中线等于斜边的一半——大前提
而M是△ABD斜边AB的中点，DM是斜边上的中线——小前提
所以DM=AB/2——结论
同理EM=AB/2，所以DM=EM。

1. 三段论的结构

由三个性质判断、三个项组成。

大前提包含着大项和中项。

小前提包含着小项和中项。

结论包含着大项和小项。

大项：结论中的谓项。

小项：结论中的主项。

中项：起媒介作用，在两个前提判断中出现，但在结论中不出现。

例如：

凡是原子（中项）都有原子核（大项），

这里（小项）有一个原子（中项），

所以，这里（小项）有原子核（大项）。

2. 三段论的格

三段论的格就是由中项在前提中的不同位置所构成的不同形式。

第一格"审判格"：中项为大前提的主项和小前提的谓项。

例如：

所有物质变化都遵循能量守恒的法则，

化学反应是一种物质变化，

所以，化学反应遵循能量守恒的法则。

审判格的使用规则：大前提必须是全称的；小前提必须是肯定的。

作用：从一般推出特殊。

第二格"区别格"：中项为大、小前提的谓项。

例如：

所有金属都有金属光泽，

磷没有金属光泽,

所以,磷不是金属。

区别格使用规则:大前提必须是全称的;前提中必须有一个是否定的。

作用:用来论证事物之间的区别。

第三格"反驳格":中项为大、小前提的主项。

例如:

鸵鸟是不会飞的,

鸵鸟是鸟,

所以,有些鸟是不会飞的。

反驳格使用规则:小前提必须是肯定的;结论必须是特称的。

作用:常用来反驳全称判断。

3.三段论的式

三段论的式就是前提和结论三个判断的质(肯定或否定)、量(全称或特称)的组合形式。

性质判断有全称肯定、特称肯定等6种,组合成三段论共计256种,但相当一部分是无效式。

三段论的有效式一共24个,如全称肯定判断+特称肯定判断+特称肯定判断(例:所有金属都导电;铜制品是金属;所以,铜制品导电)。这要求在使用三段论时要辨析,有些推理形式上是三段论,但实质上无效。

4.三段论的规则

(1)一个三段论中只能有三个不同的项。违反这条规则,将犯"四项错误"(四概念错误),主要表现为同一语词在不同的判断中表达了不同的含义(成了其他概念)。

例如:

氧气存在于大气层中,

铁矿石三氧化二铁中有氧气,

所以，铁矿石三氧化二铁也存在于大气层中。

这个三段论大、小前提中的中项"氧气"是同一语词，看起来好像只有三个项，实际上是四个项，前者特指"气体的氧气"，后者是指"氧元素"。所以，这个三段论犯了四项错误。

（2）中项在前提中至少要周延一次。违反这条规则将犯"中项不周延错误"。

例如：

凡金属都是导电的，

水是导电的，

所以，水是金属。

这个三段论中，中项"导电的"在两个前提中都是肯定判断的谓项，但不是周延的概念，仅表示某一种导电情况（还有其他情况没说，如石墨是非金属，也导电）。

（3）前提中不周延的项，在结论中也不得周延。违反这条规则将犯"大项扩大错误"或"小项扩大错误"。

例如：

凡薯类都是高产作物，

凡薯类都是杂粮，

所以，凡杂粮都是高产作物。

这个三段论中，中项"高产作物"不周延，"杂粮"不周延，结论中都扩大了。

（4）前提中有一否定，结论必否定；结论否定，则必有一前提否定。违反这条规则将犯"前提或结论不当肯定错误"。

例如：

偶数是能够被2整除的数，

这个数不能被2整除，

所以，这个数是偶数。

推理错误，结论应该是否定的。

（5）前提中有一特称，结论必须也是特称。

例如：

所有的植物都能进行光合作用，

有些生物不能进行光合作用，

所以，有些生物不是植物。

推理正确。

（6）两个特称的前提不能得出结论；两个否定的前提不能得出结论。

5.三段论的省略式

在日常语言或表达中，常省略三段论的某个部分。例如：任何人违反了法律都要受到法律的惩处，你也不例外。（省略小前提"你违反了法律"）

三段论的省略部分分为：省略大前提；省略小前提；省略结论。

（三）消化理解关系推理

关系推理就是前提中至少有一个关系判断，并且根据前提中关系的逻辑性质进行推演的演绎推理。

1.对称关系推理

是根据关系的对称性进行的推理。其前提和结论都是对称性关系判断。

例如：

李白是杜甫的朋友，

所以，杜甫是李白的朋友。

2.反对称关系推理

是根据关系的反对称性进行的推理。其前提和结论都是反对称性关系判断。

例如：

钠的活泼性高于铁，

所以，铁的活泼性低于钠。

3.传递关系推理

是根据关系的传递性进行的推理。其前提和结论都是传递性关系判断。

例如：

五四运动比一二九运动早，

一二九运动比二二八起义早，

所以，五四运动比二二八起义早。

4.混合关系推理

是以一个关系判断和一个性质判断为前提，推出一个关系判断结论的推理。

例如：

所有工业用电都比民用电电压高，

矿山上用的是工业电，

所以，矿山的电压比民用电高。

（四）消化理解联言推理

是前提或结论为联言判断的推理。

例如：

电路应该有导线，电路应该有开关，电路应该有负载，

所以，电路应该有导线、开关和负载。

（五）消化理解选言推理

前提中有一个是选言判断，并根据各选言支之间的关系而推出结论的推理。

1.相容选言推理

前提中有一个相容选言判断，根据相容选言判断的逻辑性质进行的推理。

例如：

势能可以因质量增加而提高，也可以因高度升高而提高，

这个物体的质量没变，

所以，它的势能加大是因为高度加高了。

相容选言推理的规则：

第一，否定一部分选言支，就要肯定另一部分选言支。

第二，肯定一部分选言支，不能否定另一部分选言支。

2.不相容选言推理

前提中有一个不相容选言判断，并根据不相容选言判断的逻辑性质进行的推理。

例如：

带电粒子或者是因为自身丢失电子而带电，或者是因为获得其他电子而带电，

该粒子没有丢失电子，

所以，它是因为获得电子而带电。

不相容选言推理的规则：

第一，否定一个选言支，就要肯定另一个选言支。

第二，肯定一个选言支，就要否定其他的选言支。

（六）消化理解假言推理

前提中有一个假言判断，并根据假言判断的逻辑性质进行的推理。

1.充分条件假言推理

是一个前提为充分条件假言判断，另一个前提和结论为直言判断的假言推理。

充分条件假言推理有两个正确式：肯定前提式和否定结论式。

肯定前提式：

改变电源电压，可以改变电路的电流，

这个电路的电压改变了，

所以，这个电路中的电流会变化。

否定结论式：

改变电源电压，可以改变电路的电流，

这个电路的电流没有变化，

所以，这个电路中的电压没变。

充分条件假言推理的规则：

第一，肯定前提，就要肯定结论；否定结论，就要否定前提。

第二，否定前提不能否定结论，肯定结论不能肯定前提。

例如，虽然"改变电源电压，可以改变电路的电流"正确，但不能推出"没有改变电源电压，便不能改变电路的电流"。因为电压虽然没变，但电路电流还是可改变的，如电阻变了也能导致电流改变。

2.必要条件假言推理

前提中有一个必要条件假言判断，并根据必要条件假言判断性质所进行的推理。

例如：

只有达到必要的能级，电子才能逃逸，

现在没有达到必要的能级，

所以，电子没有逃逸。

必要条件假言推理的规则：

第一，否定前提，就要否定结论；肯定结论，就要肯定前提。

第二，肯定前提，不能肯定结论；否定结论，不能否定前提。

例如，"只有达到必要的能级，电子才能逃逸"，肯定"达到必要的能级"，但不能肯定"电子逃逸"。因为电子逃逸还受物体体内和表面的电子结构影响。

3.充分必要条件假言推理

前提中有一个充分必要条件假言判断，并根据充分必要条件假言判断性质所进行的推理。

例如：

当且仅当合外力大于0时，物体才会改变运动状态，

该物体改变了运动状态，

所以，该物体受到的合外力大于0。

充分必要条件假言推理的规则：

第一，肯定前提，就要肯定结论；肯定结论，就要肯定前提。

第二，否定前提，就要否定结论；否定结论，就要否定前提。

4.假言判断在数学上的运用

（1）逆命题：如果第一个命题的条件是第二个命题的结论，且第一个命题的结论是第二个命题的条件，那么这两个命题叫做互逆命题。原命题为真，它的逆命题可真可假。

例如：

a、b互为倒数，则ab=1；若ab=1，则a、b互为倒数。（真）

全等三角形的对应角相等；对应角相等的是全等三角形。（假）

（2）否命题：如果一个命题的条件和结论分别是原命题的条件和结论的否定，那么这两个命题叫做互否命题；原命题为真，它的否命题不一定为真。

例如：

若$a^2+b^2=0$（a、b属于R），则a、b全为0；若$a^2+b^2\neq 0$（a、b属于R），则a、b不全为0。（真）

面积不相等的三角形不是全等三角形；面积相等的三角形是全等三角形。（假）

（3）逆否命题：如果一个命题的条件和结论分别是原命题的结论和条件的否定，那么这两个命题互为逆否命题。

互为逆否的命题真假相同，是等价命题。在判断两个互为逆否命题的真假时，如果一个命题的真假判断较困难时，可转化为判断其逆否命题的真假。

例如：

若a、b全为0，则ab=0；若ab≠0，则a、b全不等于0。（真）

六、归纳推理的消化理解

归纳推理是以个别或特殊性知识为前提，推出一般性知识的推理。这种推理的结论所断定的知识范围，超出了前提所断定的知识范围，因此，归纳推理的前提与结论之间的联系（完全归纳推理除外）

具有或然性,推理结论具有拓展性。归纳推理是获取新知、发现真理的手段。

归纳推理的实质是概括性,主要作用在于综合,它把有限数量的单称命题综合为一个整体,综合成为某个限度的一般性命题,使人们的认识从个别上升到一般。

(一)消化理解探求因果关系的归纳方法

1. 求同法

是寻求被研究的事物、现象出现在若干不同场合,是否具有某种共同原因的归纳方法。

如物理在讲解力时,首先给出有力存在的具体实例,人推车、人提水桶、推土机推土、压路机压路、磁铁吸引大头针,然后由上述实例归纳出结论:力是物体对物体的作用。

再如化学中,当人们对醋、柠檬汁和盐酸进行实验时,发现它们都能使石蕊试纸变红。这些物质的化学性质显然极不相同,醋和柠檬汁是有机化合物,而盐酸是无机化合物,但它们都有一个共同的性质:酸性,因此推论,酸性溶液使石蕊试纸变红。

又如在讲解藻类植物时,先安排学生学习几种典型的藻类植物:绿藻中的衣藻和水绵,蓝藻中的地木耳,褐藻中的海带,红藻中的紫菜,并由此得出藻类植物的主要特征:结构简单,无根、叶、茎器官分化,含有叶绿素,能进行光合作用。

这些事例中所用方法都是求同归纳法。

运用求同法时应注意的问题:

第一,各场合其他情况要不同。要求各个场合中除了一个情况相同外,其他情况都不相同。

第二,进行比较的场合越多,结论的可靠程度越高。

2. 求异法

是将被研究的事物置于两个矛盾的场合下进行比较考察,从而确定某一现象是否与某一结果之间存在因果联系的归纳方法。

如物理在讲解二力平衡时，先给出二力平衡的实例，从中看到两个力满足同物、同线、等大、反向的特征。再给出一个例子，此时两个力满足同物、等大、反向要求，但结果物体却不平衡，由此归纳出二力平衡必须有同线这个条件。

再如化学在讲解催化剂概念时，先演示两个实验：第一个实验是$KClO_3$加热熔化后，虽有O_2产生，但速度很慢；另一个实验是向加热后的$KClO_3$中迅速撒入少量M_nO_2，立即有大量的O_2放出。因此归纳得出，催化剂加快反应速度。

运用求异法时应注意的问题：

第一、所比较的两个场合中其他情况要严格相同。

第二、两个对比场合中出现的不同情况必须是唯一的。

3. 求同求异并用法

是根据被研究的事物在一些场合下出现、在一些场合下不出现的情况，经分析比较后，发现其因果联系的归纳方法。

例如，人们种植豆类作物如大豆、豌豆、蚕豆时，不仅不需要给土壤施氮肥，而且豆类作物还可以使土壤增加氮；而种植其他作物如小麦、高粱、玉米等时，则没有这种现象，土壤中未增加氮而且要给土壤施氮肥。经过研究后人们发现，豆类作物的根部有叫做根瘤菌的东西，而非豆类作物则没有。由此人们得出结论：豆类植物的根瘤菌能使土壤中增加氮。

运用求同求异并用法应注意的问题：

第一、正、负两组的事例越多，结论的可靠程度越大。

第二、正、负事例组的场合应较为相似。

4. 共变法

指在事物变化的若干场合中，其中某一个因素的变化总会相应地引起另一个因素的变化，从而归纳出其间的因果联系的方法。

如化学在讲解温度对弱电解质电离度影响的规律时，安排如下演示实验：把250ml浓度为0.01mol/L的醋酸溶液装入烧杯，用测定溶液导电性的装置做三次不同温度时醋酸溶液导电性强弱的实验。结果如下：0℃时，通电，灯泡钨丝红、暗淡；50℃时，通电，灯泡比较明亮；100℃时，通电，灯泡明亮。由此归纳出，温度升高醋酸溶液导电性增强。

在运用共变法时应注意的问题：

第一、与被研究现象发生共变的情况应当是唯一的。

第二、现象之间的共变关系有一个限度，一旦超出这个限度，共变关系也许就会发生变化。

第三、在某些具有共变关系的现象间不一定具有因果联系。

5. 剩余法

如果已知甲复合现象是乙复合现象的原因，同时又知道甲复合现象中的某一部分是乙复合现象中的某一部分的原因，那么，甲复合现象的其余部分与乙复合现象的其余部分有因果联系。此归纳方法为剩余法。

例如：居里夫人为了弄清一批沥青铀矿样品中是否含有值得提炼的铀，对其含铀量进行了测定。令她惊讶的是，有几块样品的放射性甚至比纯铀的还要大。这就意味着，在这些沥青铀矿中一定含有别的放射性元素。同时，这些未知的放射性元素只能是非常少量的，因为用普通的化学分析法不能测出它们来。量小又放射性极强，说明该元素的放射性要远远高于铀。1898年7月，居里夫人终于分离出放射性比铀强400倍的钋。

再如：在一般的土地上实施田间管理措施，粮食增产10%；在良种试验田上实施田间管理措施，粮食增产15%。依据剩余法可知，实验田多增产的5%是由于选用了良种。

在运用剩余法时应注意的问题：

第一、必须确认复杂现象的一部分（a、b、c）是某些情况（A、B、C）引起的，而其剩余部分（d）不可能是这些情况（A、B、C）引起的。

第二、复杂现象的剩余部分，不一定是单一的情况，还可能是复杂情况。

（二）消化理解数学归纳法

数学归纳法是专门证明与正整数有关的代数恒等式、三角恒等式、不等式、整除性问题及几何问题的一种方法，是一种完全归纳法。

方法要点：对一个与自然数相关的命题，第一步证明n=k时命题成立，第二步证明在n=k+1时命题成立。那么可以断定，命题对一切正整数（或自然数）成立。

例：用数学归纳法证明

$$\frac{1}{1\times 2}+\frac{1}{3\times 4}+\cdots\cdots+\frac{1}{(2n-1)\cdot 2n}=\frac{1}{n+1}+\frac{1}{n+2}+\cdots\cdots+\frac{1}{n+n}$$

证明：

（1）当n=1时，左边=$\frac{1}{1\times 2}=\frac{1}{2}$，右边=$\frac{1}{2}$，等式成立。

（2）假设当n=k时等式成立，即

$$\frac{1}{1\times 2}+\frac{1}{3\times 4}+\cdots\cdots+\frac{1}{(2k-1)\cdot 2k}=\frac{1}{k+1}+\frac{1}{k+2}+\cdots\cdots+\frac{1}{2k}$$

（3）则当n=k+1时，通式左侧的数值应为（2）的左侧再加上n=k+1一项即$\frac{1}{(2k+1)(2k+2)}$，得到：

$$\frac{1}{1\times 2}+\frac{1}{3\times 4}+\cdots\cdots+\frac{1}{(2k-1)\cdot 2k}+\frac{1}{(2k+1)(2k+2)}$$

此式子等于（2）的右侧加上$\frac{1}{(2k+1)(2k+2)}$，得到

$$\frac{1}{k+1}+\frac{1}{k+2}+\cdots\cdots+\frac{1}{2k}+\frac{1}{(2k+1)(2k+2)}$$

然后把上述式子想办法向通式右侧的格式靠：把第一项$\frac{1}{k+1}$后移，把$\frac{1}{(2k+1)(2k+2)}$变形打开：

$$= \frac{1}{k+2} + \frac{1}{k+3} + \cdots + \frac{1}{2k} + \left(\frac{1}{2k+1} - \frac{1}{2k+2}\right) + \frac{1}{k+1}$$

$$= \frac{1}{k+2} + \frac{1}{k+3} + \cdots + \frac{1}{2k} + \frac{1}{2k+1} + \frac{1}{2k+2}$$

$$= \frac{1}{(k+1)+1} + \frac{1}{(k+1)+2} + \cdots + \frac{1}{(k+1)+k} + \frac{1}{(k+1)+(k+1)}$$

即当n=k+1时，等式成立。

根据（2）、（3）可知，对一切 $n \in N^+$，等式成立。

七、消化理解论证

论证是用已知为真的判断确定某一判断的真实性（为真）或虚假性（为假）的思维过程。

论证的结构：

1. 论题

论题是其真实性或虚假性需要确定的判断，是论证的主题和核心。

2. 论据

是用来确定论题的真实性或虚假性的已知为真的判断。论据是一个论证的根据，也就是所谓的"理由"。

论据一般也有两类：一类是已经确认为真的事实情况；一类是科学的定义、公理、定理、原理。

3. 论证方式

就是论证中使用的推理方式。论证方式有演绎证明、归纳证明、类比证明三类。

论题相当于推理的结论，论据相当于推理的前提，论证方式相当于推理的形式或过程。

4. 论证的规则

（1）论题必须明确，论题必须保持同一。违反这条规则就要犯论题不明、跑题、偷换论题或混淆论题的逻辑错误。

（2）论据必须真实，论据的真实性不能依靠论题来证明。违反这条规则就要犯虚假理由、预期理由、窃取论题或循环论证的逻辑错误。

（3）遵守各种推理形式的逻辑规则。

（4）避免"推不出"的逻辑错误，如"论据与论题不相干"，论据不足、以人为据、诉诸无知、以相对为绝对等。

5.数学证明

（1）综合法。是从已知条件和某些学过的定义、公理、定理出发，通过推理得出结论。其证题思路是"由因导果"。

例如：$a>0$，$b>0$，求证：$a(b^2+c^2)+b(c^2+a^2)>4abc$。

因为$b^2+c^2>2bc$，$a>0$，

所以$a(b^2+c^2)>2abc$，

因为$c^2+a^2>2ac$，$b>0$，

所以$b(c^2+a^2)>2abc$，

因此$a(b^2+c^2)+b(c^2+a^2)>4abc$。

（2）分析法。其推理方向是由个别结论到一般原理，其证明思路为"执果索因"，直至找到已知条件（或定义、公理、定理等）为止。

例：已知a、b、c是不相等的正数，且$0<x<1$。

求证：$\log_x \dfrac{a+b}{2}+\log_x \dfrac{b+c}{2}+\log_x \dfrac{a+c}{2}<\log_x a+\log_x b+\log_x c$

要证明这个等式，

只需要证明 $\log_x \left[\dfrac{a+b}{2}\cdot\dfrac{b+c}{2}\cdot\dfrac{a+c}{2}\right]<\log_x(abc)$

由已知$0<x<1$，只需证明 $\dfrac{a+b}{2}\cdot\dfrac{b+c}{2}\cdot\dfrac{a+c}{2}>abc$。

由公式知$\dfrac{a+b}{2}\geq\sqrt{ab}>0$，$\dfrac{b+c}{2}\geq\sqrt{bc}>0$，$\dfrac{a+c}{2}\geq\sqrt{ac}>0$， a、b、c不相等，将上面三式相乘，$\frac{a+b}{2} \cdot \frac{b+c}{2} \cdot \frac{a+c}{2} > \sqrt{a^2 b^2 c^2}$ 或 $> abc$ 即 $\frac{a+b}{2} \cdot \frac{b+c}{2} \cdot \frac{a+c}{2} > abc$ 成立，所以，

$$\log_x \frac{a+b}{2} + \log_x \frac{b+c}{2} + \log_x \frac{a+c}{2} < \log_x a + \log_x b + \log_x c 成立。$$

（3）数学反证法。从命题结论的反面出发，引出矛盾，从而证明命题成立，这样的证明方法叫反证法。

反证法的步骤：假设命题的结论不成立，即假设结论的反面成立；从这个假设出发，通过推理论证，得出矛盾；由矛盾判定假设不正确，从而肯定命题的结论正确。

例：求证两条相交直线有且只有一个交点。

证明：假设结论不成立，即有两种可能：①无交点，②不只有一个交点。

若直线a、b无交点，那么a∥b，与已知矛盾；

若直线a、b不只有一个交点，则至少有两个交点A和B，这样同时经过点A、B就有两条直线，这与"经过两点有且只有一条直线"相矛盾。

综上所述，两条相交直线有且只有一个交点。

八、消化理解类比推理

类比推理是根据两个或两类事物在某些属性上相同，推断它们在其他属性上也相同的一种推理。类比推理的结论是或然的。

例如：根据等式a＝b，a＋c＝b＋c，类推不等式a＞b，a＋c＞b＋c；或从a＝b，ac＝bc，类推a＞b，ac＞bc。

正确应用类比推理需注意的问题：

第一，前提中对象间相同的属性愈多，结论的可靠性就愈大。

第二，前提中相同属性与类推的属性之间相关程度愈高，结论的可靠程度就愈大。

第三，注意是否存在与推出属性相排斥的属性。若发现有不相容的属性，则不能进行类推。

第五节　阅读教材

　　教材（教科书）是一门课程的核心教学材料，它对某学科现有知识和成果进行系统的归纳和阐述，编排成知识的体系，表现出分明的层次结构，循序渐进，便于学生逐步、系统地学习，具有全面、系统、准确、规范、标准和统一的特征。教材是学习的经典读物。

　　阅读，是指通过看书面材料——文字、符号、公式、图表等，从中获取信息、知识、思想和方法的过程。阅读是外在的知识、观念、文化进入个体心中的基本途径，是学习的主要手段和体现。

　　阅读教材就是看教材、读教材、钻研教材，这是学习的基本活动，对学生知识、能力、思维发展意义巨大。从思维角度说，阅读教材给思维以问题、材料和动力，是促进思维发展的有力方法。阅读教材既应是学校的主要工作，也应是学生的最大本分。但很遗憾，目前很多学校、老师、学生都不重视教材阅读，这是教育效果不高的重要原因。为了落实新的知识与思维并重的教育模式，要开展教材阅读课，通过阅读教材发展学生的思维和知识。

一、阅读教材的思维意义

　　苏霍姆林斯基说：学会学习首先要学会阅读，一个阅读能力不好的学生，就是一个潜在的差生。

　　阅读教材是学习之母，是学生发展的杠杆，能根本性地解决学习问题，对于学生获取知识、提升学业、发展思维具有战略和战术的双重意义。

1.教材是良好的思维材料

思维需要材料,材料引发思考。教材是良好的思维材料,它是思维的粮食、刺激物,否则巧妇难为无米之炊。

(1)教材存在丰富的知识,提供丰富的思维加工的原材料。每本教材都有数以百计的知识点,比起生活来说(学生通常在读书外接触的只是生活),提供的思维材料更丰富,为学生思维发展提供丰富的素材。

(2)教材知识需要消化加工,为思维提出问题和任务。教材知识点一般都不是读了就能全懂的,需要思考消化。很多知识点一次消化还不够,要反复多次。这给思维锻炼的机会,也要求思维积极运行。

(3)教材知识具有一定难度,对思维是种挑战。教材多是侧重于"学",重点是学术、学问、理性思考、真理性共识,是抽象的概念、命题、推理、公式、原理,是浓缩的知识、推理、智慧,而非世界的简单摹写、常识的汇集、经验的集成。因此教材常常表现得"很深",需要很好的思维才能消化,需要深思熟虑才能理解。这就要求思维深入,思考持久,对思维做出更好的训练。

(4)教材逻辑结构严谨,会训练思维的逻辑。教材是按照学科的逻辑来编写的,结构合乎学科秩序。从概念开始,上升到规律、原理,合乎逻辑的规则。在概念到公式、原理的过程中,分析、推理、论述十分严密,体现学科的精致性。因此,阅读教材需要逻辑,也训练逻辑,在理解教材知识的过程中,思维的严谨性、规范性得到很好锻炼。

(5)教材提供最经典的学科思维方法。教材贮藏着丰富的思维宝藏,是学科思维的集成和源头。教材中的思维方法,是各学科最基础、最智慧的思维方法,是思维最好、最权威的老师。同时,教材中包含作者的思维轨迹,饱含古今中外优秀学科教育家思考的结晶,把这些浓缩的思维稀释开来,可以得到很多的思维训练。

各门教材阅读难度都较大,不同于阅读小说、故事,都不易读懂。阅读教材是一门功夫。

2.阅读教材促进思维发展

（1）阅读教材给思维发展以动力和压力。教材的知识、文字有难度，不是自然消化得了的，要靠思维去咀嚼加工。因此，阅读和思维是矛盾关系，阅读总是对思维提出更高的挑战，给思维更高的要求、更高的目标。必须让思维开动起来，头脑活跃起来，能力提高上来，才能满足阅读的需要。

（2）阅读教材有助于思维主体的健全发展。正常的阅读，都是自己的阅读、有计划的阅读，都要有强烈的求知欲，要有清晰的概念、判断、推理等思维形式。这就要求学生的思维主体全面发展，形成认识的自觉性、学习的自主性，会用概念，会判断推理，全面掌握思维的形式并具备健全的思维能力。

（3）阅读教材能够全面训练20项思维能力。理解、消化、降解教材知识，既需要思维能力，也锻炼思维能力，如需要分析综合、抽象概括、推理证明等多种思维能力。随着教材的难度增加，阅读也推动这些思维能力不断提高。培养20种思维能力，最好的途径是阅读教材。

（4）阅读教材能够提高思维品质。从阅读到消化是困难的、辛苦的、仔细的，要求思维也得勤奋、坚毅、仔细，不是马马虎虎地思考就行的。同时，教材的严密逻辑性也训练思维的逻辑性。因此，在阅读过程中，思维能力增强，思维品质会逐步优化。

（5）阅读教材能够检验思维发育程度，反馈于思维发展。思维是否发展，是否达到一定年级的要求，很重要的检验方法是看能否读懂教材。把教材读懂了，说明就达到了教材相应的思维层次，否则就需要再加努力。

3.明确把阅读教材作为发展思维的基本方式

现在很多学校不大重视读教材，很多学生也把教材当成"累赘"。一些学生，什么教材都不阅读，统统束之高阁；一些学生只阅读语文、英语等教材，数理化史地生等教材却是崭新的；还有部分学生对数理化等教材只翻动若干页——老师留作业的部分、要求画重点线的部分，其他部分则从未打开。这种情况不正常，对学生知识、思维发展均有阻碍作用。必须明确学校、学生教材阅读的任务，组织学生、教会学生阅读教材，在教材研读中发展思维——事实上，思维发展好的学生，没有不读教材的；不读教材的学生，思维难以良好。

二、阅读教材的要求

1.主动、独立、安心、认真、全面地阅读

学生要主动、自发地阅读教材，不能总等待老师、家长的督促或安排。阅读的目标要学生自己设定，阅读的内容要自己选择，阅读的需要、动力均应来自自己。阅读中自我管理、自我调整，自己做自己的老师和家长，克服阅读的依赖性。

看书前要有好的心态，要平心静气，神态要安详，心态要放松，要焕发乐观、自信的精神，相信自己有天才的头脑、一流的记忆能力。

安心阅读还意味着要坐得住，精力集中，不分心不动心，时刻能控制住自己，做到自我约束。学生要提高意志力和自我管理能力，学会自我管理精力、时间、兴趣等事项，能同自己的不良习惯作斗争。

阅读教材必须认真细致，这和阅读小说或故事书不一样。教材编写逻辑严谨，言必有据，要求对每个句子、每个名词术语、每个图表都细致地阅读分析，领会其内容、含义。对新出现的定义、定理一般不能一遍过，要反复仔细阅读，认真分析直至弄懂其精髓。不能忽视或略去任何一个不理解的词汇。教材阅读常出现这种情况，认识一段材料中每一个字、词或句子，却不能理解其中的推理和含义，更难体会其中的思想方法。为此，阅读教材要全神贯注，专心致志，深入思考，手脑并用，做到眼到、手到、心到。阅读不对付，一字一句地读，边读边琢磨。阅读求实求明白，不想明白不放过。很多学生阅读不认真，具有表面性、琐碎性、片面性、模糊性等弱点，想起来读一段，不能完整地一气读完一章一节，影响学习质量和思维质量。

教材的每一部分都有用意，都不可缺少，都应阅读。学生要养成阅读全书的良好习惯，正文自然要读全，就是图片、图表、标题、目录、注释、事例、知识总结、例题、习题等，也要全部阅读。教材中写入的每一句话，用的每一幅图片都是有目的的，不能随意丢掉。这些材料要么丰富感性认识，要么延伸主干知识，要么提升知识层次，在知识的形成、思维的发展中，往往意义很大。例如，语文不但要阅读正文，还要阅读注释，阅读课后的练习题，阅读单元后的说明。数学不但要读公式，还要阅读推导过程，阅读定义的解释，阅读课后练习……这样全面阅读教材后，思路顺着教材走，才能让思维的科学性、逻辑性和严密性更加优良。通读反对跳读，因为教材（尤其是理科教材）是一个严密的逻辑体系，是一个有序的系列，其中任何一个内容都具有承上启下的功能，若随意跳过就会造成学习、理解的断裂；连贯地阅读，才能把握思路的发展，递进地收获知识。

2.勤奋思考，研读、精读

阅读中要动脑筋，肯钻研，有坚韧的劲头。对于绕口的句子、词汇反复琢磨，深入理解。阅读中遇到困惑不放松，不研究明白不罢手。对知识不仅要知其然，还要知其所以然。深钻精思，多问几个为什么，以求得对字义、文义有较深刻的理解，这是求知的根本方法，是读书的灵魂所在。

教材都是经典（与宗教典籍、法律法规、工人的操作规程、工程师的技术规范等同），不是读一遍就能消化吸收的，必须带着思考去阅读。研读中，对于每个词、每个概念、每句话都要琢磨，翻来覆去，力求深刻理解。对于重要定理、定律证明过程要研读，应拿出笔和纸推导一番。研读中可以辅以圈点、批划，可以加评注、做摘要、列提纲、绘图表等，务求弄清词句、段落、章节含义，理清线索，把握主题，挖掘出教材的精髓。研读还要读到书的后面去，对于书背后的思路、逻辑、次序安排要琢磨，要参悟作者的"建构原则"。研读教材要一字一句，要细加思索，反反复复。不能把教材等同于报纸、小说、杂志等轻松读物、浏览、快读等阅读方式不适用于教材。

"旧书不厌百回读,熟读深思子自知。"教材要读多遍,学完一节要先读两遍,全书学完后再把全书读上两遍。复读相隔的时间不宜过长,以一周为好,最长不要超过一个月。复读不仅对巩固全书的记忆和理解有特殊的作用,而且往往会有新的发现。

3. 发问与思考

读书需有疑,小疑则小进,大疑则大进。读教材应尽可能多地提出问题。觉得难以理解的,义理不清楚的,自己有不同看法的,产生联想的地方,都是生发问题的好地方。对于教材的用词、叙述方式、观点,也都应该提问题。还可以问一些文字之外的问题,如这种观点对不对、为什么这样写、这种知识是如何来的等。提问可以从内容与形式两个方面去设计:内容方面包括概念、命题、公式、推理等;形式方面包括逻辑结构、语言特点等。

读书一发问,自然就引起思考,发问使得阅读变成一个主动的、批评性的、时时注意的过程,这对集中注意力、加深理解和加强记忆都有好处。发问使书中的知识、信息活起来,成了思考的原料。

发问和思考的结果,是把教材"由薄读到厚,由厚读到薄"。教材的信息、知识是丰富的,要都理解了,需要把教材读厚,就是在书中不断增加自己的延伸注释,写上各种感想、疑问等,这样书就读厚了。例如,每个生字都应查字典,每个不懂的句子都要进行分析,不懂的环节都应加上注释,经过一番加工后,觉得懂多了,同时书已经变得更厚了。"由薄到厚"的阅读过程,是消化理解的过程,是海绵吸水的过程。这是学好的必备步骤,不可省略。书读得越厚,知识就越扎实,思维就越细密。但光"由薄到厚"还不够,还要反过来"由厚到薄",对已经学过的东西组织整理,提纯升华,理出脉络,找出重点,形成凝练的知识体系,这样书由"厚"变"薄",知识也更加深刻扎实。

4.读后复述

读后复述能查缺补漏,深化理解。每阅读完一个单元,都要回头复述一遍,及时检查阅读效果,找出自己在基本知识、基本技能方面的"死角"并重点突破它们。

复述的要点是:概念定义,公式的拼写,定理推导过程,历史事件的发展脉络,诗词文章的精彩片段等。

复述时可以打开目录,按照目录的提示复述。目录既是索引,也是问题,针对目录标题展开复述,说出对应的知识点。

三、读出什么——阅读教材的要点与标准

1.信息接收完整

教材可以看成是信息的载体,读教材首先要接收完整、全面的信息,不存遗漏。这个要求很简单,教材读全了、没有漏读,信息就是全面的。但是很多人读教材是挑重点的,只读一部分,很多"边角旮旯"略过了。而由于他们认定的重点往往未必恰当,所以他们读教材遗漏的信息就相当多。接收到信息,不一定理解,这需要进一步的琢磨,但如果信息接收就残缺,下一步问题会更大。教材每一句话、每一幅图、每一个注释都是信息载体,不应略过。例如,历史注释中告诉我们"榷场"是"贸易市场",哈雷是英国近代天文学家,《周髀算经》为数学、天文学著作等,如果不读注释就不会了解这些知识。读书是信息接收和加工处理的过程,第一步的信息接收要充分。

2.消化理解各个知识点

教材以传授知识为要务,其中充满知识点。教材中的知识点有几类:概念、命题、公式、原理、典型例题、词汇、经典诗文等。

教材把知识点写得很清楚,但由于知识点一般都是概括、抽象和超出学生生活阅历、经验的内容,所以一般都不能直接理解,和理解1+1=2不一样,需要复杂的思维破译,要经历从模糊的、未分化的理解逐渐过渡到明确的、清楚的理解的过程。

阅读教材开始都是分析性的，一章一节地读，接触到不同的知识点，这一步需要对知识点各个击破，理解消化好它们：理解透言语所表达的思想，理解好自然现象的本质，理解准社会变化的原因，理解清科学理论的逻辑联系。

理解是阅读中极其困难的一环，人们常常读得出文字，但不解其含义，如读天书一般。理解的标志是能够运用知识解决问题，或者能够用自己的语言表述知识。做不到这两点，就需要进一步加强理解。

3.建构知识网络

教材知识是个体系，各个知识点按照一定的原则、秩序摆布在教材中，呈现为一定形态的篇章节目的结构。这种知识网络是明显的，但对于学生它是外在的，必须经过思维的不断加工、解构和建构，让各个知识点在心里体系化、规则化，才能重建出知识的网络。良好的阅读，不仅要读懂各个知识点，还要读出各个知识点的关系，读出教材的逻辑，洞悉教材的主要内容及各部分的地位作用。

阅读教材，建构体系，首先要比较鉴别，对各个知识点不断辨析，同中找异、异中找同，避免混淆。对于易混淆的内容要对比阅读，如要比较辨析近义概念、对应概念、反义概念，让知识的基元分得开划得清。学生如果读完教材脑子里知识点都混成一团，那是没法建成体系的，而且连基本的理解都做不到。其次，要边阅读边联想，边联想边阅读，把知识点有意地拉到一起，使之发生关系。在不断地研究各个知识点的相互联系中，知识就逐步体系化了。再次，教材阅读后要归纳、总结，融会贯通，使知识得到升华形成体系。如读完一章，画出知识脉络图；读完几个概念，分析下它们的从属关系；读完一章一课，概括语句特点。不断地归纳总结教材，自己在心里就有了教材。

阅读理解教材应是一个再创造的过程，学生应注入自身经验、情感和智慧，对教材解码再加工，重设体例、结构，重新举例、说明，避免知识散装，处于零散的状态。

教材的体系、秩序和结构，是一种重要的知识，需要了解和理解。阅读教材，要注意教材的知识顺序、篇章结构、层次条理、先后主次、轻重缓急、内在逻辑。要了解梗概，理清脉络，从全书、一篇、一章、一节的层次上，掌握学科知识的网络结构与系统。为此要熟悉目录，详记目录。目录具有高度的浓缩性、完整的系统性和严密的逻辑性等特点，它能体现教材知识间的关系和核心内容，是学习的导游图。经常加以浏览，知识脉络就能了然于胸。为了对知识的把握更加深入完整，还应增补目录，把教材中更为细节的知识概括出来，续写到目录之中，这会让教材知识体系得到更加完整全面的体现。

4.掌握思维过程、思维方法和思维能力

教材在叙述、展开知识中，展开了思维过程。在思维过程中，运用了思维方法，在思维方法后面，潜藏着思维能力。阅读教材，要梳理出思维过程，归纳出思维方法，树立起思维能力的榜样，锻炼思维能力。

教材讲授很多知识的产生过程，阅读时不要只注意知识产生的历史性进程，更要重视知识产生的思维过程。例如，汉字产生，先是整体性的象形文字，类似图画，然后从中抽象出笔画，形成简化的文字。这里有对事物形象的抽象、对象形文字的再抽象，有分析和综合等思维过程。阅读中重视研究知识产生的思维过程，追本溯源，弄懂人们为什么那样思考，具有重大的思维教育意义。

教材中有很多运用概念下判断、做推理的例子，这些是思维运用的典范，应仔细研究和学习。例如倍角、半角公式的推导过程，是先设立单位元，用余弦公式求解，推导出一系列新的公式。概念是知识的基元，通过判断、推理，概念发生联系，知识得以扩充，所以判断、推理既是知识产生的方式，也是知识运用的方式，还是讲解知识、论证知识的方式，具有特别重要的思维教育意义，值得细心体会。

教材会讲述很多思维方法，如从现象到本质的抽象方法，分解事物层层剖析的分析方法，化点为体联系关照的综合方法等。而且不同学科教材还会介绍学科重要的思维方法，如物理中理想化方法，数学中化归方法、数形转化方法等。这些方法，是学习的核心内容。因为知识是无限的,而方法是有限的,方法是源头,知识从此产出,掌握了方法,学生的知识能力就可以变得取之不尽、用之不竭。教材里还有一些处理思维关键节点的技巧,如化繁为简、去粗取精、由表及里的方法,它们也十分重要,要详尽吸纳。

思维过程、方法中共性的东西,作为思维动力和思维本质的东西,是思维能力。原子抽象过程中有抽象能力,剖析原子结构的分析过程中有分析能力,归纳出温度制约化学反应速度的认识过程中有归纳能力。学习思维过程、思维方法,关键是要形成主体的思维能力,让外在的思维经验沉淀到个体心中,成为个人的思维财富。

思维是人类最为神奇的地方,是思想家、科学家最为伟大的所在。知识背后的思维是极其智慧、巧妙的,学生们要努力去体会和掌握。我们总说站在巨人肩膀上,需要注意的是,不仅知识要站在巨人肩膀上,更重要的是思维也要站到巨人的肩膀上。我们现在学生的物理知识比牛顿都多,数学知识比笛卡尔都丰富,但不能说我们有几千万个牛顿、笛卡尔,因为绝大多数学生在思维能力与方法上,虽然晚牛顿、笛卡尔几百年,但并没有达到他们的水平。

5.关注范文、例题、习题

语文、英语等教材的范文,是重要的学习内容。它们都是精选的,具有丰富的知识内容和思维意义。例如英语《新概念》课本中的每篇课文,里面有词汇、短语、时态、句型、修辞等多方面英语知识,是极好的英语知识教材。同时,其中也含有典型的英语思维模式、习惯,值得学生好好体会。

教材例题是经过专家反复论证、精心设计的,既有典型的范例作用,又隐含着学科思想和方法,不仅能加深对基础知识的理解和掌握,更能开发学生智力,拓展学生的思维空间,对激发学生学习的兴趣,形成知识的类比、联想、迁移,提高学生的语言、抽象、分析、综合等思维能力,作用均很大。例题具有很高的教学价值。

学生应认真钻研教材例题,深刻理解其用意,充分挖掘例题的示范作用。阅读例题，学生不但要读懂题目的解题过程，还要挖掘出它的代表性、蕴含的思维技术。例题阅读要做到三思：一思每步的根据和理由，二思解题思想和方法，三思有无其他解法。要杜绝一些不良心态，如认为课本例题太过简单，不值得花费时间；浅尝辄止，只知其一而不知其二。深入研究例题，记住例题，模仿例题，内化为自己的能力和素质，在应用知识解决新问题时就能运用自如、得心应手。

教材的习题十分重要，它的编排由浅入深，起点比较低，以后逐渐增加难度，把某一知识主要的角度、切入点都"问"全了、"问"到了。知识点是固定的有限的，思路、方法也是有限的，学习好习题，学生就可以包揽主要的知识点和学科思维方法，掌握命题的出发点，以不变应万变，从题海中获得解放，做题无往而不胜。

6.体悟作者意图

读书的高级境界是阅读作者、体悟作者，和作者对话。

想想作者要告诉我们什么，他是怎样一步步讲述或论证的。作者为什么要把这一内容放进教材？他想借此说明什么？他的潜台词、用意是什么？这既锻炼推测、推论的能力，也激活阅读兴趣，成就更好的阅读效果。

读书的过程是写书的反过程。一般写书先有思想思路，再逐步写。读则相反，先一章一节地读，透过书中所引素材和资料后方能理解全书的框架，最后才好悟出作者的本意。学生要揣摩作者的写作思路，领悟、学习作者的思维方式、感知方式、表达方式，力争搞清作者写作中的"为什么"，这样才是把书读透了，才有可能和作者站到同样高度。

四、开展阅读教材的教学，训练学生思维

1.有计划地安排学生读教材

老师上课，应该把阅读教材作为教学正式内容，在课堂上拿出总时间的1/5以上，领着学生读教材，指导学生读教材。老师要避免

自己唱独角戏，不要讲个不停，每门功课老师都宜"少讲"，让学生"多做"，给学生阅读时间，让学生在课堂上阅读并感受自身的学习潜力；要把大量的考试和题海战术时间腾出来，让学生有保障地去读教材，思教材。

学生信奉老师，老师的话都是"圣旨"。老师要给学生布置阅读作业，每天安排学生阅读教材的一些章节。阅读作业要持之以恒，开始量小，以后逐步增加，达到和教学同步。老师应努力发掘教材的思维密集区，多方设疑，从纵深角度拓展阅读作业，提出阅读的课外书目，并布置学生读后思考题。

2.指导学生阅读

阅读并非自然就会，也不是极其简单的事情，学生是需要学习的。老师在此负有指导的责任和义务。对于小学生，老师要"扶"着读教材，对于初中、高中学生，老师要加强阅读指导和引导。

小学生对教材中的每一个字词、每一句话、每一幅图、每一个对话框是什么意思，编者的意图是什么，都很懵懂，需要老师领着体会。老师可以让学生用笔指着书跟自己读一遍，圈出他们认为重要的字和词。老师要引导学生寻找重点，如圈出第一、个位、第二、十位这类关键的词。初中之后，学生可能会阅读了，但是阅读的重点、难点也需要指点，比如要学生注意概念抽象的过程、推理的方法等。

老师还要加强对阅读技巧的指导，教给学生使用目录、做提要、归纳教材的叙述方式等方法。

学生阅读，老师要当好"阅读医生"，对遇到困难的给以辅导，对情绪波动的给以开导，对不能掌握阅读重点的给以指导，对阅读好的及时推出来给全班以示范和引导，以点带面推动阅读向纵深发展。

3.讲读结合的教学

老师应开展"读读、议议、讲讲、练练"教学法，应随堂精读部分教材章节，自己边读边讲述阅读的重点、难点与关键。比如，提示学生注意概念，注意概念的定语、宾语，注意抽象的词汇等。

课上老师可要求学生先行阅读，找出重要的字、词、术语等，提问学生，让他们阐述自己的理解，开展探讨，互相补充。例如地理课，让学生把"农业"的概念读上两遍，问他们读出了什么，有学生说读出了两个概念"充分利用土地资源"和"从事农业生产劳动"，有的说读到了几幅图画（反映农业包含了哪些方面的内容），老师可借机引导学生开展讨论，把"土地资源"、"生产劳动"等含义深入挖掘出来。

第六节　重走创新之路

　　发明发现的过程是人类思维闪耀的时刻，思想家、科学家们的思维能力堪称奇迹，思维方法堪称艺术。重走他们的思维历程，模仿、学习他们的思维方法，是思维发展的捷径，对于培育新一代科学家，也是不二法门。重走科学技术发明发现之路，回到知识的源头去体验先贤创造知识的过程，集中学习他们的思维方法，能直抵思维教育的高端和终极，有效地提高学生思维的技能与品质，是一种良好的思维能力培养方法和学习方法，也是培养创造人才、多出快出拔尖人才的良好途径。

一、重走发明发现之路的重要意义

　　知识不是天上掉下来的自古就有的教条，也不是千百年间埋藏在地下的隐秘的财宝。知识是人的思维产物，是具体的一些人的思考结果。每一点知识后面都有一个思想家、科学家，都立着一个不朽的名字。知识是科学家用思维方法、治学之道发明创造的精神产品。思想家、科学家、艺术家不仅发明发现了知识，还发明了相应的思维技能、思维方法，给全人类提供了精神武器。因此，到知识的发展史中，到伟大的思想家、科学家、艺术家的思想史中去挖掘、学习、继承和发展科学的思维方法和研究方法，是一切聪明的学生所应该做的。经历一遍发现者思维求索的曲折过程，即便是虚拟的，思维也会有较大的进步。

　　学习是为了成为能够发现问题和解决问题的人。学习不能死记知识，那样只是得到一些"鱼"，甚至是死鱼、化石鱼。若在继承知识的同时又学习了思维之道，学生就等于学会"渔"，就不光会看鱼、会吃鱼，而且会养鱼、会捕鱼，甚至还会利用某些技术创造出新的鱼的品种来。

学习知识要"返璞归真"，应以探索者的姿态出现，去参与概念的形成和规律的揭示过程。例如，学习数学概念、定理、法则，要从头思索，运用科学的思维方法一点点挖掘"真理"，不但收获新知，而且发展起抽象、概括、归纳等思维能力，养成优良的思维品质。

今天我们课本中的每一个概念、公式都有一个发现过程、思维过程。知识是发展的，有一条历史的脉络。在我们今天看到的成熟知识点前面，有一串历史性的不可或缺的知识节点，它们比较粗糙，但却是必要的铺垫，是知识由粗到精、由表及里的中间环节。了解这些知识，对于提高人的思维能力很重要。把这个过程走一遍，学生思维就跟着提升一次。某个知识，为什么只有某位科学家发现了呢？他运用了何种方法？思考了哪些问题？重走一遍他们探索的道路，学生的思维就会得到良好的启迪。这意味着思维方法由社会向个人的转移、上一代向新一代转移，是智慧的继承、方法的继承，是"站在巨人肩膀上"，是学生未来独立解决所遇到的未知课题的最主要基础（比知识重要）。

遇到新知识，学生应问一下：要是把这个课题交给我，我该怎样去研究？前人是怎样运用他们的智慧解决这个问题的？他们思考问题的思路、步骤和方法是什么？如何从初步的现象，运用思维层层剖析、抽象出概念或理论？如果对于所学知识都能这样去思考，思维能力大发展自不必说，而且可以在解决实际问题上显示出较高水平，而非仅仅是考试的高手了。

二、老师要引导学生重走发现之路

有人说，老师的工作并不是让学生惊奇自己懂得多少知识，而是让学生参与奥秘的探索。这句话很有道理，很值得体味。探索、发现的活动能培养兴趣，培养思维能力，的确比只掌握几条结论要更重要、更有实际意义。最好的课堂，能够激发学生的好奇心与探索欲望，引导学生形成自己发现问题的态度和能力，掌握探索的方法和技能，学会发问与探究。因此，"好课"的重要标志不是讲明知识，而应是剖析知识产生的过程，引导学生思索。

老师要组织学生"扮演角色"，让他们当伽利略、爱迪生、施耐庵、曹雪芹，让学生去完成伟大的历史使命。老师要给学生问题与情景，让他们穿越历史时空，进入到原初问题，开启思维的机器。老师要安排时间和资料，让学生有条件去深思，给他们发现知识以辅助。老师要记住，学生的头脑不是一个等待填充的容器，而是一支需要点燃的火把。老师的责任是点燃每个学生的思维之火。相应地，老师的定位也要转换，要从知识的老师转向知识的导师，把引导学生参与探索知识、创造知识作为要务。

三、重走概念提出之路

1.回溯到本源问题，创设历史性的思维情境，让学生认识概念发生的必要性

一个新的概念，是人类思想的一座高峰。人类文明史，可以说就是概念的发展史，正是一串串概念构成文明的光环，搭起了进步的桥梁。1、2、加法、乘法、函数……数学概念不断丰富；物质、质量、力、能量、功……物理概念不断增加；比兴、对偶、平仄、意境……汉语文学的概念不断深化。文明的发展，一个主要体现是老概念的内涵不断扩充、新概念层出不穷。

对于具体的一个人、一个时代，提出一个概念都是了不起的大事。现代科学家如伦琴一辈子只提出X射线一个概念，但已经名垂千古，获得了诺贝尔奖；伟大科学家牛顿，提出了力、惯性、加速度、质量、微积分等数个概念，在历史上极其杰出。多数人的研究、思考，都是对已有概念的丰富，提出全新概念的幸运自古都是很少的。

在教学中，老师要重视概念的发生，利用概念发生来训练学生的思维。老师要创设概念发生时的问题情景，展示概念产生前的原初现象、具体情境，让学生面临问题，拉动学生去思考。

例如，了解原子的发现史，可以提高学生的抽象能力、想象力。最初，古希腊人提出了"本原"的思想，他们认为世界虽然广大而复杂，但都可归结为几种基本的要素，如水、四根等。按照这样的思路，德谟克利特构想"宇宙的要素是原子和虚空，其他一切都只是想象中的东西……原子是没有性质的各式各样的小物体，而虚空则是一些空的地方，使原子在其中不断上下运动……这样原子就生成其他一些复杂物体，还有我们的身体，我们的状态，我们的感觉"。后来，出现了道尔顿原子模型，他认为原子是组成物质的基本的粒子，它们是坚实的、不可再分的实心球。汤姆生后来提出了更新的原子模型，认为原子是一个平均分布的带着正电荷的粒子，其中镶嵌着许多电子，中和了正电荷，从而形成了中性原子。最后到了卢瑟福，提出了广为人知的科学的原子模型：在原子的中心有一个带正电荷的核，它的质量几乎等于原子的全部质量，电子在它的周围沿着不同的轨道运转，就像行星环绕太阳运转一样。原子概念这样从古向今发展，人们一次次对客观世界的基元进行抽象和想象，最终获得现代原子概念。

再如，讲电压、电流、电阻概念时，可以开展"提出新概念的探索"，求得多方面的启发和教益。现在人人都知道电压、电流等概念，但是在19世纪初期的时候，这几个概念还处于萌芽状态，并不清晰。它们只达到了"类概念"，处在向现代标准概念挺进的过程中。

电压、电流、电阻"类概念"的发明人是欧姆。欧姆是一名中学数学、物理老师，他对当时还处在初创阶段的电学很有兴趣。那时候，伏打电池已经出现，科学家发现使用伏打电池的电路中，电的热效应随电池数目的增多而增大，但对其中的规律都解释不了。欧姆读到法国数学家、物理学家傅立叶的热传导理论（导热杆中两点之间的热流量与这两点的温度差成正比），他受到启发，猜想导线中两点之间"电流"也许与这两点间某种推动力之差成正比。欧姆称这种推力为电张力。为了证实自己的想法，他开始实验。欧姆开始用的电源是伏打电池，这种电源不稳定，给实验带来很大困难。1821年，欧姆换了温差电池，这种电池是由弯曲的铋条和铜条组成，其一端插入装有碎冰雪的容器中，另一端插入另一装有沸水的容器中，由于温差电路中产生电流。欧姆自己设计了一种"电流扭秤"，把"电流"的磁效应和库仑扭秤结合在一起，用放大镜观测扭丝上磁针的偏转角度，测量"电流"强度。欧姆取8根粗细相同、长度不同的板状铜丝，分别接入电路，测出每次的"电流"强度（实际上是与电流强度成比例关系的磁针偏转角度）。1826年，欧姆发表论文，提出"欧姆定律"，得出方程式 $X=a/(b+x)$，此处X代表"与导体磁效应强度对应的电量"，a代表"电张力"，b+x代表"电导率"。可见，在欧姆那里，电压、电流概念，是由一种感觉开始提出的，其时比较粗糙，并不是精准概念，后来经过更多人的加工，最终出现了今天的电流、电压、电阻概念。欧姆的伟大之处在于，他从一个电路里面明确地感觉到三个不同的"要素"或"参数"，通过实验还提出了它们的数学关系。"与导体磁效应强度对应的电量、电张力、电导率"三个"类概念"的提出，是极为伟大的贡献，它们为电流、电压、电阻的产生奠定了基础。

又如，催化剂的概念，最初在发现者贝采里乌斯那儿，被称为"痕量物质"。他在1836年研究淀粉水解为葡萄糖、过氧化氢分解、氢气和氧气反应时，发现存在一些本身并不消耗而能够影响反应速率的物质。后来他又提出了"催化力"一词。1881年，28岁的奥斯特瓦尔德开始了题为"化学动力学研究"的一系列工作。他首先开展了酸催化的乙酰胺皂化作用和酯的水解作用的研究，接着又进行了蔗糖在各种酸存在时的转化实验，证实和深化了"催化力"概念。1887年，奥斯特瓦尔德根据热力学定律定义了催化作用，使得这一概念广为人知。1909年，由于在研究催化、化学平衡和化学反应速率方面功绩卓著，奥斯特瓦尔德获得诺贝尔化学奖。

各门课程，都要结合有关科学史谈概念。教学不仅要解决概念"是什么"的问题，更重要的是解决"概念是怎样得到的"问题。否则，忽视概念产生与形成的重要阶段，将严重影响学生形成正确的知识观，阻碍学生的能力发展，未来即使给他们发明发现的机会和需求，也未必能发明发现新的概念。

2．重温概念抽象、提纯的过程

学生接触了典型丰富的实例，可以感受到提出概念的必要性，但这还不够，还要让学生了解概念的抽象、概括过程与方法，这是更重要的知识与能力。例如，世界很多存在都有其数量特征，如年龄、身高、面积、重力、电流等都有度量，但详细比较，量还是有区别的，有的量只有大小没有方向，而有些量则不同，既有大小也有方向。物理学对这些量分类定名，抽取出主要特征，名之为标量和矢量。矢量既形象也准确，它们像是箭一样。箭是有头的，射出去的箭冲某一方向而去，有往无返，收不回来，这就把矢量的方向性、不可逆性全突出出来。这个抽象，科学性强，艺术性高。

概念形成是对感性材料观察、分析、类比、猜想、归纳、抽象、概括、推广等思维活动与过程，蕴含的思维投入是巨大的。例如"大气压"一词的提出，历时上千年。早在古罗马时代，人们就知道只要把水管里的空气抽掉，造成一个真空，水就会沿着水管往上爬。人们还注意到，水管虽然抽成了真空，但当它们超过10米后，水就输不上去了。在超过10米深的井里，抽水泵也不起作用。古人熟知"讨厌的十米极限"这个现象，但不理解其中的道理。到了伽利略时，他提出空气也有重量的想法。伽利略将一个空瓶（里面有正常气压的空气）密封起来，放在天平上与一堆砂子平衡。然后，他设法用打气筒向那个瓶子打进更多的空气，并再次密封。当伽利略把瓶子再放回到天平上时，瓶子与砂堆失去平衡，天平向瓶子一侧倾斜，只有再往砂堆里加添一两颗小砂子，天平才会平衡。这个实验证实了空气有重量的推断。伽利略的学生托里拆利把老师的推断精确化了，他认为，既然空气有重量就会产生压力,就像水有重量会产生压力和浮力一样。正是空气有压力,才把水往真空管子上边压,等推到10米高度时,水柱的重量正好等于空气的压力,水便再也推不上去了。为了证实这一猜想,聪明的托里拆利设计了一个巧妙的实验,他利用水银比水重13.6倍的便利,叫人制作了一根1米长的玻璃管,一端封闭,一端开口。他将水银灌满管子,然后用手指堵住开口的一端,将管子竖立起来,让开口的一端朝下。当他松开按住管子的手指时,管里的水银很快流出,可当水银降到距槽里的水银面有76厘米高度时,就不再外流。换算一下就可以得到,76厘米高的水银柱产生的压力,正好等于10米水柱产生的压力。后来科学家们对大气压力现象的实验不断抽象、概括,提出了"大气压"概念,为流体力学奠定了基础。

3.体会概念的"深加工"

概念提出后需要确切的定义,要确定内涵与外延,有些概念还要数学化表达,这都是概念的深加工。深加工是思想家、科学家们的专业工作,提升了概念的科学化程度。我国历史上产生了很多概念,但是没有科学的深度加工,所以都不是现代科学概念。比如力、光、电等,古人也提出来了,但都是现象概念,没有揭示本质。相比而言,西方重视概念深加工,对很多概念给予明确的界定,影响了世界的科学和文化。

概念深加工是揭示概念本质的过程,是对概念的内核抽象的过程,是结构出数学式规定相关概念关系的过程。例如,1的概念的深加工,就是揭示出1为独立的完整的边界清晰的存在物、过程、活动等的数量特征;进一步的数学推演,规定一个数除以本身、一个数的0次方都是1。

提出一个概念是才气,对其深加工是功夫。精确地给一个概念以内涵、定义,揭示出其本质往往需要几十上百年。例如"金钱"的概念,古已有之,直到古典经济学才有较好定义。"生命"概念也很古老,近代生物学才给出较好的界定。

抓出概念本质的深加工过程，主要运用思维的抽象、分析、比较、概括等能力。把概念深加工过程重温一遍，可以培训这些能力，了解运用这些能力的技巧和规范。

四、重走规律（公式、原理等）提出之路

定理的"发现"几乎动用了思维系统中的各项法宝，如抽象、分析、综合、建模、图文转换等思维能力，因而是一个错综复杂的思维过程。例如，一个物理公式，其中每个物理量都是抽象得到的，都是从自然中概括出来的；公式又把它们综合到一起，建立起某种模型。公式里面体现出高度的智慧。

很多思想家、科学家一辈子研究所得，在今天我们看来只是一个术语或一个公式，很简单地就表达出来了。那么人们就会问，他们一辈子忙什么了？我们的回答是，他们忙着思考，提出的术语、公式，是需要艰辛思考得出的。华罗庚曾说："对书本的某些原理、定律、公式，我们在学习的时候，不仅应该记住它的结论、它的道理，而且还应该设想一下人家是怎样想出来的，经过多少曲折，攻破多少难关，才得出这个结论的。而且还不妨进一步设想一下，如果书本上没有做出结论，自己设身处地想想，应该怎样去得出这个结论？"公式、定理的产生应该视为发明的过程，研究、学习它们的发明方法，对学生是一种综合性训练，具有重要的教育价值。

例如，讲授自由落体定律，可以回溯到历史场景中，和伽利略一起思索问题，展开推论过程。在伽利略之前，西方大哲人亚里士多德提出了"重的物体落地快"的观点，得到多数人认可，被奉为金科玉律。这个说法听上去挺合理，重的物体落地快，轻的物体落地慢，似乎就是这样。但再想一想，如果重的物体和轻的物体绑在一起往下扔，情况会如何？应该出现两种情况：一是，快的会由于被慢的拖着而减速，慢的会由于被快的拖着而加速，因而轻重混合物体将以比原来那个重物小的速度下落；二是，两个物体拴在一起要比原来那个重

物更重些，重物下落快，所以混合物降落速度应该更快。这两个结论似乎都合理，但却是矛盾的。因此，从逻辑上推论，亚里士多德的说法不正确。解决这一矛盾，只有认为物体下落快慢与物体的重量无关才可以。伽利略是这样想的，而且他通过著名的比萨斜塔实验验证了自己的想法。某一天，伽利略邀请了许多人到比萨斜塔，有他的支持者，也有他的反对者。他一手拿着一个1磅重的铅球，另一手拿着一个10磅重的铅球，一步一步地登上55米高的斜塔。到了塔顶，他向下做了个手势提请观众注意，随即双手平举两个铅球，让它们同时下落，最后"啪！"的一声，两个重量相差9磅的铅球同时落地。伽利略胜利了。进一步地，人们想知道物体下落的高度和耗用时间的关系，伽利略设计了斜面实验，开展定量观察。他把一块厚木板刻出一道槽，并将槽打磨得很光滑，再取一个光滑并很圆的铜球，放在槽里滚动。抬高槽的一端，使槽倾斜，铜球就从斜面上滑落。伽利略重复了整整100次实验，发现球滚下槽长的四分之一，总是用滚下整个槽长时间的一半。他观察铜球滚过另一些长度的时间用量，如槽长的二分之一、三分之二、四分之三，发现滚落的距离与所用的时间平方成比例。这样，伽利略就触摸到了自由落体定律，但很遗憾，他还没有把定律表述为清晰的数学算式。

"上帝创世运用的法则是有限的"，现有各学科中的定理、公式、原理数量并不多，未来增加量也不会很大。重走两三个定理、公式、原理的发明之路，学会其中蕴含的思维方法，便可以"走遍天下都不怕"，在自己遇到新的科学问题时，有可能做出杰出的成就和贡献，成为未来的伽利略、惠更斯、爱因斯坦。

五、重走方法发明之路

思想家、科学家的贡献，除了知识、理论外，还有方法。方法的发明也不简单，是智慧的高度凝练，需要学生好好学习。要特别注意学习以下几种方法：

1. 发现问题、界定问题的方法

在生产生活中出现问题是普遍的，但是，发现问题、说清问题的是少部分人。多数人面对问题往往没有感觉，即便有感觉常常也说不清楚。因为发现问题、说清问题，需要特别的价值观和方法。所谓"在平凡中发现惊奇，在奇特中发现普遍规则"，需要一套相当独特而有分量的本事。

问题不同于常态，区别于理想，只有对常态很熟悉很敏感，对理想掌握很深入很执著，才会发现问题。要么视角不一般，要么价值观不同寻常，要么对需要体验得深切，要么方法比较新颖，否则问题都会擦肩而过。传说中的牛顿问"苹果为什么落地"，这一问的确有深厚的科学意蕴，一般人是不会问、问不出的。

发现问题后还要界定问题，确定问题是什么问题，属于什么领域，此后才能有解决的构想。界定问题是一种描述，是问题的定性，主要方法是学科办法。例如，我国总体上还是贫穷的，但这个问题是什么问题呢？不同的人从不同的视角去界定，接下去他们就会沿着自己的界定去研究。搞文化的说我国的贫穷是文化落后，拿出文化学方法描述落后的情形；搞技术的说我国是技术落后，拿出技术的方法描述落后的表现；搞人口的说我国是人口过剩，用人口图表支持自己的论点。这样的学科描述有理有据，令人信服。

2. 抽象出本质的方法

当事物（或概念）的本质被抽象出来后，往往听上去都很简单，例如"颜色的本质是不同波长的光"、"声音的本质是振动"。但是，在抽象本质的过程中，思想家、科学家却绞尽脑汁、颇费踌躇。为了抽象，他们使用很多思维方法，包括比较、类比、分析等等，最后剥蚕抽丝找出本质。发现颜色本质的过程就是如此。在中古时期，科学家们开始对颜色感兴趣，一些人提出有创建的看法。法国科学家笛卡尔认为，颜色是许多小粒子在转，转速不同，颜色就不同。化学家波义耳提出，光中许多极小粒子向我们的眼球上撞，撞的速度不同，看到的颜色就不同。但牛顿对这些观点不以为然。1666年，还在剑桥大学上学的牛顿，脑海里天天翻腾着颜色问题。据说有一天，牛顿紧闭的门缝里透进一缕细细的阳光，他恰巧手拿一块三棱镜，那丝阳光恰巧打在三棱镜上。牛顿惊奇地看到，光线透过三棱镜射在墙上，竟然出现了一段红、橙、黄、绿、青、蓝、紫的彩色光带。聪慧的牛顿领悟到：我们平时看到的白光，其实不是一色纯白，它是由许多光混合成的；反过来则是，各种颜色都是光，各为一种特殊的光。再往后，科学家提出，光是一种可以引起视觉印象的具有波粒二象性的电磁波，波长范围大约为400～800nm。光的波长不同，就会引起不同的视觉颜色。如红光波长最大，范围620～760nm，紫光最短，范围400～430nm。

再如对于"火"的认识。开始人们认为火是由微粒构成的，当它们单独聚集在一起时，就是火焰，而同其他元素结合可以生成化合物。这就是历史上有名的"燃素说"。法国化学家拉瓦锡不相信"燃素说"，他第一个全面研究了燃烧现象。他从汞煅灰（即氧化汞）中分解出了助燃、助呼吸的氧气，而氧气又可以与汞结合生成汞煅灰，证明了"火"元素根本不存在。他以充分详实的例证说明，燃烧是物质与空气中的氧气发生作用，物质燃烧时氧气被吸收。

3. 解释原因的方法

找出原因需要因果思维，也需要抽象、分析综合、系统要素等思维。这个过程是很艰苦的，需要勤奋的思维劳动。例如，巴斯德提出"微菌致病说"，是其长期科研的最后结晶。巴斯德大学毕业后，开始潜心研究发酵，对发酵建立了深刻的认识。1865年，里尔一家酿酒厂请巴斯德去"看病"，看看能否加进一种化学药品来阻止啤酒变酸。巴斯德在显微镜下观察，发现未变质的陈年葡萄酒和啤酒，其液体中有一种圆球状的酵母菌，而当葡萄酒和啤酒变酸后，酒液里就出现了一根根细棍似的乳酸杆菌，正是这些"坏蛋"在营养丰富的啤酒里繁殖，使啤酒"生病"。他把封闭的酒瓶放在铁丝篮子里，泡在水里加热到不同的温度,试图既杀死乳酸杆菌而又不把啤酒煮坏。经过反复试验,他终于找到了一个简便有效的方法:只要把酒放在50℃~60℃的环境里,保持半小时,就可杀死酒里的乳酸杆菌,保持啤酒品质长期不变。这就是著名的"巴氏消毒法"。1865年,法国南部的蚕得了一种神秘的怪病,蚕身上长满棕黑的斑点,有的孵化出来不久就死了,有的挣扎着活到第3龄、4龄后也挺不下去。巴斯德用显微镜观察,发现一种很小的、椭圆形的棕色微粒,是它感染了蚕以及饲养蚕的桑叶。桑叶带上这种致病的微粒,健康的蚕吃了立刻染上病。蚕粪也传染疾病,一个架子中的蚕,有一只得病,通过粪便就感染一大批。巴斯德告诉人们消灭蚕病的方法很简单,通过检查淘汰病蛾,不用病蛾的卵来孵蚕就成。后来,巴斯德又发现了鸡霍乱病菌、炭疽病原体、狂犬病病原体。在长期的疾病研究基础上,巴斯德提出,每一种传染病都是一种微菌在生物体内的发展造成的,从而确立了"微菌致病说"。

巴斯德在研究中,采用了大量的从结果或已知事实探求原因的析因方法,如从有机物发酵、变质和腐败这些事实入手,研究揭示出微生物是引起这些现象的原因;从各种传染性疾病这一结果出发,把病原体分离出来,确证病原体是发病原因。2003年,我国暴发非典型肺炎。为了找出致病微生物,全世界各地数百位科学家用了半年时间才搞定,而巴斯德一个人就找出很多重要的病菌,给人类健康和工农业生产做出巨大贡献。这不是巴斯德幸运,而是他是大师级的科学家,他的思维、方法更艺术、更高效。

4."整理知识"的方法

系统化是科学的重要特点。人类在历史发展过程中,得到很多零散知识,在未系统化前,知识还不是科学,系统化了才成为科学。如元素知识,到19世纪初期,科学家们已经发现了氧、钾、钠、镁、钙、锶、钡、硼、硅、铑、钯等60多种单质元素,关于各种元素性质的资料日益丰富。但是,这些资料是繁杂纷乱的,人们很难从中获得清晰的认识。整理这些资料，概括这些感性知识，从中摸索总结出规律，成为摆在当时化学家面前一个亟待解决的课题。道尔顿提出科学原子论后，许多化学家都把测定各种元素的原子量当做一项重要工作，并逐渐明确了原子价（化合价）的概念，这样就使元素原子量与性质（包括化合价）之间的联系逐渐展露出来。

1829年，德国化学家德贝莱纳提出了"三元素组"观点，发现例如锂、钠、钾等元素性质相似，钠的原子量大约是锂和钾的原子量之和的一半。1862年，法国矿物学家尚古多提出一个"螺旋图"的元素分类方法，他将已知的62种元素按原子量的大小顺序标记在绕着圆柱体上升的螺旋线上，指出了元素性质的周期性变化。俄国化学家门捷列夫1869年提出他的第一张元素周期表，此后又加以修订。在门捷列夫元素周期表中，族是竖排，周期是横排，这样各族元素化学性质的周期性变化就更为清晰。同时在周期表中，门捷列夫为尚未发现的元素留下了6个空格，并以周期律为依据，大胆地指出某些元素的原子量不准确，应重新测定。例如，当时公认金的原子量为169.2，而他认为金在周期表中应排在197以上。历史证明门捷列夫的想法是科学的，他整理已有元素知识的工作，彪炳史册。

5. 处理"思维节点"的方法

思维不是一下子完成的，里面有些步骤，可称为思维的节点。在思维节点上，科学家抓住关键问题，找到关键办法，对整体认识的飞跃起到关键作用。例如，DNA双螺旋结构的发现即如此。在1950年代，人类已经提出了染色体中的DNA与基因、遗传有关的想法，化学家已经测出了DNA的组成，有磷酸盐、糖环和氮基，但是没人知道DNA中分子排列的三维结构。英国科学家威尔金斯想到用X光测定DNA的三维结构。在一次学术会议上，威尔金斯很幸运地得到了纯DNA样品，他把DNA涂在薄片上，放到显微镜下观察其结构。但是，这种DNA涂层不太容易保持片状，潮解后往往形成像蜘蛛网中那种又长又细的纤维细丝。于是，威尔金斯产生一种直觉，推断DNA中的分子排列可能有某种严整的规律,他手中的DNA样品可能是结晶,可以用X光衍射来研究。要是这种直觉正确的话,X光衍射的图像会相当清晰,提供的有关DNA分子结构的信息也将比显微镜提供的多得多。当时,威尔金斯的实验室仅有一架普通的X光衍射照相机,只能用来研究比DNA纤维大得多的单晶。因此,威尔金斯动手改造照相机,获得了更清晰、更详细的DNA衍射照片。他做了多种生物DNA的X光衍射照片,所有照片的中央都有一个相当清晰的"X"字样,合作的科学家认为这是螺旋形的显著标志。科学家们收集到大量的DNA衍射密度点、衍射方向、碱基、原子间距离、化学键键角等数据,努力研究和搭建DNA模型,但是威尔金斯没有意识到DNA是两股螺旋。1952年,威尔金斯给来访的科学家沃森看了DNA衍射照片,后来沃森等人搭出双螺旋结构,获得诺贝尔奖。这一系列研究中,有好几处思维节点——纯DNA样品、X光衍射照片、"X"字样解释,突破了这些节点,才接近科学的真理,以至夺得诺奖桂冠。

6.理论化、数学化方法

在认识到事物的关系后,如何理论化、数学化是非常关键的,其中运用的方法往往十分巧妙,需要体会。例如,开普勒受到天文学家第谷邀请,去布拉格附近的天文台给其当助手。第谷是世界上最仔细、最准确的天文观察家,对行星进行了多年仔细的观察,做出大量记录。开普勒认为,通过对第谷的记录做仔细的数学分析,可以判明哥白尼日心说或古老的托勒密地心说哪个正确。但经过多年煞费苦心的数学计算,开普勒发现第谷的观察与这两种学说都不符合。最终开普勒认识到所存在的问题:第谷、哥白尼以及所有的经典天文学家们,都假定行星轨道是由圆或复合圆组成的,但是实际上行星轨道不是圆形而是椭圆形的。经过大量复杂而冗长的计算后,开普勒提出三个行星运动定律。行星运动第一定律认为,每个行星都在一个椭圆形的轨道上绕太阳运转,而太阳位于这个椭圆轨道的一个焦点上。行星运动第二定律认为,行星运行离太阳越近则运行就越快,行星与太阳之间的连线在等时间内扫过的面积相等。行星运动第三定律提出,行星距离太阳越远,它的运转周期越长,运转周期的平方与到太阳之间距离的立方成正比。开普勒把太阳系行星运行特征给数学化了,大大推进了天文学科学化水平。

7.具体学科方法的提出思路或过程

数学中换元法、放缩法、反证法等,物理中的理想化方法、模型法等都是重要的学科方法。如换元法,倡导在解决数学问题时,把某个式子看成一个整体,用一个变量去代替它。换元法的思路有三,一个是等量代换(把复杂的代换掉),一个是标准化(使非标准型问题标准化),一个是简单化(让复杂问题变得容易处理)。理解了这样三个思路核心,换元法就好运用了。具体学科方法看上去较复杂,但实际背后的思路是相通的:让看不见的看得到,让变化的静止,让综合的分开,让无限的有限……理解这些思路,思想才上层次,各学科的门户才打得通。

第七节　活用试题

因为学生还很少接触实际问题，所以他们只能用学到的理论解决"模拟性问题"——试题，以此来锻炼知识的运用能力和思维能力。在近年的教学中，因为应试目标的影响，学生做题的数量很大，因而应好好研究做题的问题，以期更好地服务学生的思维发展。

一、解题是训练思维能力的好办法

试题是命题者按照一定的考核目的编写出来的"问题"，包含一定的信息，利用一定的知识可以求解。试题主要特征是障碍性和挑战性，它对学生来说具有一定的难度，不是习惯、常识所能解决的，需要探索、思考和讨论等积极的思维活动；试题一旦为个人所感知，就对人的智能构成了一种挑战，迫使他积极思考，探究某种处理方法。解题具有较大的发展思维的作用。

1.在解题中消化、理解、活化知识

做题是依据学科规则、概念、命题、公式、原理解决问题的活动，一般人都很重视其中的检验学习效果、巩固已学知识的作用，实际上这些都是次要的。对于个体来说，做题中带来的知识二次消化理解，获得更全面、更丰富的知识，促成知识的活化，变知识为个体的能力素质，师知识服务于剖析问题和解决问题更重要。经过做题应用消化的知识，不再是死符号、死的体系，而是融化到人的生命中，成为一种内在素质和力量。例如，语文的词汇，没用的时候是死东西，在做题中得到活化，变成语文工具。数学知识，背诵下来的是符号，做题时才变成了解决问题的法宝。当然，做题只是活化知识的一种方式，实践也是活化知识的方式，而且是更重要的方式。

2.解题调动和锻炼多元思维能力

做题虽然是面临纸面的问题，但分析它解决它，必须对事实、事物、现象的实质进行概括，必须构建出学科问题模型，要充分运用判断、推理、归纳、联想、解释等思维能力。做题过程对思维是负担，也是较好的锻炼机会，对思维的促进意义是很大的。在试题面前，思维积极运转，潜能尽力发挥，各种方法同时调动，一些思维能力较充分发挥并得到提升。

3.试题激发疑问，挑战思维

思维具有弹性，问题难度越大，对思维的挑战越高，需要的思维活动的强度、探索的深度就越大，思维自身发挥的水平就越高，思维训练的效果就越好。思维实质是问题解决，是由未知向已知的转化。思维经历不断的提问、解答、追问、明朗的过程，经历一系列猜想与反驳、模糊与清晰、断裂与连贯、矛盾与和谐、纷乱与统一的过程，思维能力将获得较多的提高。

4.解题检验思维，暴露思维弱点并促思维发展

解题能成为一种发展性检测，在解题中，学生的思维发育程度得到检验。一个题目做对了，说明学生的相应于题目所需的思维能力发展到了合适的程度，而试题做不出来或做错了，说明相应的思维能力还有不足。好的试题不仅考查知识的程度，还要考察思维，每一道题目都是思维的检测器。做不出来的题目，暴露出思维的某些断点，需要学生去提高，因此具有很好的思维教育价值。学生要正确对待考试"失败"，利用错题查找自己的思维不足，努力发展自己的思维，争取思维与学业的双赢、倍增。

二、解题思维过程

解题思维过程如何？研究者提出如下环节：

1. 观察题目与回忆经验

观察试题的特征，辨认出某些已给的因素，回忆起一些有关联的因素，这是解题思考的第一步。在此阶段，由观察试题的特征引起相应的回忆和联想，从问题的条件、结论出发，联想起有关知识，从而为解决问题提供启示。

2. 分离与组合

所谓分离，是把题目要素分解，信息分成几类，把题目分成几个小点的问题。

所谓组合，是指把零散的细节集合成一个有意义的整体。细节结合起来，会呈现一幅崭新的整体画面，显示出问题的核心和解决的方向，具有很大的启示作用。

3. 摆脱困境

拿到试题，常会出现对试题不理解，找不到解决出路等情形。怎么办？

（1）回到问题本身上去。重新考察未知量、已知量和条件，或者假设和结论。特别是要审查：全部条件是否都考虑进去了？所有的已知量是否都用上了？全部假设是否都考虑到了？要力求充分利用条件，用足条件。

（2）回到定义上去。如果对试题中某些重要词句的含义有困惑，就要返回到这些词句的定义上去。对有关概念再思索，从而找到某些有用的新因素。

（3）对问题进行变形。如果能对问题重新进行表述，使它们变得更加熟悉、更易于接近，就有希望加以解决。可以把整个问题变形，也可以把结论（未知量）或假设（已知量或条件）变形。

4. 选择解题思路，构思解题计划

在一定意义上，解题是一种选择和实施计划的过程，其中包含审题方法、解题途径、解题经验的计划和选择。

解题计划要作出三个决定：明确解题的大致范围或总体方向；确

定解题手段、解题方法；明确运算程序或推理步骤。

选择解题思路要慎重做好三个选择：一是选择审题方法。审题是解题的前提。审题方法的排序是，整体优先于部分；主要部分优先于其他部分；离问题中心较近的部分优先于较远的部分。第二是选择解题途径。正确的途径能保障解题正确，而且还能较高效。解题途径的排序是：较熟悉的解题途径优先于不那么熟悉的；与试题有较多共同点的解题途径优先于其他途径；困难少的方案优先于困难多的方案。第三是选择解题经验。所有的解题都要依赖一定的经验，最终都要把问题化归为几个经验中的"等价问题"。解题经验的排序是：在以前解过的问题中，与现在的问题共同性大的优先；在过去已证明过的试题中，与现在要证明的问题有同样结论的优先。

5.问题转换

解题的过程是不断的问题转化、变换的过程，最后把原问题化归为一个已解决的问题，得到最后的可靠的结论。因此，学生心中要有"垫底题"，要熟悉一些基本问题和解法。如果学生光明白知识，但没有做过试题，就考试而言是绝对不行的，他在规定时间内，可能会做出一些题目，但绝对不能做出全部题目。解题的经验和积累，对解决新的试题，具备较大的启示作用。

三、解题中思维能力训练重点

1.语言能力

（1）读题、审题能力。阅读试题，审视题目提供的主要资料、条件、论点、问题、思想倾向等，是答题的第一步，也是最重要的一步。常言道，差之毫厘，谬以千里。读题、审题时粗心大意，不求甚解，漏掉一些句子、字词，答题就要答偏答歪、离题跑题。阅读题目，读的要仔细、全面，注意别漏读字词或句子，也不要误读字词。

（2）理解题目中所用词语的意义，理解其中的情境和问题。要能够解读生僻、隐晦的字词与句子，把其中的精义、隐义挖掘出来；要能参悟题目中出现的比喻、指代等修辞方法，能透过字面弄清其真实含义；要发现并绕过题目中的陷阱。

要抓住关键词语（如最……），对关键词语要多加思考，广泛联想，搞清含义，弄清所述及的现象和过程，正确对应现实原型。审题要努力读出隐含条件、临界条件，弄清变化的过程，找出转折点，抓住承前启后的学科量，确定临界值。审题要读出那些与解答本题无关的干扰因素，正确判断，大胆舍弃，不受干扰牵制。

（3）翻译能力。即将题目中一般性的文字叙述翻译成学科术语、符号、数值，形成可供使用的学科形式。

试题语言在不同学科中往往约定俗成，带有特殊含义，学生需要注意。翻译后，语言的叙述可以变成理想化模型（理想化客体、理想化过程），复杂的、具体的物体或过程被用简化的模型所代替，主要矛盾突出，问题简化，方便研究和破解；可以变成示意图，凸显题目的关键之处，让变化过程更为直观，为正确解题叩开大门；也可以变成数学算式、物理公式、化学方程，化解为最简单的学科计算题，以便较容易地做出答案。

（4）理解、推断题目问的问题。不同题目侧重的能力考核点不同，学生如果未充分发挥相关能力去解题，均被视为跑题。试题所考核的能力，大多字面上已清楚标明，如问句中出现分析、比较、说明、评价、概括、鉴别等字眼。要求考生分析材料，那么考生就不能去综合材料，笼而统之地谈谈便罢，一定要逐点分析、评价。

有的题目是以几个简单句形式提出问题的，问什么、有几问，一清二楚。但有的题目问句是一个复合句，这时便要仔细读、认真领会，句子中的定语、状语、宾语等可能都是问题，不要停留在对整个句子的单一理解上，要把整句分解，从一个大问中化解出几个小问题。有的问句形式很简单，但其中的修饰语、限定词很重要，有了这些修饰语、限定词，问句问的就不是一般情况了，而是某种特殊情况，回答时必须注意范围、特例，泛泛做答便是跑题。

（5）搞清楚出题人的用意、要求。读题、审题表面看是读懂题目的文字，实质上是要搞清楚出题人的用意、要求。出题、做题是种交流，不能忽视试题背后出题人的意图或意志。审题的难点，就是正确地利用题目的文字信息，捕捉、把握出题人的意图。

（6）绕出陷阱的能力。有的题目语言技巧很高，表面看是某含义，但实质含义与表面意思恰好相反。如句子表面肯定，而实质却是否定；句子突出某个观点，而问的却是别的观点；句子故意放置一些误导性词汇，诱使考生跌进错误。很多考题都设有陷阱，学生要学会发现并绕过陷阱的技能。

（7）解题中的语言能力。答题文字应力求明白、准确、流畅。回答最好按问题顺序答，有先有后，层次分明。每层答案宜重新起段，眉清目秀，避免阅卷人到处寻找。回答试题要使用专业术语、学科用语，不能混同日常语言。

审题是做题最重要的环节，合适的方法是把题目读二到三遍，不要在这节省时间。实际上，考试的时间不全是用来答题的，审题的时间要占一定比重，而且这部分时间也是预先给定的。第一遍审题要仔细，不要粗看，否则需要反反复复回来看，造成返工、窝工现象。审题过程伴随着解题思路的形成，审题细密、深入，解题思路也跟着丰富、清晰起来，仓促审题无助于解题思路的形成，反倒容易越想越糊涂，且在一遍遍返工读题中引发情绪的急躁与心理的慌乱。不看全题，断章取义；粗枝大叶，一掠而过，误解题意，答非所问；辨析不深，忽略关键，这类阅读毛病，对考试极为有害。

2. 归纳概括能力

主要体现为审题中的归纳概括。包括：对试题给定的现象、条件的概括；对题目的观点、论据的归纳；对题目中未明确表述于文字的、隐蔽的已知条件，题目中的多余条件、干扰项目等的概括；对试题的要求、提出的问题的概括。归纳概括后对试题有了总括的了解，可以进一步解答。

归纳概括试题的难点，是恰当而合乎题旨。试题提出的观点，有些是直接的、清楚的、明白的，有些则较隐晦，尤其是那些用一段引文做题干的题目。这时，必须仔细理解引文，搞清它是在谈什么问题，持什么观点，用什么论据，总之要概括提纯出题目文字真实而确切的含义。

3. 分析与综合能力

（1）全面分析，深入剖析——对试题的每个词、每句话研究一番。试题中每句话、每个词都有用意，对它们要逐个分析。要分析试题的客观现象是什么？变化过程是什么？条件是什么？数量有哪些？问题有几问？分析要把题目揉碎了，按照逻辑的顺序摆清内容。

（2）化整为零——把原题分解成若干小题。将原题解剖成若干小题，有利于剖析题意，有利于联系基础知识，有利于形成解题的思路。

（3）集零为整——把解剖成若干小题的内容联系起来。分析以后综合，有利于找到题目的内在联系，有利于抓住题意的总体，有利于全面地正确地构成解题的思路。

4. 推理能力

（1）审题推理。从字面意思推导实质含义。这在语文、英语阅读中常用。从已知条件推出结果，或从已有结果推出条件、初始状态，这在数理化中常用。

（2）证明题目的推理。证明性的题目，整个解题过程都是推理，既要运用推理的逻辑知识，更要运用学科的逻辑知识。

（3）"果因"推理。很多题目要求从因推出果，或从果推出因。因果关系内在于学科的规律中，但具体的推理则千变万化，要运用推理能力和艺术。

（4）合乎逻辑的推测。这不是严格的推理，是一种合逻辑的猜测，得出的结论八九不离十。例如问关羽体重，的确无人知道，但想到他是大汉、英雄，说200斤是靠谱的。有些题目要猜测出题人的意思。字里行间虽不清楚，但也可以合理地猜测。

5. 抽象与理想化能力

(1) 把客观现象抽象为学科现象，上升为学科概念。很多试题是很具体的，含有丰富内容，但是太现实了则不好下手，无从解决，必须抽象为学科现象。例如，对"飞机绕北半球逆地球自转飞行"，可把飞机抽象为质点，把绕地飞行抽象为圆周运动。

对题目描述现象的抽象要程度适度，应处于具体和抽象之间，以便和实际、理论都好联系。如过于具体，试题会拔不上去，与找到的原理难搭界；如过于抽象，则超越了所用理论的高度，造成和理论的对接困难。

(2) 题目过程、现象的理想化。实际的现象、过程都是复杂的，比如汽车碰撞，往往车灯碎了，前保险杠变形了。但这些破碎、变形是局部的，我们仍可以把汽车碰撞简化为刚体碰撞。这就是建立理想化模型。这样做，突出了事物的主要方面和特征，有利于问题解决。

(3) 建立数学模型。对题目事物关系抽象，适度简化和理想化后建立起数学模型，运用数学关系式来表达其关系，方便计算。

6. 记忆、回忆、联想、类比能力

(1) 记忆题目内容。有的题目比较长，文字多，边读要边记忆。如果不记，就要反复阅读，耽误工夫。记忆力好，注意记忆，可以提高审题效率。

(2) 回忆知识点。试题基本上都是一定的原理、知识点的具体运用，或者说，它们都与某个原理、公式或知识点相对应。因此，找到用于解决题目的原理或知识点，是解答好试题的重要前提。

理论研究的多是一般情况，很少个别情况，个别情况是知识的运用。理论应用是特殊与一般相结合的过程，关键在于理论和实际对号，把一般理论具体化。对于新问题、新情况，找出"实质"，确定适合此问题或情况的理论，用这些理论去分析问题，提出解决问题的模式与方法，是做题的前提性问题。

做题常常也要回忆做过的题目，运用经验。做题经历在解决新问题时，能发挥良好的启迪作用、借鉴作用。

（3）联想。结合题目联想原理或知识点。通过阅读给定的试题，学生头脑中涌现出某些概念、原理和运算方法，试题被纳入原有的知识结构中，找到解决的途径。

形成正确、灵活的联想，防止错误的联想，是提高解题正确率的前提。用错知识点、原理，不合套路，不仅不可能真正解出试题，而且浪费更多时间——不对的路子算起来更费时。

（4）知识点、原理的具体化。找到的知识点、原理要细化、具体化，变成特殊的形式。用来解决试题的原理，与试题均有某个切入点，表现为公式的某种形式、原理的某一条。学生在寻找理论时要力求具体化、详细化，不能笼而统之。

相对于题目，知识点或原理只有某个方面、层次、角度才合用，其他的方面、层次、角度在此是不当的、多余的，一旦引用就属跑题，答非所问。因此，找到了知识点或原理，一定要结合题目中的提问，仔细思考一下用这些知识的哪个方面，从哪个角度去解决问题。

对知识点或原理要活学活用，要适当地根据题目改变形式和内容。例如，"地壳运动决定地震"，可以表述成"熔岩的流动引发地震"等。理论高度降低了，所用概念范围缩小了，所述关系接近生活了，理论的内容也相应丰富了，对于解决问题更为便利有效。

（5）类比。解答题目，需要将试题与已经熟悉的例题、题目进行对比、辨析，加快对新试题的同化和顺应，从经验中寻求办法和帮助。类比有助于把未知的变成已知的，生僻的变成熟悉的，降低问题的难度和复杂性。

7.解题思路程序化能力

解题思路是内在的解题方法，解题方法是外在的解题思路，两者互为表里。

正确的解题思路，应该既能解决问题，又具有较高的效率。一般地说，符合事物内在规律的思想既是科学的也是高效的。因此，解题思路的训练，重点应放在深化对理论的理解上，要熟知理论的各种表现形态，学会用理论去抓题目中的症结、矛盾。

思路程序化能力即在头脑中预演解题的过程，设定并分解解题的出发点（切入点、角度）、解答的先后顺序、思考线路、作答的方向与方面的能力。

（1）解题出发点。以实际问题或材料为出发点。其逻辑过程是先分析现象，再探讨本质；先着手具体，再上升到抽象。实际或材料的情况，本身是现象，是具体的存在，从中归纳出本质、特性后，才能向理论靠拢，引用理论来分析它、解释它。

以概念原理为出发点。其逻辑顺序是调出有关的概念或原理，作为推理的大前提，把试题与大前题比照，一步步展开理论推演，得出某结论。

（2）作答的方向与方面。不同的题目所问的要点与数量是不同的，答题的关键是答人所问，有问必答。因此，对不同的问题，要调整作答的方向，紧扣题旨进行阐发。比如，有的题问"意义"，有的问"理论内容"，有的要"分析比较"，有的要"联系实际"，这都所问有别，回答的方向、着笔的重点绝不可类同。有的人答题不慎重，人家问某理论的意义，他却光答该理论内容，不谈意义，则枉费辛苦不能得分。

有些试题不止一问，这就要有几层回答，少一个就缺了若干得分点。因此，在构建解题思路时要看清几问，想好几答，切不可丢三落四。

（3）确定答题的先后顺序与步骤。对于有若干问的题目，要理清先答哪个方面，后答哪个方面，避免思路不清，重复叙述。另外，按顺序答，卷面也会较干净，阅卷人会省力方便。

对于同一问的回答，要顺应事物自身的顺序与思考的顺序，如由前到后（时间上）、由外到内、由重要到次要、由本质到特征；由大前提到小前提，由小前提到结论。这样既表现得思路清楚，也让人觉得论证严密。

另外，做题还有难易之别，在回答一个问题的几大方面时，可由简到繁，由易到难，逐步解决，这样既能节省时间，提高信心，又通过层层卸载，实现整道题目的最终解决。

8. 数学化——列方程、解方程、计算、绘图等能力

即把问题转换为学科的问题，用方程等形式表现出来，进行计算解答的能力。计算前要先写明总的算式，再写添了数值的算式。数学化过程要简洁，要注意单位统一。

9. 评价能力

有的题目具有艺术性、政治性、道德性，学生应表示自己的态度——肯定否定、赞美批评，这个态度同时也决定了他怎么去论述题目，采纳何种论点。因此，答题前要确定自己的态度，继而确定论点、论据，这在语文、历史、政治等考题中十分必要。

10. 反思核查能力

对审题过程核查，读题后反思自己对题目的理解是否正确、妥当，是否合乎学科理论，是否反映问题的本义；追问题目是否还有更深层意思，是否还有隐藏的信息，是否提出更进一步的问题。核实和反思审题印象，可以更全面、深入地理解题目，以免出发点出错，解题跑偏。

解题后反思，检验结果，看其是否符合题目要求，是否反映问题的本义，是否合乎学科理论，有无误解、歪曲、遗漏，如果发现立即更正。检验推导、计算是否无误，确保严谨正确。

11. "化难为易，化繁为简"的转化能力

在做题时，经常会遇到问题繁难、复杂或条件不充足的情况，如果一一去论述或一定要找足条件再解答，不但解答繁琐，有时甚至无法动笔。这时，必须想方设法把难题分解成几个简单的问题，把宏大的问题化为几个小问题，把不了解的情况当成已知的情况，把不充分的条件想法补足或带过。这个过程思维要有跳跃性，要学会抓本质、抓重点、抓核心，要敢于联想，善于假设。比如，问某次历史事件对

我国社会影响，这要全面回答的话十分繁重，因此应简化为对社会经济、政治、文化几大方面的影响。

四、解题思维训练的要求

1. 独立，用劲

解题不是为了获得一个答案，关键是锻炼思维，养成思维能力。所以，解题要自己来思考、琢磨，要争取自己开窍。独立解题，独立思考，是做题最关键的要求。这样，不论是很容易地解出题目，还是做出一部分，剩余的解不出来，思维都得到锻炼，都有所收获，努力都没有白费。解题中没有充分思考就求教老师，或者老师出手太早，学生思考还没到山穷水尽就开始讲解，都不是好做法。苏霍姆林斯基说："当学生的头脑需要考虑、深思和研究问题的时候，人们却让它摆脱思考，老师使出教育学上所有的巧妙办法，使自己的教学变得尽可能地容易理解，以便像习惯所说的那样让学生更容易掌握。这就好比是给聪明伶俐的头脑做催眠术，使它变得迟钝起来。"我国自古也提倡"不愤不启，不悱不发"，学生不到实在想不出来，老师最好不要介入。自己想，是学习的根本，也是思维发展的唯一道路。

2. 学生按照"各尽所能"的原则做题

我们的学习是一刀切的，而且是集体式的，很多学生跟不上。尤其是做题，老师布置一样的题目，一些学生做不完、做不出来，没有起到良好的教育效果，还打击了学生的自信心、积极性。所以，老师应照顾不同学生的思维能力，给每一个学生布置适合于他的题目，让每一个学生都有可能专心致志地思考，对自己的题目深入钻研，获得一份成功体验。老师不应追求解题的数量，不搞整齐划一。拿到相对简单的试题的学生，只要思维在运转、在进步就足够了。

3. 避免魔术化试题

每个学科都有一定的做题技术，需要专门的学习训练，不是简单的从知识原理、思维规则就能推导出来的。现在学生要大量做题，就是因为做题技术很多，有些是"绝活"，题不做到、不做熟就难以在考试中做出来。但是，做题技术不是真正的学科技术，不能增加学科新知，多是些细枝末节的技术，类同魔术，过度化有害无益。一些出题人不断研制出高难度、充满诡计、不切实际的试题，不宜提倡；学生也没必要追逐试卷，把自己深陷题海。

4.解题和思维的快乐原则

激发学习热情，提高成就感，增强学习信心，是教育的一条重要原则。学生要生存一辈子，在青少年时期因为做题给学生造成挫折感，降低他们的自信心，毁掉他们的学习热情，并把学习等同于做题（从做题开始学，到做题来评判），引错学习的路子，实在是一种很不明智、很不人道的做法。实际上，老师也不是做题的高手，出题也是一种研究。一道学生做10分钟的题目，出题老师常常要花1小时才出得出来。把老师1小时的智慧、窍门、诡计用10分钟全破了，确实是很难的。

思维能带来快乐，合适的思维会不断带来快乐。要在解题中给学生快乐，让他们体验到自豪感，满怀新的激情去开始新的解题。如果一个人不曾体验到思考者的成就感、自豪感，那么解题就会变成沉重而单调乏味的负担。

5.提高试题的生命力

现在很多题目缺乏生命力、真实性、实用性、趣味性和道义性，要么不真实，理论和实际存在严重脱节；要么毫无实用性，一点生活生产实际也不联系；要么极端乏味，缺少生动性、探索性、新奇性，不能激发学生的热情和兴趣。

如语文和英语的基础题目，实用性、趣味性较差，大量重复僵死的知识训练，辨析字音、填写冠词，搞得学生疲惫厌倦。而在中文和英文阅读理解试题中，问题常常天马行空，毫不恰当，要学生做不当的拔高、文饰，脱离文章来阐发道德意义。这类题目带来两个结果，一个是学生把活的语言学死了，机械地记忆，语言板结越来越严重，一说话就是套话；二是学生天然的创造力被抹杀了，他们不敢开口说话，不敢用英语写东西，考试让他们觉得自己错误百出，还是不说、不写为妙。

又如数理化等理科题目，变成了纯粹的符号训练，学生做题中既不接触自然现象，也不用思考事物的道理，只需要熟悉符号的关系和做题的套路。讲浓度问题总是稀释硫酸、盐酸，对白酒的浓度、青霉素的浓度、奶制品的浓度不去涉猎，结果学生不知道现实的世界有浓度特征，以为只有化学物品有浓度。力学习题要么是画力的图示，要么是做受力分析，但对于力在生活中的表现、意义毫不了解，很少学生知道医生手术、钢琴师弹琴、运动员踢球都是力的运用和艺术。至于动量守恒等稍微复杂的问题，试题一概简化为木块相撞、小车相撞，学生们不知道汽车相撞、轮船相撞、泥石流冲击村庄等事情也是动量守恒的特殊表现。更有甚者，有的学生们对物理、化学、生物等科目的实验从没见到过，却不停地要在纸面上做实验，使用游标卡尺、烧瓶试剂！

还有，现在有些题目不善良、不仁义，有意刁难学生，欺骗学生，埋下很多地雷和陷阱。天性善良、单纯、正直的学生一做就错，不是没发现陷阱，就是调门不够高，搞得学生很自卑很沮丧，发誓要改变心性，努力长心眼、玩心计，学会斗智斗勇和油嘴滑舌。如果这样，学生成绩可能上去了，但是本性却大大扭曲了。所以，试题要善良，要考学科的真问题，而不要考社会斗争的奇技淫巧，怂恿学生偏离科学大道、踏上人性歧途。

6.侧重思想方法的训练与运用

不论是给学生布置试题，还是老师讲解试题，目标都应该是发展学生思维，掌握学科思想。例如讲题，不应只停留在就题论题的知识运用层面上，而应在思想方法的把握与运用上下工夫，突出思想方法对解题的统摄和指导作用；出试卷，要侧重锻炼学生分析、解决问题的方法，用题目调动学生的各项思维能力。要让思维成为试题中的红线，引导试题的方向和内容。单纯复述、识别、运用知识的试卷可以减少，而代之以课题、研究、社会实践，让学生开展研究性学习和思考，写点具有挑战性的文章或报告。

五、在解题中训练学科规范

学了一个学科，较高的境界是"入门"，即掌握学科的特点，理解学科思想，会用学科方法，遵循学科规范，像数学家那样思考数学问题，像历史学家那样思考历史现象。入了门，一个学生才真的懂了学科精髓，有可能成为学科的继承人、发扬者，在先人足迹上续写学科的新篇章。就做题而言，掌握学科规范，也可以把题答得更漂亮、更标准。

1. 规范用语，概念准确

每个学科都是一套语言和符号的体系。要遵守那些惯用表达方式，用学科语言描述所研究的问题，表达所看到的事物。例如，"辩证唯物主义"不要写成"辨证唯物主义"或"辩证唯务主义"，"酯化"不能写成"脂化"，"羧基"不能写成"酸基"。要尊重习惯写法、说法，如拉力写F、摩擦力写f，不要随便。不要生造词汇，如说什么"功能守恒定律"、"合力定理"，把坐标系中电场的方向说成"西南方向"、"南偏西45°"、"向左下方"等，而应说成"与数轴正方向夹角为-135°"或"如图所示"。不要把"通货膨胀"说成"钱不值钱了"，把"政府履行经济、文化职能"说成"政府为人民着想，让老百姓多挣钱"。每个学科的语言方式都需要细心体会、严格遵守，争取说出地道的学科话语。

2. 遵守学科特有规则

每个学科都有自己的一些特殊规则，要提高规则意识，自觉遵守。例如，物理学中有"矢量、标量规则"，"单位、量纲规则"，说出一个量时，要自觉带上单位，比如说1米、1克，不能只说1、2，让人不解其意。生物学中有"实证规则、对照试验规则"，讲述一个生物现象，要拿出实据和对照组，否则口说无凭。历史学有"孤例不证，史论结合"的规则，不能拿一件事情推论人性，由一点史实引出漫天宏论。

3. 按照学科逻辑作出阐述，说明思考的方式和依据

各学科反映对象，解决问题，其实都是一种假设，都是建立简化的模型。真实世界是相当复杂的，完整反映它们根本不可能。因此，学科解决问题是一种假设和建模的过程。为了让人理解解题的思路、学科依据，必须对假设和模型作出说明。比如解物理题，要有必要的文字说明，说明研究对象，研究的过程或状态，所列方程的依据及名称，非题设字母、符号的物理意义，规定的正方向，所建立的坐标系等。这种说法，合乎物理逻辑，为稍懂物理者所理解。否则不作说明，即使算对结果，也是无人能晓的歪打正着。

4. 按照学科的规律提出问题

各学科的"兴趣点"不同，问题也不同，要学会按照学科方式提问题。例如语文，可以提出文风问题、修辞问题、句法问题、形象问题、美丑问题；政治，可以提出体制问题、利益问题、权力关系问题、政策实效问题。但不能相反，对文学提体制问题、利益问题、权力关系问题，这是错位，文学回答不了；对政治提文风问题、修辞问题、形象问题，那是掩盖，混淆人们的认识。

5. 反映学科的研究对象

各个学科都有自己的研究对象，学科差别首先是研究对象的不同。数学研究事物的数量、空间特征与关系，而不研究事物的其他特征和关系；语文研究语言的要素、结构、表达与艺术。学生学习一个学科，要形成对学科对象的清醒认识，了解学科研究什么、不研究什么，知道各个学科的边界。对新的事物、现象要能做出学科判断，清楚学科的研究角度，像数学家那样，用数学的眼睛看世界，找出经济、人口、生物中的数学特征与关系。

6. 体现学科思维能力与方法

各个学科中，除了一般性思维能力与方法外，还有学科性思维能力与方法。例如，语文思维能力——对读音、字词、句子、篇章等高度敏感，形象思维发达；物理研究方法——如猜想法、观察法、实验法、分析法、假设法、理想模型法等。物理学家用理想模型法，虚拟出光线、磁感线，把复杂问题简单化，摒弃次要因素，抓住主要因素，直观、形象地表述物理情境与过程，说明光的传播路径和方向，解释光的反射与折射。学习一个学科，需要发展学科思维能力，使用学科思想方法，成为一个学科思维敏锐的人，体现出学科的智慧和光辉。

第八节 自学

自学指独立、自主、主动地获取知识、技能的过程。自学既是教育的目的也是教育的手段。因为教育的目标之一,就是培养学生获取知识的能力,即自学能力,所谓"授之以鱼,不如授之以渔"。自学能力同时也是教育的手段,因为学生自学能力的强弱直接影响到教育的成效,影响到学生的学业成绩,影响学生未来自主分析和解决问题的水平。自学对于学习、思维发展,都具有重要意义。

一、自学与思维发展

1. 自学是真正的学习

一切学习都要靠自学。外在的知识纳入人的心中,被人消化理解,主体的和主要的都要靠自学。

首先,从知识的吸纳角度来说,只有自学才能把知识记住。虽然人有一定的机械记忆能力,无须用心也能记住一点东西,但是多数知识还是需要有意识地自觉记忆与学习的。在几十个同学同堂上课时,老师所讲的东西是一种声音和文字的材料,是一种外在的信息。学生只有会"自学",自己去追逐老师所讲、所书,才能记住师传的内容。至于课本,虽然蕴含着知识宝藏,却是死的东西,不去自学,知识是不可能主动跑到头脑中的。

其次,对知识的消化理解要靠自学,要靠自己独立、主动地思考研究。老师讲的知识要靠自己消化,书本的知识也要靠自己理解。把握语言的意义、符号的意义,归根结底要依靠自己的头脑。理解是个人的事情，老师、父母都只能提供外在的帮助，自己才是关键。

最后，学习是信息和知识的建构过程，只有自学才能担负、完成这样的建构。听课、被动地学习，不加思考，所获取的信息和知识是杂乱的，不能成为体系。只有自主自动地消化加工，知识才能体系化，成为有生命力的内在素质。

2.自学可以培养独立思考和思维独立的能力

思考讲求独立性，只有独立思考，思维才会进步。让他人越俎代庖，过分依赖别人，即便明白了知识的道理，也不够深入，尤其是思维上的收获不会很大。所以，自学的意义非同一般，它关系到学生的思维，是学生独立思考的能力获得较好发展的根本途径。

3.自学可锻炼思维，提高思维能力

在自学过程中，知识成为问题，它们背后的含义、原因等，都需要自己去参悟、消解，因此必须开动思维机器，必须深入地进行思维加工。自学是一个不断提出问题又不断解决问题的过程，学生们需要积极、自觉、全身心地思考和钻研，不断地提出"是什么"、"为什么"、"还有什么"等问题。虽然有些思考是重复的，甚至是走过许多弯路后才抵达通途的，但通过自学对所学习的内容会理解得更深，运用得更好，也会积累更多的思考经验和方法，思维能力自然也得到更好的训练和发展。

4.自学可增长思维技能，形成思维经验

思维在自学中开动，不断训练。学生在自学中不仅学会各项思维能力，还能不断提高各项思维能力；同时，思维品质也在自学中提升，养成独立、主动、勤奋等思维习惯。自学是思维的体操，是思维发展的最关键的杠杆，通过自学，思维才能获得真实的磨炼和发展。

二、自学要点

1.规定时间，制订计划，按流程实施

首先要选择学习的科目，制订严谨合理的学习计划。有个好的学习计划，可以保障学习的质量和进度。自学计划最好以月或周为单元，根据自己掌握的时间，设定出要学习的内容。自学应该保证持续性，每天都应有一段时间。

自学是一个程序化的过程，一般分成阅读、做练习作业、复习三大阶段，循环往复。每周、每月按照这些步骤执行计划，不要随随便便打乱自己的学习计划，即使有外界干扰，也要随后找出时间补上，争取稳定自学的程序，养成自学的习惯。

2.阅读与思考

阅读教材是自学的主要方式，通过阅读，可以熟悉教材的内容，掌握其知识结构，对学习的要求做到心中有数，并且能较好地发展思维。

阅读教材是反复的过程，第一遍是读文字，收集字、词、句、段、篇的信息。在这一遍阅读中，要扫除语言文字上的障碍，咬文嚼字，查对生词，彻底搞清教材文字的含义。第二遍阅读是学理的研读，要搞清概念、命题、公式等含义，尤其要重视下定义、做判断、推理的地方，把其中逻辑思维理解透彻。第三遍阅读是概括、提高、巩固性阅读，要去粗取精，归纳、概括，做出总结，提取教材知识的核心，梳理教材的层次结构，以达到知识系统化。

阅读要读思结合，深刻理解教材内容，了解作者的写作思想，思考每一个知识点的含义与用意。阅读要做笔记、写摘录，避免一多就乱、一久就忘的问题。

3.心理调整

自学是艰苦的，阅读也是艰苦的，学生需要调整自己的学习情绪、动机、意志、兴趣等，集中注意力，发挥吃苦、耐劳、勤奋等品质。自学要进行自我激励、自我控制、自我调节，形成健康的心理心态，使自己的注意力、意志力和抗挫折能力不断提高。古有"头悬梁、锥刺骨"、"孙康映雪"、"囊萤照书"等美谈，这些都是吃苦耐劳的美德。现代学生，也要发挥吃苦耐劳的好学精神。自学还会经常遇到破解不开的问题，如读得出文字但不懂其意思和道理，这就需要有坚定的钻研精神，不能知难而退。

自学还会遇到时间安排上的问题，很多学生的时间都被学校占满了，那么就要自己调整，根据自己的问题、目标来调整学校布置的学习任务，尤其是作业。

三、自学能力培养

1. 工作做到前面，童年时代培养自学能力，培养自主自立的能力

自学能力的培养是一个长期的过程，也是费心费力的过程。自学能力需要从小学开始培养。很多家长起初不是教会孩子学习，而是直接教孩子知识，这是错误的。学习能力比知识要重要得多。而且，人有惯性，儿童时期没能培养孩子的自学能力，到大了再培养则很困难。自学能力要从小培养，不识字的孩子，学会翻书，自己拿书咿呀学语也是好的。家长拿书给孩子讲故事，大点孩子翻书看画，再大些自己看拼音读故事、读短文，慢慢地就有了自学能力。

自学能力是自主人生的折射，是自主人格在学习上的反映。人生是整体性的，学习只是一个方面。具备自主、独立、坚韧等性格的人，做什么事情都能自主自立。学生的人格自主，学习才能自主，才会自己读书自学。相反，一个人整体的独立性很差，依赖心理很重，缺乏自我约束能力，在学习上也将很被动、很懒散，不可能愿意为自己的学习负主要责任。所以，人格培养、人的教养、道德教育，始终要放在教育的最前面。

2. 养成追求真理、智慧的意愿

自学是在具有强烈的兴趣、良好的学习动机这个基础上发生的，同时，要以追求真理为目标。有广泛的兴趣，对某些事物感到好奇，愿意孜孜不倦地探寻，才能成就自学。

事实上，在生活中人人都在自学，只是所学知识的内容不相同。很多不爱学习的孩子，玩起电玩、游戏却很有劲头。所以，需要注意的是在孩子小的时候，引导他们对文化感兴趣，培养他们健康的爱

好。要让孩子享受学习，体验成功，不断激发他们的学习兴趣。学习兴趣高，效果就好，效果好了，兴趣就能更高，这样就形成了良性的循环。

3.给学生安排自学的任务和时间

老师要明白，很多知识，学生靠自学是能够学懂的，不一定非要老师讲。让学生学会自学是教育的目标，总是手把手教学生，是一种低效甚至失败的教育。所以，在教育中，老师要给学生安排自学的任务和时间，推动、引导他们自学，并为其自学提供保障。

安排学生自学，要给他们提出一些问题、布置一些任务，推动他们，驱使他们。例如针对学生自学教材，可以布置下述任务：（1）列生字表；（2）列新词表；（3）列概念表；（4）列公式表；（5）列命题表；（6）列推理表；（7）课本统计，统计教材共有多少章、多少节、多少单元等信息；（8）例题表，统计教材有多少例题，各突出什么；（9）习题归类；（10）现象表，总结学科著名现象；（11）常量表，列出学科常量。布置任务，学生有压力也有动力，自学就会得到强化。

第九节　构建问题教育

　　思维随着问题而发生发展。思考总是从发现问题开始,以问题的解决而告终。要使人的思维积极活跃起来,最有效的办法是让他置身于问题中,进行主动积极的探索。给学生设置问题,是给学生的思维以起点;给班级设置问题,是给班级以活力;给课程设置问题,是给课程以感召力。我们的教育忽视问题意识的培养,教学成了"去问题的教学",把具有好奇心和质疑天性的学生教得提不出问题,这是严重的问题,威胁到国家的人才质量。所以,开展问题导向的教育,保护学生的好奇心、质疑精神,组织讨论活动,提高学生的问题意识和能力,是当今教改的重要任务。

一、保护好奇心,培养学生兴趣

　　好奇心是个体遇到新奇事物或处在新的外界条件下所产生的注意、操作、提问的心理倾向。它对于学习、发明、发现意义重大。学生有好奇心,才会有兴趣,才有学习动机,才具有寻求知识的动力。人类有好奇心,才会引发探索行为,才会去观察、操作、实验、思索,从而产生持久的兴趣和热情,开展孜孜不倦的深入研究。爱因斯坦说:"我没有特别的天分,只是好奇心十分强烈而已。"又说:"好奇心是科学工作者产生无穷的毅力和耐心的源泉。"居里夫人也曾说:"好奇心,是学者的第一美德。"这些看似浅显的话都揭示了好奇心的重要作用。所以人们公认,好奇心是人类向前发展的不竭动力,自然科学、社会科学乃至哲学的无数成果,都是以好奇心为原动力不断发展和完善的。

好奇心对培养思维和问题意识也极具重要性。在好奇、兴趣的基础上，人的思维会更加投入、更加专注，实现的效果也会更好。而缺乏好奇和兴趣，思维往往比较疲弱，思考的深度、力度明显降低。可以说，好奇是思考的润滑剂、加速剂，对思考起到巨大的放大效应。同时，好奇心也是提出问题和解决问题的动力，在好奇心驱使下，人会对事物更加专注，产生一系列不明白、想知道的问题。其中有些问题可能很深刻，直击人类认识的边缘和前沿。

好奇心是人类的天性，幼儿对许多事物都怀有强烈的好奇心，一定要问个子午寅卯，打破砂锅问到底。一旦面临新奇的、神秘的、自相矛盾的事物，他们便会被强烈地激动着，开始提问和探索。但是，由于各种主客观环境的制约，当今学生的好奇天性严重下降，甚至没有好奇心，遇到问题不知道问为什么，"？"变成了"。"比比皆是。就算是一些明显值得好奇的事物摆在面前，很多孩子也见怪不怪，习焉不察。知识教育开展得太早，功利心过盛，"傻"问题、"没用"的东西被嘲弄，人生格式化，答案标准化，这些都让孩子的好奇心严重受损。

卢梭在谈教育时曾说："问题不在于教他各种学问，而在于培养他有爱好学问的兴趣……这是所有一切良好的教育的一个基本原则。"保护、培育学生的好奇心与兴趣，的确是教育的重大使命。教育要尊重、理解、满足学生的多样性，让孩子身上的童心、童趣、童真得到保护和发展，允许学生冒险、犯傻、痴迷，鼓励他们质疑和发问。孩子是天生的科学家，只要他们保持一部分的原始的好奇心与兴趣，就会挖掘出足够多的自然奥秘。

二、尊重质疑精神，培养问题意识

质疑是特殊的发问，是针对具体的人、事、观点的提问，它具有一定的攻击性，针锋相对，锋芒毕露。人天生很自我、很大胆、很爱质疑，但是，我国教育的文化品性和质疑精神几乎不相交叉。在学生社会化的学习进程中，这种宝贵的禀赋被压制、被削弱，大多学生不敢质疑，也不会质疑了。长期的教育，过度强调"好学生"，强调听话、服从，强调知识和成绩，强调博取功名，质疑被压制，被视为另类，不受欢迎。所以，今天必须大力强调质疑的精神，培育质疑的教育文化。学校要营造民主自由的教育环境，明确质疑是学生的权利，接受学生的质疑、怀疑、批评，尊重学生的思想自由，鼓励学生承担自己的思想义务。学生也要形成正确的质疑态度、做人态度，要自信，追求真理、追求正义、实事求是、勇敢积极，要抛弃猥琐、盲从、胆怯、奉承、平庸消极的人格和文化。

现在一些学校、老师也在开展"质疑"教学，但是他们的质疑主要是作为教学手段出现的，遵守"质疑—探究—解疑"的程式，崇信"学贵有疑，小疑则小进，大疑则大进"的理念，以此来促进学习、调动学生思维的积极性，而不是作为教育的目的、育人目标来对待。所以，这样的实践还需要提高，要从知识性的疑问过渡到思想性的疑问（如从"1米有多长"、"米是最大的长度单位吗"发展到问"为什么要有米"、"最初米是怎么被提出来的"），从普遍的疑问过渡到有人格的疑问（如从"这道题还有别的算法吗"到"我不同意这样解法"），从学习性的疑问过渡到方法、文化、开放性的疑问（如从"这道题答案是什么"过渡到"这道题的答案是否不是唯一的"），把质疑从教学的一种策略上升为教育的气质和品格。有了质疑的精神，开展质疑教学，好多有意义、有价值的问题自然会不断涌现，学生的问题意识和思维品质也会得到巨大的发展。

三、运用问题教学法，开展问题教育

问题教学法是以问题为载体并把问题贯穿教学始终，使学生在设问和释问中提高自主学习能力的一种教学方法。该方法在实践中采用较广，已经概括出"三环"教学法：第一个环节是创造问题情境，提

出问题；第二个环节是进行自主探究，解决问题；第三个环节是对探索的问题及时反馈和进一步拓展，"发展"问题和思考问题。问题教学法是一种较好的教法学法，体现了学生的主体地位，能有效地激发学生学习的主动性和积极性，使思维得到训练。

从实践上看，运用问题教学法需要提出"好问题"和"提好"问题。

1.老师要提"真"问题，而非假问题、不成问题的问题

真问题不是调动学生注意力的问题，不是知识的简单运用，不是用来检查学生学习情况的知识记忆性"试题"，不是一下子就答得出来的小测验，比如，什么是四则混合运算、谁是民国第一任总统、失重是怎么发生的等问题。真问题是真实世界曾经出现过甚至还没有解决的问题，是确实困扰过人类的问题，是在解决它们的过程中人类实现了自我超越和进步的问题。这样的问题因为真实而有生命力，让接触者汇集更多人的智慧和经验，获得免于愚昧无知的自由。比如，如何防止熟食变质，如何让钱生钱、赚更多钱，如何改造一个问题少年等，都是真问题。

2.老师要提启发性好的问题

启发性好的问题不但能够较好地锻炼学生的思维，增强学生的方法意识，激发学生的热情和潜力，而且能造成连续的思索，形成持久的内驱力。通常，学生解答完第一步后，马上生成另一个新问题，一环扣一环，层层递进，形成台阶，启动学生连续的思考和钻研。台上三分钟，台下十年功。启发性好的问题凝聚着老师的辛勤汗水，是他们多年教学经验的结晶。

3.老师要提学科性强的问题

这种问题反映了教材的知识重点、难点和关键，把课本知识转化为问题，将教材知识点以问题形式呈现给学生。例如，给学生提出学科历史中的问题、当代的未解之谜等，给学生提供一些问题情境，让学生积极思考，独立探究，自行发现并掌握相应的原理和结论。

4.老师要提训练思维的问题

这类问题要让学生产生困惑、怀疑、探究的心理状态,要突出"为什么"、"是什么"、"怎么样",要深层挑战和调动学生的思维,锻炼学生抽象、概括、分析、综合、判断、推理等方面的思维能力,要让学生体验到发现问题、提出问题、解决问题的快乐。例如:

你是如何想的?

你为什么要这样想?

你想到了什么?

你怎样做的?

你为何这样做?

你为什么认为……?

你能得出什么结论?

你能建立一个不同的……?

你能否再用其他方法……?

你怎样评价……?

你怎样决定……?

你能用什么办法解决这个问题?

你同意……这样做吗?

你对……有什么看法?

你能否用自己的语言表达……?

你能否用自己的语言简述……?

你能说出……的相同方面吗?

你能说出……的不同地方吗?

你能找到一个……例子吗?

你能提出另一个替代性计划吗?

你能为……建立一个理论架构吗?

你能预测一下……结果吗?

你能用刚刚学到的……解决……问题吗?

你能否对……知识（概念、命题等）进行分类、组合？

你能否对……进行比较性说明？

你能否对……进行因果推断或推理？

你能对……原因进行更详细的分析吗？

如果……结果会怎样？

想想改变哪些因素才能使得……结果变化？

进行怎样的改变才能解决……？

你支持哪一说法？

……的特点或特色是什么？

……与……是怎样联系的？

什么事实和观点能够证明……？

……的动机和目标是什么？

你能发明、设计一个……吗？

你能对……计划进行一些修改吗？

如果是你主持……，你会按照怎样的次序选择？

这类问题能引导学生思考，深化知识理解，优化他们的思维活动。

5. 老师要提经验性、实践性问题，提出生活中一些能反映科学规律的经验现象

比如在讲解重心时，可以让坐在椅子上的学生试试不前倾身子，能否站起来？讲解摩擦力时可以提问，如果没有摩擦力，行驶的汽车能否停下来？人能否握住一样东西？绝大多数的基础学科，都是以事实、经验与技能为基础的。随着学科发展，经验、事实、实践例了也愈益丰富，其中很多经验和事实都很有趣、很典型，应该提出来让学生思考。例如，"某人听到一则谣言后一小时内传给两人，此两人在一小时内又分别再传给两人，如此下去，一昼夜能传遍一个千万人口的大城市吗？"这样一发问，学生有了解决问题的兴趣和积极性，学习效果就会大不一样。

6.老师要提新颖有趣、能引起学生"共振"、激起他们钻研"斗志"的问题

问题如果新颖新鲜,趣味性强,就易调动学生的兴致。例如,用福尔摩斯办案的方式出些化学问题,就比直接出化学问题效果好,学生的兴趣更高昂。有老师在讲授"冲量"时,先提出一个实验设想和疑问:在一块较厚的泡沫垫的四个角上放四个生鸡蛋,再覆上一本硬皮书,书上叠放两块砖,砖上扣一弧型瓦片,如果一锤子砸下去,是蛋碎瓦全还是瓦碎蛋全?学生的悬念一下子被调动起来,课堂如同被扔进一枚炸弹,引燃了学生的思考和论辩。

老师提问时手法要多样化,要使抽象问题具象化、深奥理论形象化、枯燥知识趣味化,尽可能生动活泼,给学生设置悬念,以引起学生的好奇心,使学生有一种跃跃欲试的心态。老师可以明知故问,有意设疑;对比提问,泾渭分明;故意犯错,呈现乖谬;实验或演示,创设直观情境。好老师要成为提问的高手、学生思维训练的导演。

四、培养学生的问题能力

爱因斯坦曾经说过:"提出一个问题比解决一个问题更重要。"学生敢不敢提出问题?能不能提出问题?会提出怎样的问题?问题是否有价值?这些都是学生素质的很重要、很关键的方面,是创造性人才的重要特征,是发明发现、社会进步的主要动力。因此,教育要重视、开展学生问题能力的培养。

1.营造民主、和谐、宽松的教学氛围,构建民主、平等的师生关系,保护、调动学生提问的积极性

老师在教学中要当好学生学习的"同学",少做"裁判"和知识的"权威",使学生安心质疑、大胆提问,不再担心与害怕。心理学研究发现,一个人能提出创造性的问题需要两个心理条件:一是"心理安全",即个体没有受到任何威胁和压力,处于和谐、宽松的氛围之中;二是"心理自由",即个体没有受到限制,可以无拘无束地创新。

老师要注意学生的心理感受，保护学生原生态的质疑精神，克服他们从众、胆怯的不良心理。对质疑多、质量高的学生不断表扬，给班级树立正面典型；对各种提问都给予回应、肯定，见疑则喜，坚持无错原则；培养学生发问的勇气和自信，激发学生"问题荣誉感"。

2.提高学生独立发现问题的能力

"疑"是探求知识的起点，也是激发思考的支点，提出问题是很重要，但最重要的是能够独立地发现问题。独立发现问题才是真本事、大本事，才能更好地促进思考的深入和持久。为此，学生要有勇气坚持己见，敢下论断，并掌握一些分析问题的方法，敞开眼睛和头脑去捕捉问题，养成"学中问、问中学"的好习惯。

3.提高学生问问题的能力

质疑的积极性提高了，学生往往会提出各种各样的问题，但泥沙俱下，会出现较多抠字眼、钻牛角尖类的价值不高的问题。为避免这样的情况，老师应先教给学生一些方法。比如，透过现象抓本质，就事物最主要的特征、属性提问题；分析关系，就事物的因果关系、结构功能关系提问题；从新旧知识的比较、联系上找问题；从知识的意义、性质、特征、法则上找问题；从概念表述上找问题（为什么这样表述，能否增加或删改一些字词）；从计算方法上找问题（有没有更简单的方法）。学生认识到要多问"为什么"、"怎么办"，就会发现处处有问题。通过培养非"疑"不质、是"难"才问的习惯，一段时间后，学生便能提出较有质量的问题。

4.老师要多问精神性问题

知识是一种人为建构的体系，除了"实在"的一面，还有精神的一面，这是应予发问的。比如"长宽高"，的确是一个实体的属性，但"长度是什么"，"长度怎么表现"，"长度如何度量"，"我能否提出长度单位"，这类问题就侧重于人的精神方面，接近了知识的所以然。一米两米有多长，是人规定的，人的时代、背景、经验、需要，制造了"长度的文化特征"，华里、英寸，都有其文化背景。

5.学生要抛开虚荣和胆怯心理，敢提问，敢请教

在学习过程中，有的学生明明有问题，却不敢问人，怕老师和同学看不起自己，尤其是学习比较好的学生，此种心态更普遍。其实，一个学生经过深思熟虑提出的问题，本身就会有一定的深度，在请教别人时，别人不仅不会看不起他，反而会另眼相待。从老师的角度来讲，学生有问题不敢问，就会掩盖学生的具体困难，难以做出富有针对性的指导。一般来说，敢于提出问题、敢于暴露自己，并能虚心向别人学习的人，才有可能成为真正的学习上的强者。学生要多问为什么，改变"学而不思"、"囫囵吞枣"的毛病。

6.学生呼应老师提问，内化为自己的问题

学生上课时要积极考虑老师提出的问题，要把老师抛出的问题内化到心里。老师在课上总是先抛出些问题，有时是从旧知识中引出的新问题；有时是从实验现象中引出的问题；有时是从生活实践中引出的问题。面对老师创设的问题情境，不要"身在教室，心在课外"，也不要采取等待答案的态度，消极地去听同学的解答或老师的说明，而要主动接下问题，展开思索。自己想得对或错都没关系，由于是上课，可以及时得到老师的肯定或纠正，这对于不断提高思维能力大有好处。

7.学生要提高发现自身问题的能力

问题中最重要的是自己的问题。《道德经》言："知人者智，自知者明，胜人者有力，自胜者强。"其实每个人都有自己的问题，就是学问最大的人也有其问题。学习进步，关键是不断解决掉自己的问题，而不是去解决别人的问题。但很多人对自己的问题懵懂无知，他们学习总是跟着别人跑，对于自己不明白、不理解、认识不清楚的问题着力不足，自己的问题始终得不到解决，所以进步迟缓。因此，每个学生要重点提高诊断自身问题的能力，要自己成为自己的医生。例如，英语老师强调读音标准，教给学生连读、吞音等技巧，但有些学生需要注意，自己的问题可能不是这类"高级的"读音问题，而是音

标问题、胆量问题、不够大方的问题。要认真分析自己的问题所在和问题发生的原因，学习别人在解决这类问题时的高明之处，如此才能不断进步。

五、开展讨论，深化思考

所谓讨论，是就某一问题交换意见或想法的语言活动。讨论是多主体的，只一个人说不是讨论，必须两个人或多个人说；讨论是双向的或多向的，必须有来有往，观点不断交流交换，一个人仅往外传输意见而不接受意见不是讨论。讨论要有平和开放的心态，不能唯我独尊、固步自封。讨论过程要学生相互驳难，对对方的观点、论证、证据等不停地挑错、挑剔，帮助对方推敲说法，获得更加深刻的认识和更为严密的论证。

课上课下积极讨论对学生个人大有裨益。师生讨论，同学间讨论，可以激发学生思考，展开思维，互相借鉴思维的所长，使学生养成自我思考、独立钻研的习惯，最终成为一个有思想的学生。讨论中常有异想天开的时刻，能产生智慧的观点和结论。

但是，受我们文化保守、中庸一面的影响，很多学生往往不想、不敢和不善于参加讨论，他们缺乏自信心，更缺乏讨论、辩论的技巧。因此，学校要开展讨论教育。

学校要明确，讨论是人极其重要的素质和能力，培养学生讨论、交流的素养是学校的重要职责。人的社会化生存，最重要的工具是语言，会说话、会讨论、会说服人是很重要的本领，比学会数理化要重要得多。教会学生说话、讨论是学校很重要的教育工作，讨论锻炼了学生的口才、思维、胆量，应高度重视。

开展讨论技巧的训练，应侧重以下几个方面：第一，训练倾听别人发言的习惯。讨论不是独角戏，要对别人发言做出反应，所以一定要学会倾听。倾听是获得信息的需要，是沟通感情的需要，也是形成自己的判断与见解的需要。第二，训练思考后发言的习惯。会说才敢说，而只有思考后才能做到会说。通常要思考的问题有：是什么、怎么看、如何表达，过遍脑子后再开口就胸有成竹了，这样做对对方也有启发。第三，训练清晰表达的能力。表达中尽力做到层次鲜明、逻辑严谨、用词准确，争取把自己的意思说清楚讲明白，争取没有歧义和含混不清。"伶牙俐齿"不是天生的，科学训练有很大的作用。第四，培养乐于吸取他人观点的品格。讨论中虚怀若谷，充分尊重别人意见，不搞关门主义、唯我独尊，这样就能够提高自己的认识和思想水平。讨论本意就是相互促进，实现思想共享和文化进步，吸收别人的观点是极为必要的。如果非要占上风，压住对方，就不是讨论而是抬杠了。

为更好地培养学生讨论的本领，有必要开设讨论课。讨论课的教学环节大致包括：提供资料、抛出问题、启发思路、学生讨论、得出结论、老师点评。上好讨论课，要控制好三个环节：第一，材料和问题设计，即选择"讨论什么"。哪些问题容易引发争论，能较好营造课堂讨论的气氛，激发学生去思考？如何提出一层层递进的问题？如何提出能够锻炼思维的问题？这些都要慎重选择。讨论课应精心组织、巧妙安排，这样才可收到较好的教育效果。第二，设定讨论的组织和规则。如何分组？每个同学发言时间多长？发言顺序如何？这些都要很好地设计。没有规矩不成方圆，讨论课要有合适的规矩，既保障讨论课，也教会学生社会生活的常识。第三，调控讨论的进程。如何引导讨论？如何掌控进程？如何点拨学生去理解、升华？如何掌控气氛？出现沉默时怎么办？当讨论脱离中心主题时怎么办？当学生在某一问题的细节上争论不休时怎么办？如何保持老师引导发言的适当性？如何使用一些引导性的语言而不是结论性的语言？这些进程性事宜要精心安排。此外，老师要注意尊重结论的多样性，保护学生的思维自我。从教育的意义上说，讨论主要是为了促进学生普遍而积极的思考。所以老师不仅要欣赏好的意见，还要赞赏平庸的甚至错误的意见，给每个孩子思维自信与自我，保护他们参与讨论的积极性。老师切不可在思维上搞出三六九等,那会造成很大的负面影响。

讨论课很好,但是太正式,在教学中不可能设置太多。所以更重要的讨论应该是随机的讨论,师生、同学之间在遇到值得讨论的问题时,便即兴展开讨论。例如,学生为了某道题,与同学、老师讨论;就听到的新闻消息,和同学交流讨论。这类讨论虽然简短,但如和风细雨,会浇开思维之花。

第十节　投身实践

读书是学生思维发展的重要途径，但思维发展绝非仅此一途，实践也是一条重要途径。今天我们的教育被批评为品质不高，一个重要的原因就是实践型教育开展不足，通过实践获得真知和真思维的机会太少。所以，多组织学生实践，在实践中发展学生的思维，是当今教育应补的一课。

一、实践对于思维发展的意义

1. 实践启动思维机器

许多问题都来源于生活实践，要认识、回答这些问题，就要开启思维。对于个体而言，在实践过程中，处处都会涌现出新鲜事物和新问题：为什么在播种前要把种子放在太阳地里晒一晒？为什么盐放久了会结成坨？想要了解原因，均需要深入地思考。实践给思维以问题，问题给思维以动力，对思维的发生发展而言，实践具有非常重大的意义。

2. 实践运用、磨练思维

实践是人类一种有意识的活动，受到思维的控制，离不开思维，同时实践也锻炼并发展了思维。实践方向、方式的确定，要靠思维判断；实践中问题的解决，要依赖思维的努力。实践要求人具备发现问题与提出问题的能力，合理地表述问题与分解问题的能力，把握问题的实质与形成解决对策的能力，提炼观点、形成见解的能力。实践的展开也是思维的展开，思维必须迎接实践的挑战，与实践同步运行、获得锻炼、不断提高。

3.实践养成人的一般思维能力

实践给人提供了深思和钻研的基础，在实践过程中充满了值得让人思考、认识、发现和好奇的事情，人的一般思维在实践过程中可以得到很好的发展。在毫不显眼的普通事物中，隐含着重要的、有世界观意义的真理，在日常实践中，经常观察这些普通的事物，也能训练人的单项或多项思维能力。例如在实践中，经常比较物体的大小、轻重、贵贱，比较能力就逐步提高，比较的思维便扎根在心底。

4.动手做事使头脑聪明

勤劳的双手能创造智慧的头脑。思维在做事中被激活并发展。做事带来真问题、真能力，实现人的心灵手巧。学习和劳动结合，智力与双手技巧和谐发展，课堂教学与社会实践有机渗透，是促进人全面发展的有效途径。

二、主动出击，在实践中思维

1.积极实践，开放心灵

我国的文化传统把读书看得比实践更重要，认为"秀才不出门，便知天下闻"，所以很多人不重视实践。而实际上，实践才是人类知识和智慧的源头。直接参与实践，能让人得到真知和真的思维能力。青少年要积极参与生产实践、社会实践，体验生活，开阔视野和胸襟。农村学生可参与些农业生产，城镇学生可参与些商业活动或制造业劳动，如去超市、餐馆、手工作坊打打工。学生还要积极投身社会实践，开展些社会工作，如到社区、孤老家庭当当义工，丰富自己的社会阅历，对社会现象有所认识。实践能打开学生的眼睛和耳朵，锻炼他们的双手，最终打开他们的心灵。

2.寻找问题，积极思考

要在实践中寻找问题，给思维以起点、动力和契机。抓实践问题的角度、方法要不断拓展和改进，扩展问题的领域，推进问题的深度。生活或生产中的问题没有确定答案、标准答案，需要分析、综合、联想、概括，要持续思考，沉心思考，不要浅尝辄止。在有困顿迷惑之处要格外用心，努力追求思考的结果。

3. 扮演角色，追求"真思"

学生实践要真刀真枪地做，不应游戏化，走马观花。因此，要在实践中给学生安排真任务、真角色，让他们担负一定的责任。比如，让学生自己经营一分地，主持三天自家小店，担任一周班组长。责任到位，问题才到位，思维才面临真实考验。"在其位谋其政"，角色扮演有助于学生获得真思维，形成真能力。而一个小事上的真知真思，与一件大事上的真知真思是相通的。"一滴水可以望见大海"，只有踏踏实实地做好每一件事、想清楚每一件事，才有可能做好、想清十件事、百件事，思维才有真能力、真品质。

三、实践的方向

1. 多观察现象

在实践中，要多注意观察，观察各种事物的表现、属性，观察各种过程、变化。对现象的观察，能够丰富感性知识，为理论联系实际，深入理解世界的本质和规律提供基础。

2. 多锻炼方法

做事情要尝试不同的方法，例如搬运物品时，可采用推、拉、搬等方法。体会方法的要点，力争实现做事方法向思维方法的过渡。

要在实践中思考并研究何种方法更有效率，总结实践经验，提高实践效能。实践成功时要问为什么，加以总结；实践失败时也要问为什么，汲取教训。

3. 注意做事流程

实践中要注意做事情的流程，感受流程，梳理流程，把流程环节化，变成一种做事模式。要把实践的流程上升为思维的流程，实现思考的流程化。

第四章

思维能力的培养

　　思维教育的目标，是培养学生诸项思维能力水平全面发展。目前教育存在的问题是，一方面相当多学生思维能力发展不均衡，在20种思维能力中，有些能力明显空白，初步具备的思维能力停滞在初级阶段上。另一方面，对于如何培养学生20种思维能力，途径方法都不明晰，有实操性的系统的培训尚付阙如。下面结合实际，谈谈各项思维能力培养的关键措施。

第一节　语言能力培养

一、提高词汇理解力

1. 理解词语

理解词语的含义不是认识字词即可，它意味着对词语消化、积累这一较长的过程。

（1）分析结构，理解字词

字词是意义的表达形式，每种文字、每个字词，都是发明出来的，基本都遵循"结构——功能"的法则。例如，江、河、湖、海，偏旁部首代表着水，右侧代表读音，合起来表示规模不同的水体。再如，疾病、肥胖，其偏旁部首与字词含义都有对应性。英文字词也大致如此，结构决定含义，如improvement中im、prove、ment三段，各有含义。im使prove程度加强，ment使得improve抽象名词化。

词汇，由几个单字构成，词汇的综合含义，取决于每个字。例如，学习、伦理、探险、made of、look for等，含义都可从构成的单字中得到线索。

（2）积累阅历，理解字词

很多词语，要靠生活积累才能逐步理解其内涵。没有相应的阅历，比较难以理解。例如，恐怖、水落石出、红艳艳等词虽简单，但含义不简单。恐怖不同于害怕，不同于迷茫，是一种无知、害怕、没有明确的敌人、心里没有底等的混合感觉。只有遇到过恐怖情形，人才能理解恐怖含义。

2.辨析词汇

就是比较词语,发现他们的异同。这个问题将在比较能力培养中详说。

二、提高语义的分析能力

语义分析就是要搞清楚词语的意义与话语的内容,这是理解语言材料的关键。语义分析包括字词含义、词语关系、语义指向等几方面分析。

1.字词含义

理解字词含义是读懂文章的前提。字词含义一般有两种,一是字典、词典中的基本含义,二是在一定语言环境中,在一定的上下文中产生的临时的、附加的、具体的、动态的、深层的、隐含的个别化含义。如:

"春风又绿江南岸",所呈现出来的有形的景象是"春天来了,春风吹起,江南岸边的小草又一次绿了";而更深层的含义则很丰富,各人理解不同,有人觉得是"感到希望",有人觉得是"赞美自然的造化",等等,有说不尽的旨趣。

"中国人民从此站起来了",直接的含义是人民站起来,深层的含义是中国独立、自强,自己掌握命运,不惧怕外国势力等。

有些词义,不仅要依据句子来理解,更要依据全文、上下文来理解。例如:"她已经走了一个小时。"——没有上下文,不知"走"是何意,是作"行走"解,还是作"离开"解。再如:"领导群众要注意些什么,在文件上边都写得清清楚楚。"——不知道句中的"领导群众"是指"动宾关系"的领导群众,还是指"联合关系"领导与群众。

现在很多学生不注意字词含义,尤其不注意它们的本义,这是不好的倾向。注意字义,注意词义,字词理解才深刻,运用才准确,也才可以做到简洁优美。

2.词语关系

词汇关系是多种多样的，关系不同，合起来的含义便不同。要准确理解语句，必须准确理解词汇间的关系。

例如：

苹果好吃——表示苹果的性质。

好吃苹果——表示人的爱好。

吃好苹果——表示动作及其承受对象的特点。

玻璃戒指——玻璃表示质料。

玻璃工人——玻璃表示职业。

玻璃商店——玻璃表示行业。

玻璃丝袜——玻璃是一种比喻，表示光滑透明。

3.语义指向的分析

指以句中某个语言成分为立足点，观察、分析它与句中其他成分的关系。

（1）补语的语义指向

有些句子层次构造完全一样，但补语的含义不同、指向不同。

例如：

饭吃多了——"多"指"吃的饭"多了。

饭吃饱了——"饱"指"吃饭的人"饱了。

饭吃快了——"快"说明的是"吃"这一动作快了。

饭吃完了——"完"既可以说明"饭完了"（即"饭吃光了"），也可以说明吃饭这一动作行为的结束。

（2）状语的语义指向

老宋神采奕奕地站在那里。（神采奕奕指向主语老宋）

他气得姆姆痛哭流涕地跑了。（痛哭流涕指向宾语姆姆）

她圆圆地画了一个圈。（圆圆地指向宾语圈）

（3）定语的语义指向

他过了一个轻松愉快的节日。（轻松愉快指向他）

他上了一个晚上的网。（一个晚上指向谓语上）

我倒了一满杯米酒。（一满杯指向宾语米酒）

三、提高理解长句子的能力

句子是由字、词按照一定的语法规则、逻辑形式、修辞手段组合构成的，它是字、词、语法、逻辑、修辞等语言存在和思维规则的综合运用。在书面语言中，常常出现较长的句子——字数多，结构复杂，层次丰富，容量大，可以用来精确地表达丰富的思想内容。长句子构成阅读的严重障碍。所以抓好长句子的理解，对提高阅读能力、写作能力、分析问题和理解问题的能力都有重大意义。

1.判断长句子是单句还是复句，找出其主干

"就坚定不移地为当时的进步事业服务这一原则来说，我们祖先的许多有骨气的动人事迹，还有它积极的教育意义。"这句话虽然较长，但还是单句。主谓宾分别是事迹、有、意义，简化为短句就是"事迹有意义"。

"剧是必须从序幕开始的，但序幕还不是高潮。"此句是复句，有两套句子成分。

抓出主干很重要，但并不等于提取出句子的全部含义。有时甚至可能和句子原意相反。所以，句子的其他分析也不可少。

2.抓出修饰语，理解修饰语

"流星雨是流星群在与地球相遇时，因受大气摩擦发出如同从一点迸发的焰火般的光亮而又状如下雨的一种自然现象。"——句子主干为"流星雨是自然现象。""流星群在与地球相遇时，因受大气摩擦发出如同从一点迸发的焰火般的光亮而又状如下雨"为修饰语，修饰宾语"自然现象"。

3.找出状语、补语、同位语，理解它们

"原子是由居于原子中心的带正电的质子和不带电的中子组成的原子核及围绕它作高速旋转的带负电的核外电子组成的。"——"由居于原子中心的带正电的质子和不带电的中子组成的原子核及围绕它

作高速旋转的带负电的核外电子"为状语。

"正像达尔文发现有机界的发展规律一样，马克思发现了人类历史的发展规律，即历来为纷繁芜杂的意识形态所掩盖着的一个简单事实：人们首先必须吃、喝、住、穿，然后才能从事政治、科学、艺术、宗教等等；所以，直接的物质的生活资料的生产，从而一个民族或一个时代的一定的经济发展阶段，便构成基础，人们的国家制度、法的观点、艺术以至宗教观念，就是从这个基础上发展起来的，因而，也必须由这个基础来解释，而不是像过去那样做得相反。"——"正像达尔文发现有机界的发展规律一样"为状语。"即历来为纷繁芜杂的意识形态所掩盖着的一个简单事实：人们首先必须吃、喝、住、穿，然后才能从事政治、科学、艺术、宗教等等"是"人类历史的发展规律"同位语。"所以，直接的物质的生活资料的生产，从而一个民族或一个时代的一定的经济发展阶段，便构成基础，人们的国家制度、法的观点、艺术以至宗教观念，就是从这个基础上发展起来的，因而，也必须由这个基础来解释，而不是像过去那样做得相反"也是"人类历史的发展规律"同位语。两个同位语都是复合句，都比较复杂。如"直接的物质的生活资料的生产，从而一个民族或一个时代的一定的经济发展阶段"为并列主语。

4.找出并列的句子成分，方便理解句子

"事实证明，各级领导干部经常到基层调研是了解真实情况，把领导经验和群众智慧结合起来，倾听群众的呼声，调动和激发广大人民群众的积极性和创造性，使领导干部增长知识才干，从而使决策严格地做到科学和从实际出发的一种很好的方法和制度。"——"各级领导干部经常到基层调研"是主语，主语是一个完整的句子。"了解真实情况，把领导经验和群众智慧结合起来，倾听群众的呼声，调动和激发广大人民群众的积极性和创造性，使领导干部增长知识才干，从而使决策严格地做到科学和从实际出发"为并列的定语，修饰"方法和制度"。

理解长句子的办法，归根结底是分析方法，即把句子分解，分成各个单元来剖析，揭示主次和内涵。

四、提高句子结构分析能力

句子结构分析是找出句子的主谓宾等各项成分，明确不同的词语担当的句子功能。主要包括主语（从句）分析、宾语（从句）分析、定语（从句）分析、状语（从句）分析、同位语（从句）分析、补语分析等。通过分析句子成分，复杂的句子含义被揭示，歧义性理解被避免。例如句子"Among the rubbish, I found a sign which said 'Anyone who leaves litter in these woods will be prosecuted"中，"sign"和"which said 'Anyone who leaves litter in these woods will be prosecuted"是同位语，"Anyone who leaves litter in these woods will be prosecuted"又是"said"的宾语从句。

五、提高图形等语言形式的理解能力

图形、图表是语言的一种方式，比如物理中的示意图、受力图、电路图、光路图、状态图、过程图等，读图能力也是重要的语言能力。

1. 熟记必要的图

一些图是经典的，需要记住。例如中国地图、正弦曲线图等。记图最好的办法，先是"描图"，然后通过比照来画图，最后再默画。例如中国地图，先描着地图画，再比照着画，再默画，几遍后地图就记熟了。离开"描图"、比照画这两步，很难熟记地图。其他的重要图，都应如此。如细胞结构图、历史地图、数学曲线等。

2. 掌握专门图示法

数理化史地政等课程中都有很多图示法，需要掌握。如几何法——在物理中多用于解力学和光学问题，也可用于有关矢量的运算；直方图、圆形分配图——借助直观图形表示数值分布情况。这些图都需要熟记。

3.文字信息能向图形转换

即把语言表达的信息转化为相应图表，如转化为数学的数轴、直角坐标系、曲线图，或者转化为化学的温度与反应速度表，或者转化为物理的受力图、电路图、光路图、状态图、过程图等。这种转换在解题中极为重要。数理化的很多题目，要求边读题要边作图，把文字转化为图像。

4.会做图像处理

（1）模仿绘制

图形如何画，有哪些要点，包含哪些意思，最好是动手画一遍。各学科的图形、表格，都需要从模仿开始，勤画勤练，最终达到得心应手。

（2）拆分复杂图形，分解理解，在逐步熟悉后整合

例如，地图，可以先拆成山、河流、城市图来看，最后再合成综合性地图。

（3）图形转化

图像再处理，变成简单的、清晰的图表，方便解决问题。例如电路图简化，去掉电压表（电阻很大，当成断路），去掉电流表（电阻很小，相当电线）。

（4）概括能力

从图表抓出重要信息，概括图表内容。例如经济增长图，概括出增加幅度、速率等。

六、提高虚词理解力

在学科化的著述中，虚词运用较多。对于常用虚词，要深入理解，对其中所反映的客观关系、逻辑规则形成正确的判断与把握。

重要虚词举例：

1、表示原因和结果的。提出原因，说明结果，前后分句间是必然因果关系：

因为……所以

由于……因此（因而）

之所以……是因为，所以……就是因为——先说结果，后说原因

单用"所以"、"因此""因而"等表示结果

既然（既）……就——表示原因、理由和推论

2、表示条件、假设和结果：

只有……才——表示唯一的条件

除非……才——表示唯一的条件

除非……否则（不然）

只要……就——表示假设的条件

无论……都、不论……都、不管……都

如果……就（要是……就）——所表示的假设和结果是一致的

假如……就（假使……就）——所表示的假设和结果是一致的

即使……也（就是……也）——所表示的假设和结果是不一致的

3、表示意思进了一层。后面的句子，在意义上比前面的进了一层：

不但（不仅）……而且（并且、还、也）

不但不……反而——相反方面的更进一层

尚且（还）……何况——表示甲已是这样，乙更是这样

4、表示目的和方法。

为了——只表示要达到的目的

以便　　只表示要达到的目的

就是为了——强调要达到的目的

以免（免得，省得）——表示目的是要避免什么

要……就（必须，应该）——强调应采取的方法或措施

5、表示选择。表示在几件事情中选择一件，可用下列的关联性词语：

或者……或者（是……还是）——表示并列几件事以供选择

不是……就是…（要么……要么）——表示不是这个就是那个

宁可……也（决）不——表示选择，也表示决心

与其……不如（倒不如，宁可）——表示比较轻重后，选择后者

6、表示并列叙述：

一面……一面（一边……一边）——表示两种正在进行着的动作

既……又（也）

又……又

（并）不是（并非）……而是

是……（而）不是

7、表示意思相反：

虽然……但是（尽管……但是）

是……可是（就是，不过）

可是、但是、却、然而、不过

虽然、尽管

毋宁

8、表示否定：

一次否定的词：不、非、没（没有）、除、别、莫、否则等

双重否定词：决非、并非、不是不、并不是不、不可能不、不……不……、没有……不……、非……不……、非……不可……、无不、无非、不无、未必不、不得不、不能不、不会不、不可不

在表达否定的句子中，应当清楚，一次否定是否定，两次否定为肯定，三次否定又是否定。一般情况下，反问相当于一次否定。

9、其他要重视的虚词：

当……且仅当

反而……

反之……

只……

才……

还……

也……

或……
与……
且……
和……

10、常用的副词：

在一定程度上，一般来说，大致地，客观上。

七、提高学科语言能力

每门学科都可以视为一门"语言"，和汉语、英语、日语一样。一个人没有学习某个学科，就不懂这种语言。学习某个学科，就要熟悉并掌握这种语言。例如，要学好数学，就要学好数学语言；要学好化学，就要学好化学语言；要学好地理，就要学好地理语言；要学好体育，就要学好体育语言。

学好学科语言，要注意并熟悉：学科术语系统、符号系统，学科的语言方式和运用能力，日常用语的学科转化、翻译能力，语言的严谨性、规范性。

八、提高表达能力

较强的表达能力往往反映为能够用较短的时间、浅近的文字、生动的语言、简明的图表阐明自己的观点，并没有歧义，为别人所了解和接受。要加强文字表达和口语表达能力的训练。

第二节 分析与综合能力培养

分析是最为基础的思维能力,是其他思维能力和思维活动的基础,只有在分析下才有综合,在分析后才能比较,在分析里才可抽象。各种思维能力运用的前提都是分析。同时,在学生思维发展中,分析能力是制约性的关键一环,很多学生分析能力不够,影响思维整体发展,限制学业优化。

分析能力怎样培养?简单说就是靠分析。人只要思维,思维能力就会发展;只要不断分析,分析能力就能提高。所以经常开展分析,不断剖析生活中、学习中遇到的各类现象和知识,分析能力就能越来越强。

一、基本分析能力的培养

1.要素拆分训练

事物都有要素、构件,都可以分解,均能做机械的分割、离析、区分。这种分解是认识事物的内容、结构的前提,是关键的认识能力。要着力训练学生要素的拆分能力,让学生动手分解机器、器具,如分解旧电脑、旧手机、旧电视、旧电话、旧桌椅;让学生在思想中分解楼房、汽车、人体、军队,如分解人体,先分成大的系统,再把各系统分成若干组织,分解带电粒子在磁场中运动的轨迹,把它分解为受力、运动、极值等现象和状态,各个击破。要素分解要注意技巧、关节点,学会"庖丁解牛"。

2.空间拆分训练

空间都是有限和无限的统一,任何有限的空间都可以不断分割。

训练学生分解空间存在，让学生把西瓜切成若干牙，把菜切成若干段，把房间隔出若干功能区，把一张纸分成若干版块等；训练学生从不同角度看一座山，从正面、侧面、背后观察一个人；训练学生分解一个国家（分成省、市），分解一座城市，分解一个细胞，分解一条直线。专项训练后学生能提高对空间的分解能力和技巧，掌握空间拆分的原则、方法，俯仰自得，游刃有余。

3.阶段分析训练

把完整的过程分为若干阶段，提取每一阶段单独加以研究，是很重要的工作方法、研究方法。如把中国历史分成夏商周秦汉隋唐等阶段，把水稻生长分成幼苗期、秧苗分蘖期、幼穗发育期、开花结实期，这对于认识历史、种好水稻都很有帮助。训练学生阶段分解能力，让他们尝试把著名人物的一生分成几个阶段，把著名事件（战争、改革等）分阶段，把物理过程分阶段，通过阶段划分的训练，体会事物发展过程中的量变和质变，提高分段意识和能力。

4.局部分析训练

即对完整的事物进行分割，抽取一部分加以研究的训练。局部认识是整体认识的前提，做好局部分析是完整地认识事物的基础。训练学生抓局部的能力，是为了让学生学会通过深入的局部分析来认识整体的问题，寻求解决问题的途径办法，获得具有一般意义的经验或启发。

5.问题的分解训练

复杂的问题可以分解为多个问题，就每一个问题单独研究，最后综合起来，形成总的解决方案或答案。训练学生问题分解能力，如分解社会问题，从政治、经济、文化、道德等方面分析，找出各自的成因和破解办法；分解"房地产热"问题，把它分成政策问题、开发商问题、居民问题，甚至分成民法问题、土地制度问题、税收问题、行政作风问题，多方探究梳理，最后拿出不同的对策。

各种试题的求解过程，主要都是分析的过程。举例说明如下：

(1) 数学：

一个林场用喷雾器给树喷药，2台喷雾器4小时喷了100棵。照这样计算，5台喷雾器6小时可以喷多少棵？

此题的解法是先分析每台喷雾器4小时喷了多少棵（100÷2）；再分析每台喷雾器每小时喷了多少棵（100÷2÷4）；然后求出5台喷雾器每小时可以喷多少棵（100÷2÷4×5）；最后求出5台喷雾器6小时可以喷多少棵（100÷2÷4×5×6）。这样通过不断的局部分析，使问题得到解决。

(2) 物体受力情况分析：

物理经常遇到力的分析问题。首先要确定研究的对象是哪一个物体，把这个物体从周围的物体中分离出来，单独考虑它的受力情况，而不考虑它对别的物体的作用力。其次要判断所研究的物体能否当成质点（转动或具有转动倾向的物体不能当成质点）。再次分析各种施力体，判断力的有无、方向、大小。然后作出受力图，进行力学有关计算。如果物体可当质点来处理，其受的各个力都要画在物体的重心上。

(3) 文章分析：

一篇文章读完，首先要分析文章结构，把握文章的思路。看文章分成哪些部分，相互之间如何关联的。其次要分析文章文体的特点优点，如语言特点、文学手法、文风等；然后分析其思想内容，分析作者的思想倾向、观点见解；最后分析文章的重点句子、有特殊意义的字词等。

6.目标的分解训练

把大目标分解为若干小目标，研究某个目标的实现条件与策略。训练学生分解自己的人生目标，如分解高考目标，是否要上大学，上哪种大学，学何种专业？组织学生研读国家五年规划、政府工作报告，体会总目标和各个年度目标的关系。

7.手段分解训练

实现目标依赖手段，各个手段是接近目标的台阶。很少有事务和目标可以一下子完成，都要借助多个手段，各个手段互相补充和递进。训练学生对手段的分解能力,如围绕建设宜居城市,构想不同的手段(规划、建设、管理、保护等);围绕建设"一流大学"构想手段(人、财、物,环境政策等)。

8. 层次分解训练

层次是事物在结构或功能方面的等级秩序。如地球可以分成地壳、地幔等层,皮肤可以分成表皮、真皮等层。事物有多重层次,也可以主观地分成多个"抽象的层次"。训练学生分层,如让学生把大气层分层,把楼房墙体分层,把土壤分层,把社会分层,把物理知识分层,把社会经济组织(公司、工厂)分层。分层训练要让学生体会分层的标准、层次的顺序,掌握分层的机理和功能。

9. 角度分析训练

角度是比喻用语,指的是看事物的出发点,以及评价事物的尺度等。训练学生做角度分析,让学生设想攀登珠穆朗玛峰的角度、游览西湖的角度、评价王熙凤的角度,学会变换角度来观察事物、评价事物。

二、综合能力的培养

综合是把事物不同部分、不同方面按其客观的次序、结构组成一个整体来研究的方法。综合要紧紧抓住各要素之间的内在联系,把握事物整体的本质和规律,力争得出一个全新的整体性的认识。

综合能力训练包括:

1. 变分离为统一的训练

很多事物和知识表面上是分离的,但实际上有内在联系,为内在的整体。在接触、认识了一定数量的这类事物和知识后,应能把它们统一起来、整合起来,建立完整的认识。例如,一个人从小到大在地球上不同的地点生活工作,最后形成对地球不同地域的总体认识;接触一个人,多年的共事和相处,最后对其人形成总体印象。在语文中,李白的诗歌是分散的,从小学到高中都有,学习多了,就应该把李白的诗歌统一起来,归纳出李白诗歌的总体特征,并形成整体印象。这些认识都是从分散的点开始，积累到一定阶段达到统一，形成质变，建立总体概念。知识都是"掰碎了"讲给学生的，学生自己要主动地向总体概念发展，力求超越分散的点，形成线和面。

2. 变局部为整体的训练

因为认识的角度、视野、工具等受限制，认识事物一般都是从局部开始的。例如认识地球，从家乡开始，接着跳跃式地认识到家乡之外的地方。学科学习，一章一节均起于局部。学生在基本认识丰富后，要有意识地建立整体认识，把局部知识串联到一起。例如，学了一段时间的中国历史后，试着概述中国历史的总貌；学了很多鲁迅文章后，尝试提出鲁迅的总特征。

3. 变简单为复杂训练

从教学角度来说，讲解知识、认识事物，都是从比较简单的开始，但实际存在却是复杂的。我们给学生讲解一些简单的概念之后，还要帮助学生返回到复杂的实际。比如，我们给学生讲解了铁矿石的概念、煅烧分解的概念，似乎这就可以炼铁了，但实际的炼铁工艺复杂多了。矿石怎么开采？矿井怎么挖？井里如何通风？矿石如何运输？高炉如何建？燃料如何投放？这些问题全考虑进来，才能形成冶铁工业的具体印象和实际认识。发射宇宙飞船，登上月球，从物理学角度来说很简单，只要速度达到脱离地球引力的11.2千米/秒就可以，但是，考虑到大气层的摩擦生热、外太空中的加速减速，材料要求就复杂了，登月工程便相当复杂。只有认识到实际的复杂，形成的才是实操性认识。

4. 找到联系途径的训练

把事物综合起来并不简单，有时对智慧的要求很高。例如拼魔方、拼图都要费尽心机；再如把人群整合起来，需要极大的组织能力和耐力。知识学习中的综合，也需要用心找出正确的联系和途径。比如9998+3+99+998+3+9，通过巧妙地组合凑整，能够得到简易的解答办法：(9998+2)+1+(99+1)−1+(998+2)−2+3+(1+9)−1=11100。

第三节 抽象能力的培养

抽象能力是思维能力中比较难、比较关键的一种。人类有太多的知识具有抽象性，例如，概念、定理等。学生对知识理解不了，一般是因为其抽象思维能力没有发育好。培养抽象能力，对思维能力的发展极为重要。

一、提高对事物特征的抽象能力

这是以可观察的事物和现象为基础的一种初始抽象，是对事物所表现出来的特征进行抽象。例如，对物体的"形状"、"重量"、"颜色"、"温度"等进行抽象。

事物都有特征，抽象出其特征是比较深刻的认识能力，学生要发展这种抽象能力。抽象的前身是经验、感性认识，人不断接触、提炼各类金属，才发现它们具有光泽、硬度等特征。培养学生的特征抽象能力，就是要让学生不断地感知材料，如让学生从书本、红领巾、五角星等事物中，形成角的概念，从电线杆上的两根电线、铁路上的两条铁轨、黑板上相对的两条边以及练习本上的横线等线条中，抽象出平行线的概念。让他们去观察、比较、判定，从生动丰富的具体事物中努力抽象出点什么。

对学生开展特征抽象能力的训练，可以分几类进行，一是对人的特征抽象，训练学生对同班同学、任课老师进行特征抽象。人实际上是很难认识的，能抓出人的特征是很见水平的，通常小说家才有这样的能力。此项训练要注意界限，不能演变成给老师和同学起外号、绰号，破坏师生感情。二是对小说人物进行抽象。结合学生阅读的小说，如《三国演义》、《水浒传》、《红楼梦》等，对作品人物的性格特征、长相特征展开抽象。三是对常用物品进行特征抽象，比如电脑、手机、书包等，对其外形、功能等开展特征抽象。四是对于动植物、食品、汽车等学生接触较多的事物进行特征抽象。五是重走科学发明发现之路，进行数理化史地生抽象，如研究"正数的性质"、"光线的性质"等。

二、提高规律性抽象能力

这是一种深层抽象，它所把握的是事物的因果性和规律性。这种抽象的成果就是得出定律、规律、原理等，例如，杠杆规律、自由落体定律、光的反射和折射定律、化学元素周期律、生物遗传因子的分离定律、能量的转化和守恒定律等。

对学生规律性抽象能力的训练，也要遵循观察、实践的原则。例如，提出科学记数法，可让学生观察小数点移动的位数与10的n次方中n的关系，学生通过观察会发现小数点移动的位数正好是n的绝对值，小数点向前移n为正，向后移n为负。让学生做些实验，把铁杯盛满水放到冰箱里冷冻，观察冷冻后冰面高度，或者把本来严丝合缝的螺杆螺母拧开，在煤气灶上把螺杆烧红，再往螺母中拧，看看还能不能拧进去？归纳这些现象，可以得出热胀冷缩的规律。老师带领学生重走规律发现之路，也是提高规律性抽象能力的好办法。

三、提高"抽象加工"的能力

抽象加工主要是分离、提纯和简略。

分离是暂时不考虑所要研究的对象与其他各个要素间的联系，把它独立出来的过程。这是科学抽象的第一个环节。任何一种研究对象，就其现实原型而言，总是处于与其他事物千丝万缕的联系之中，是复杂的整体中的一部分。但是，任何一项具体的科学研究都不可能对现象之间各种各样的关系全部加以考察,所以必须进行分离。比如,要研究酶,就要把它和其他蛋白质分开;要研究叶绿素,就得把它和植物细胞的其他成分、组织分开;要研究电的属性,就要把它和热、光等分开。不论是客观上的分离还是思想的分离,都是研究所必须的。

提纯是在思想中排除那些模糊基本过程、掩盖普遍规律的干扰因素,从而使研究能在纯粹状态下进行的思维活动。因为实际存在的具体现象,都是多方面因素错综交织在一起的,如果不进行合理的提纯,就难以揭示事物的基本性质和运动规律。例如,在地球的大气层中,自由落体运动规律的表现受着空气阻力的干扰。人们观察到很多重物比轻物先落地的现象(如石头比鸡毛先落地)。正是由于这一点,人们长期以来认识不清自由落体的运动规律。要排除空气阻力因素的干扰,就要创造一个真空环境,考察真空中的自由落体是遵循什么样的规律来运动的。在人们还无法用物质手段创设真空环境时,就要在思想上撇开空气阻力的因素,设想在纯粹真空的状态下的落体运动。伽利略正是这样做的,通过思维提纯,得到伟大的科学发现。

简略是对提纯结果的一种表述性处理,常表现为符号化、数学化。在科学研究中,对复杂问题作出提纯后,非本质的因素被抛开,现象被抽取出几个方面。思想家、科学家对提纯的结果做进一步的定性或定量表述,把它们简略为几个符号,找出符号的关系,言简意赅地凝练成命题或公式。例如,伽利略发现了自由落体定律,后来的科学家们把它表述为一个公式:$S = 1/2gt^2$。

四、提高理解抽象知识的能力

1.寻找直观事例

抽象知识都具有间接性,它们不是具体事物的对应者。概念概括范围越大,就越抽象,内容便越少,理解也越困难。例如,从水稻到作物,到植物,到生物,到生命,概念越来越抽象,间接性越来越大。哲学、数学概念，更加间接，本原、真理等，都是很费解的。

要理解好抽象知识，关键办法是把间接还原到直接上，找出特例，力争"看得见、摸得到"，利用现象来理解本质和规律。理解原子，可运用原子的塑料模型；理解波的理论，可用水波做例证；理解声音的理论——敲一敲格尺；理解生物多样性理论——看看人的眼睛；理解奴隶制度——读一读《汤姆叔叔的小屋》。找出直观形象的事例做支柱，知识的理解就容易多了。

2.知识具体化

知识的抽象性既是知识不好学的表现，也是一些知识"吓人"的原因。深入浅出，使抽象难懂的知识具体化、形象化，是极其重要的办法，这样抽象的知识就好理解了。"生产力决定生产关系"不好理解，具体成小农经济产生封建社会，就好理解一点。日常生活中时时处处蕴含着知识，在学习抽象的概念原理时，如果能和日常生活联系起来，知识学习就会变得既形象又简单。抽象概念形象化，抽象公式通俗化，联系典型的事例来理解，是一种既必要又艺术的方法。

具体化实际是从一般到特殊的过程，要把一般的概念、规律特殊化为具体的事物或现象。如有机物中的每个同系物、元素周期表中每个主族的学习，教材都是采用让学生研究个别物质，从其性质去猜想、推断该类物质所具有的共性，如讲卤族的性质靠的是氯，讲烷烃、醇类、羧酸类物质的共性时，分别以甲烷、乙醇、乙酸为例证来说明，从而引导学生感受这类物质的个性和共性。

3.区分本质和非本质、主要和次要特征

抽象是对于事物共同特征的抽取，而共同特征是那些能把一类事物与他类事物区分开来的特征，是事物的本质规定性。抽取事物的共同特征是比较的过程、裁剪的过程，是把一类事物间纷繁的非本质的和次要的特征全部裁剪掉的过程。

把握共同的本质的特征，不让本质和非本质、主要和次要特征相混淆，是提高抽象理解力的要点，对此要严加训练。例如，化学的酸碱盐本质是化学属性，以为酸都有醋一样的味道、盐都是咸的是错误的；动词的本质在于表示动作，认为"飞快"、"勇敢"是动词，"喜欢"、"害怕"是形容词是错误的。所以正确理解抽象概念，分清它们的本质与非本质、主要和次要特征很重要。

4.提高理解抽象判断、命题、推理的思维能力

比起抽象概念来，更加难以理解的是抽象的判断和命题。例如"人的本质是社会关系的集合"。对于像这样抽象的判断、命题，要想理解消化它们，也需要具体化、形象化、联系实际，举出特例。如"人的本质是社会关系的集合"，形象地说就是"屁股决定立场"，利益在哪就怎么说话。同样，数学、物理的判断命题看上去很抽象，一具体化就不难了。"以属于A或属于B的元素为元素的集合称为A与B的并（集），记作A∪B（或B∪A）"，形象地说，一男一女成婚，组成的家庭是该男女的并集。

推理本身是较高级的思维活动，抽象推理更加高级和难懂，如数学推理、数学证明、化学物质判断等都是学科中较难的地方。提高对抽象推理的理解能力、运用能力，要迈过几个坎。一是要提高对于数量关系和空间关系的理解能力、转换能力；二是要提高对于符号和字母的抽象理解和运用能力；三是思维要会转弯，如"物体通过分离出一部分物体，使另一部分向相反的方向运动的现象"，句子中思维要转两道弯；四是迅速而广泛的概括能力；五是数学、符号的记忆能力。高中阶段知识已从"经验型"向"理论型"转化，概念、规律建立的过程，以及知识运用的过程中抽象推理越来越多。如物理表述中往往只保留最后的结论，而将中间的抽象过程、推理过程大量省略，这些省略必然造成一个个的跳跃，这种跳跃与学生的思维相脱离时，便会造成理解上的困难。因此理解、运用抽象推理是学生的核心能力，也是有区分度的能力。所谓拔尖考题就是这种抽象推理难度高的考题，而拔尖学生即抽象推理能力强的学生。

五、提高理想化和数学抽象能力

理想化是指在思维中完全排除次要因素的干扰，把对象置于理想的纯粹状态下进行研究的方法。它是科学抽象的一种形式。

理想模型是为了便于研究问题而建立起来的一种高度抽象的理想对象，是运用科学抽象把事物的某些属性推到极致的结果。例如，力学上所研究的"质点"，是只有一定质量而没有一定形状和大小的点，体积、形状被极限化为0，它是一种理想模型。就其"没有一定的形状和大小"而言，这样的点在现实世界中是根本没有的，这只是一种理想的纯粹状态下的客体。质点、点电荷、电场、磁场、电场线、磁感线、理想气体、匀变速运动等都是理想模型，它们的建立，在物理发展中起了十分重要的作用。

理想实验是理想模型在理想条件下的运动过程。它需要在思维中设想出和真实的物质实验相似的实验物、实验条件和实验过程，所以也称之为"实验"。伽利略"斜面实验"即是一例：一个表面非常光滑的金属球，从一个非常光滑的斜面上滚下后又滚上第二个斜面时，在第二个斜面上金属球所达到的高度，几乎和它在第一个斜面开始滚下时的高度相等。伽利略断定，金属球在两个斜面上高度的微小差异是由于摩擦引起的，如果能将摩擦力完全消除，金属球在两个斜面上的高度将恰好相等。他进一步推想，如果第二个斜面的倾斜度完全消除了，变成水平面之后，金属球将以恒定的速度在此无限长的平面上永远不断地滚动下去——这就得出了物体存在惯性的推论：没有外力作用物体不会改变运动状态。

抽象的极致是数学抽象。数学抽象的特点表现为：第一，它完全撇开了事物质的差别，只抽出纯粹量的关系和空间形式来考察。因而不仅使它在方法上有着抽象的特点，就是它的考察研究对象本身也是抽象的思想产物——抽象的数、形以及其他数学概念。第二，数学不同于其他学科，它是不依赖于实验的，只要求严格的推理和计算。数学只研究抽象的数学概念以及这些概念的相互关系，并使用着抽象的

"思辨"的方法。第三，数学是在自身的基础上的抽象，它的概念从最原始的自然数到整数、有理数、实数和复数，从函数到微分积分、泛函、多维甚至无限维空间等，经过一系列抽象向前发展着，并且还继续着对自身的抽象。学生抽象能力的发展，以数学抽象为终极，数学抽象能力的高低，可以视为学生综合抽象能力的表征。

第四节 比较、分类能力培养

学生要不断开展知识比较归类，辨清知识的异同，以便深化知识的理解，形成比较的能力。

一、比较汉语词语

1. 比较结构相似的词语

一些汉字、汉语词汇，字形相似，容易混淆，要加以比较辨析。

例如：

戊戌、扬杨、魑魅魍魉、翅翘；杀戮——戳一刀；竟然——竞争；澳洲——广州；高粱——桥梁；萃取——青翠；赔偿——陪同；胁迫——协同；风萧萧——洞箫；萎靡——糜烂；作祟——崇高——粜；作弊——隐蔽——敝人；敕——赦。比较中要重视结构异同，细加分辨。

2. 比较含义相近的词语

例如：

不齿——不耻；勾通——沟通；无所不至——无微不至；置之度外——置之不理；不胫而走——不翼而飞。

3. 比较近义词的词义轻重、感情色彩、用法、适用范围

一些形容词与动词、名词与动词、副词与动词，虽然词性不同，但意义有相近处，容易混用，需要辨析。

例如：

这个孩子才三个月，总爱冲着人笑，真是惹人可爱（应为"喜爱"）。

我们北部山区蕴藏的这种矿产确实是十分丰富的，但如今都在睡

眠（应为"沉睡"）着。

他这个人一向为人忠诚（"诚恳"）、老实。

对有可比性的近义词，如文言虚词"之"与"其"、"而"与"则"，要找同中之异，求异中之同，感受在文句中把它们互换位置而产生的不同效果。如《愚公移山》中"且焉置土石"，"年且九十"中"且"的含义是不同的。

对意思相近词，应联系中英文比较。如死、伤、断、熄、了、丢、塌、出现、出嫁、娶、提拔、到任等，动作能在瞬间完成但不能持续；等、盼、哭、追、养、玩儿、忍、病、想、考虑、琢磨等，动作不能在瞬间完成但可以持续；看、听、讲、学、教、擦、浇、剪、广播、研究、商量等，动作能在瞬间完成，也能持续；挂、插、贴、穿、系、摆、戴、吊、钉等，动作能瞬间完成，也能持续，并能造成事物一种状态。它们在英语中各自要求的时态不相同。

二、比较英语词汇和短语

英语现在成为学生的主科，考试中涉及大量的词汇和短语。但是，很多学生不知道主动比较词汇和短语，仅仅死记硬背，因此经常混淆误用，学习效果不够理想。所以要加强英语词汇和短语的比较训练，并借此提高学生一般性的比较能力。

1. 比较形状相似的词汇

英语也有人量形状相似的词汇，要比较辨析，避免混淆。

例如：

dessert甜点，desert沙漠；sweet甜的，sweat汗水；costume服装，custom习惯；dairy牛奶厂，diary日记；aural耳的，oral口头的；abroad国外，aboard上（船、飞机）；monkey猴子，donkey驴；floor地板，flour面粉；story故事，storey楼层；steal偷，steel钢；widow寡妇，window窗户；bullet子弹，bulletin公告；carton纸板盒，cartoon动画；vocation职业，vacation假期；quite相当，quiet安静；affect假装，effect

影响；adapt适应，adopt采用；angel天使，angle角度；contend奋斗，content内容，context上下文，contest竞争；principal校长，principle原则；extensive广泛的，intensive深刻的；altar祭坛，alter改变；assent同意，ascent上升，accent口音；champion冠军，campaign战役；precede领先，proceed进行、继续；pray祈祷，prey猎物；clash（金属）撞击声，crash碰撞、坠落，crush压坏；compliment赞美，complement附加物；confirm确认，conform使顺从；contact接触，contract合同，contrast对照；council议会，counsel忠告，consul领事；emigrant移民到国外，immigrant从某国来的移民；latitude纬度，altitude高度；immoral不道德，immortal不朽的；scare惊吓，scarce缺乏的；assure保证，ensure使确定，insure保险；incident事件，accident意外；protest抗议，protect保护；require需要，inquire询问，acquire获得；expand扩张，expend花费；commerce商业，commence开始；through通过，thorough彻底的；purpose目的，propose建议；stationery文具，stationary固定的；inability没能力，disability残疾；vision视觉，version译本；gasp上气不接下气，grasp抓住；induce促使、劝诱，deduce推测，reduce减少，seduce诱使；award授予，reward奖赏；bride新娘，bribe贿赂；reject拒绝，eject逐出，inject注射，deject使沮丧。等等。

2. 含义相似词汇的比较

例如：

population, people。population人口、人数；people具体的人。

weather, climate。weather一天内具体的天气状况，climate长期的气候状况。

road, street, path, way。road具体的公路、马路；street街道；path小路、小径；way道路、途径。

photo, picture, drawing。photo用照相机拍摄的照片；picture可指相片、图片、电影片；drawing画的画。

family, house, home。family家庭成员，house房子、住宅；home

家,包括住处和家人。

sound,voice,noise。sound自然界各种各样的声音;voice人的嗓音,noise噪音。

damage,destroy,ruin。damage指部分损坏或使用价值降低,可以用作动词,也可以用作名词;destroy指彻底破坏,以致不可能修复,只能用作动词;ruin则表示破坏严重,强调致使该物的使用价值发生了问题。

divide,separate。divide指把整体划分成若干份;separate指把原来连在一起的分隔开来,也指离别。

hurt,injure,wound。hurt指肉体上、精神上、感情上的伤害;injure指损害健康、成就、容貌等,强调功能的损失;wound指枪伤、刀伤、刺伤等皮肉之伤。

between,among。between在……之间(指二者);among在……之间(指三者以上)。

speech,talk,lecture。speech指在公共场所所做的经过准备的较正式的演说;talk日常生活中的一般的谈话,lecture学术性的演讲。

officer,official。officer部队的军官;official政府官员。

country,nation,state。country侧重指版图、疆域;nation指人民、国民、民族;state侧重指政府、政体。

problem,question。problem常和困难联系;question常和疑问联系。

trip,journey,travel,voyage。travel是最常用的;trip指短期的旅途;journey指稍长的旅途;voyage指海上航行。

sport,game。sport多指户外的游戏或娱乐活动;game指决定胜负的游戏。

3.短语的比较

英语短语数量多,重要性高。注意短语比较,是学好英语的一个基本要求。

例如：

get in进入，get off下车、脱下，get over恢复、克服。

make for朝……冲去，make out辨认出，make up编造、和好、组成、打扮。

point out指出，point to指向。

put down写下、记下，put forward提出、传出，put off推迟、去除，put on穿、戴，put up搭建、建立、张贴，put up with忍受。

Stop+doing，停止做某事；Stop+to do，停下来，去做某事。

Forget+doing，忘记曾经做过某事；Forget+to do，忘记要做而未做的某事。

a number of许多，谓语动词用复数；the number of，谓语动词用单数。

in front of在……范围外的前面，in the front of在……范围内的前面。

of the day每一天的、当时的、当代的，of a day暂时的、不长久的。

three of us我们（不止三个）中的三个，the three of us我们三个（就三个人）。

by bus表手段、方式，on the bus表范围、公共汽车内。

for a moment片刻、一会儿，for the moment暂时。

take advice征求意见，take the advice接受忠告。

in a word总之、一句话，in words口头上。

in place of代替，in the place of在……地方。

三、开展数物化知识比较

数物化等学科知识具有共同的对象，都是唯一的物质世界，所以具有很大的联系性、相关性和相似性。一些学生辨别不清相关知识，出现混淆。为避免混淆，深入把握每一个知识点的特质，就需要不断地比较。"有比较才能鉴别"，比较方法是重要的知识深化方法。

在数理化学习中，要经常比较。首先要比较概念，如数学中比较加法和减法、方根与根式、自变量和因变量、递增函数和递减函数、组合和排列等。物理中比较功和能、动量和动能、重力势能和弹性势能、分子势能和电势能、光子与光电子等。化学中比较分子与原子，盐酸、硫酸与硝酸、当量与摩尔。生物中比较动物与植物、细胞与病毒、呼吸作用与光合作用等。其次要比较公式、原理，比较加法交换律和乘法交换律、长方形的面积公式与三角形面积公式、倍角公式与半角公式、左手定则与右手定则、动量定理和动能定理、机械能守恒定律和动量守恒定律、分解反应和化合反应、氧气和二氧化碳的实验室制法等。再次还要比较学科方法，如比较数学中的函数思想与方程方法，比较物理中的图示法和列表法，比较化学中的加快反应速度的加温、搅拌、使用催化剂等方法。

四、开展史地政知识比较

史地政要注意训练学生作比较、找联系的能力，让学生在比较中区分事物，在联系中认识规律，使学生既获得牢固的知识，又在知识的掌握过程中发展思维能力。要有计划地组织学生开展相近、相似、易相混知识的比较，辨析异同，认清本质，多方位理解知识。例如，让学生比较汉和唐、商鞅和王安石、日本"明治维新"与中国"戊戌变法"、黄土高原与青藏高原、台风和地震、人民代表大会制度与议会制度，通过比较认识各自的特点。还可组织学生开展大跨度比较，如比较中文语法与英文语法、地震和革命、巴尔扎克《守财奴》中的欧也妮·葛朗台和吴敬梓《儒林外史》中的严监生。通过比较，视野扩大，联系角度增加，思维得到更好发展。

五、分类能力培养

知识处处有分类，学习也要不断分类。分类有利于消化知识、记忆知识，有助于对知识的梳理和建构。

1. 设定分类原则的训练

设定正确、合理的分类标准或原则，是保障分类正确、合理的关键。老师要先让学生体会各类知识分类的标准，琢磨其奥妙。例如，

体会英文词缀的分类:

构成名词的, -(a)tion, -ment, -ness, -ship等。

构成形容词的, -ful, -some, -ant, able等。

构成动词的, -ize, -en, -ify, -ate等。

构成副词的, -ly, -ward, -wise等。

构成数词的, -teen, -ty, -th等。

物理公式的分类:

物理量的定义式,如电阻定义式$R=U/I$,电场强度定义式$E=F/q$(定义式普遍适用,无须条件)。

物理量的决定式,如电阻$R=\rho l/S$;平行板电容器电容$C=\varepsilon S/4\pi kd$(决定式指出了物理量决定于什么因素,与这些因素是什么关系,公式中因果关系非常明确)。

病句的分类:

成分残缺不全;表达前后不一致;句子搭配失当;语序不合理;句式杂糅。

修辞方法分类:

比喻;拟人;夸张;排比;对偶;反复;设问;反问。

在体会基础上,给学生一批对象,训练学生自设标准,开展分类。例如,叫学生对国家分类,对水果分类,对蔬菜分类。学生有的提出以发达与否划分国家,有的提出以是否是资本主义制度划分国家,众说纷纭,但标准都有合理性。

2.训练学生对所学知识分类和归类

知识整理、归类,可使知识条理化、系统化,不仅便于学生记忆,而且还能培养学生的归纳能力。经常训练学生整理知识,可锻炼学生分类能力,还有很多其他意想不到的效果。老师要不断给学生提任务,如让他们把中国古代文化史的内容,按天文学、医药学、农学、绘画作品等线索归类,开列成表;把数学题分成计算、证明、选择等类别,归类整理;把古诗词按照写景、抒情、春夏秋冬等来分类,回忆默写。

第五节　归纳、概括能力培养

一、归纳能力培养

在学校经常会发现这样的同学：一学期学下来，每门课都学了什么他都说不清楚，如果叫他按顺序归纳一下学过的内容，他会丢三落四、张冠李戴。还有的同学一遇到复杂的题目就头昏脑涨，理不清条件到底有哪些，问题是什么，不知所云，无处下手。这种情况说明不少同学缺乏归纳、总结和提炼的能力。

学生不断获得新知识，积累多了，就需要归纳和提炼，做到提纲挈领、去粗取精、条分缕析，问一问它们核心是哪些、关系如何、怎么排列、如何组织。这就像杂货铺，进的货物品种多、数量也多，不能杂七杂八地混放，一定要分门别类，逐一上架，把"最好的"挑出来放到显眼的地方。每一回归纳梳理、分门别类，所用的框架、方法不同，理解知识的角度、深度就不同，对知识掌握的层次也得到一次提升。

一门课的知识点很多，但各自的重要程度及难度不一样。一个学生不可能把整本书都记下来，把握的只能是核心的内容，这就需要对课程、课本作提炼。抄出课程、课本中主要的概念、符号、原理、公式，是一次提炼；补充进一些不很重要的知识，又是一次提炼。归纳提炼出课程的宝藏，并打磨这些宝藏，可显示出知识的多方面光泽。

归纳的工作，对于多数课程来说并没有多大难度。如数理化课本中，主要的概念、命题、公式原理等都打了黑体字，把它们清清楚楚地抄下来就可以了。而像语文，词汇的重点可以在注释中找，语法的重点可以在"单元说明"、"阅读提示"中找；英语的重点则可以从课后的"Check point"和全书后面的"text notes"中寻找。

归纳能力具体培养方法有：

1. 每日归纳

每日学习后要归纳学习的内容，形成日日归纳的习惯。每日归纳的线索可以是：各科老师教学讲授的内容，学的新概念、新定理、新公式，做的新试题等。

2. 每周归纳

每个周末有计划地归纳一周学习内容，按科目、字词、概念、公式、方法、错误题目等多条线索来归纳，并可以做二次归纳，增加归纳的细密度。

3. 每学期归纳

结合学期复习来归纳。先归纳教材的核心内容，让书从厚到薄，把教材的概念、命题、公式、原理等归纳出来；其次要归纳出课程的知识结构网，把各种概念、命题、公式、原理的关系梳理好；再次要归纳一门课学到的方法，把方法的性质、技巧、使用要求归纳清楚。最后要归纳做的题目，把其中经验教训归纳出来。

4. 逐门课归纳

每门课的知识中都有主干，抓住主要的，次要的就容易被带动起来。把课程提纲挈领地归纳一遍，梳理出每门课的知识框架。最好一门课形成粗细不同的两个框架，有极概括的，也有较细致的。

5. 试题归纳

学生每学期都要做大量试题，其中有经验，有错误，有教训，这份经历应该成为宝贵财富。要把试题归纳好，归纳出题型、解答技巧、错误类别、犯错原因等，给自己警醒，并提高思维高度。

6. 方法归纳

对于学科中方法性内容要高度重视，经常归纳方法、反思方法。每个方法，要归纳出它的特点、条件、步骤、处理问题的技巧，要掌握方法的精髓和关键。

二、概括能力培养

概括是寻找共同点、抛弃细枝末节的能力。概括能力在思维中十分重要，因为思维主要是以概念（概括和抽象的结果）形式进行的。学习需要较好的概括能力，但遗憾的是，现在很多学生概括能力发展迟滞，问题突出。表现为：一是不会概括，很难从现象中、材料中提炼出共性的主要的东西；二是不会理解概括的知识，难以把它们具体化、现实化；三是无法抓住主要问题进行升华性概括，概括不出高度；四是主次不分，误把冗余信息、次要信息当做主要信息；五是以偏概全，顾此失彼，只关注到部分材料，不能驾驭整体；六是表述不畅，概括后没有新词，难以对概括性词语延伸解释，说出新的话语。

概括能力训练要侧重于下面几点：

1. 从具体事物中寻找、发现共同点的训练

要概括就要抓共性，这就要求同去异。要设置寻求共同点的题目，让学生思索。例如提出：铜、铁、铝等物质的外表有什么共性？把铜丝、铁丝、铝丝弯折或捶打后有什么变化？把木棍、玻璃棒、粉笔弯折或捶打后会怎样？学生接受了多次概括共性的训练后，概括能力会提高，理解抽象知识的能力也有飞跃。

2. "深化"能力训练

从外部的、非本质的特征向内部的本质特征深入，使形象的感性材料逐步抽象、提高，到达概括，分析抽取出事物的本质特征，达到对事物概括的认识或结论，是一步步深化的过程。为此，要开展"深化性概括训练"，如概括东北人的特点、天津人的特点、中国人特点、苹果特点、草莓的特点、水果的特点、美国的特点、英国特点、西方发达国家的特点，力学规律特点、光学规律特点、物理规律的特点，让学生层层剥笋，逐步深入，最后达到较深的概括性认识。

3．"扼要"概括的表达能力训练

主要是运用语言对事情、文章的主干内容进行概括表述的能力训练，培养学生用比较少的语言表达清楚相对复杂的事情。例如，训练学生概括一部小说的内容，凝练《红楼梦》、《钢铁是怎样炼成的》等名著的梗概；训练学生概括一战、二战、新中国发展的历史；训练学生概括元素周期律提出的过程、共和国制度产生和发展的脉络。通过这样的训练，学生概括和表达会越来越精干、顺畅。

4．一般化方法

是把特殊问题上升为一般问题，归纳概括出一般理论的方法。如学习卤素的性质，先抓住对氯的研究，从熟悉个别物质的性质开始，去猜想、推断该类物质所具有的共性和递变性。教学中多用这样的方法，通过典型事例的教学，以点带面，获得总体知识。在学生概括能力训练上也要如法炮制，让学生从具体而典型的事例开始，建立总体的认识。如训练学生熟悉乙醇，归纳醇类的特点；分析若干英文名词，概括英语名词的特点（如加ship、ment、tion等）；研究透一套化学实验，总结化学实验仪器装置和实验安全的要求。

5．概念教学中提高概括能力

概念具有高度的概括性，加强概念的教学，对培养学生的抽象概括能力有很大的作用。例如数学概念的教学，先通过实例、图形对概念获得感性认识，有一个具体形象，然后观察这些实例、图形，进行分析、比较，找出这些实例、图形的共性，抽象概括出概念的本质属性。

第六节　反思能力的培养

学习的难点、要点都在于消化。知识作为声音、字符，老师讲解时每个学生都听到了看到了，但是学习效果却各不相同，效果差的就是因为没有消化它们，类同鹦鹉学舌，发其声而不懂其意。那么如何消化知识呢？方法有多种，其中较重要的一种是反思。反思是自主地思考学过的知识、做过的题目以及在学习过程中所积累的经验教训与所暴露的优缺点等的过程。

一、高度重视反思的意义

古语用"手不释卷"来形容学习的勤奋。其实从学习效果、对知识的消化这一角度来看，学生如果总是"手不释卷"，放下书本就拿起试卷，推开试卷又拿起书本，可能不会太好。人吃了食物要隔几小时后再吃东西，这段间隔是消化食物所必需的。学习也一样，吸收知识后要有一段时间来消化，初步记忆后要靠反思来加强和检验。"读书"中的反思会促进理解与记忆。反思的意义，具体说有如下几点：

1. 检查与反馈的功能——帮助学生认识自己的现状，检查学习的效果，寻找努力的方向

反思是一种特殊的考试，与老师的提问、正式考试的作用差不多，它们都是在离开书本的情况下进行的，考查学生知否、会否、记住否？反思的时候，学生相当于进行一次知识盘点，检查自己的各种学习情况：对知识掌握到什么程度了，之前的学习究竟有什么收获，理解了什么，记住了哪些，哪部分模糊，哪部分不懂，哪部分有疑

问，等等。通过这样的盘点，学生发现了自己的疏漏、错误，找出问题，为后续学习提供借鉴和向导。例如，学完一学期的语文，要求背诵的篇目不少，默忆一遍，就会发现一些盲点，某些诗篇的某些句子忘掉了，没能记牢，这就是需要加强的地方。

通过一个阶段的学习，各种知识在大脑中会留下深浅不同的印迹：有些记得很牢靠，一想就跳出来；有些则记得不太牢靠、不太准确；有些则只记住了部分和片段，只能做局部的再现，其他部分则没有什么印象，或产生了错误的记忆；有些内容则在整体上都没留下什么痕迹。默忆帮助学生了解不同知识的掌握程度，起到鉴别检查作用。默忆发现的不足是真不足，要赶紧补充。等到学好了，能默忆出知识体系，就可以不再用力。

一些学生不能对自己的知识结构与学习现状做反思，不能确定自己的学习效果，不知道自己学会了哪些，记住了什么，达到了怎样的程度和水平，还有哪些问题和不足，随后的学习也必然处于盲目状态，不能指向自己的真问题和真空白。

2.深入理解，巩固强化，拓展深化的功能

大多数知识内容都是很丰富的，人们学过一遍后（如一节课讲完了一个数学公式），常常只是初步获得一个知识轮廓，了解一些基本的方面。对于多角度、多层次的知识，有些方面是理解到位了，但有些则是思考了半截子，理解了半截子，模糊混沌的方面还不少。想要更深层次、更全面地理解知识、把握知识，就需要若干次反复的反思。

反思是对知识进行复习和再加工的过程。在反思中，知识得到复习，在头脑中被映现，掌握了的变得更稳固，缺失的被发现和暴露。反思时用自己的语言替换了书本的语言来表述知识，分解组合，构建出自己喜欢的样子。反思对知识一遍遍打磨，可品味出更丰富的滋味。

反思促进知识的消化。学习是一个过程，听课、看书能够获取知识，但是知识的全部消化还要靠课后、读完书后的反思。第一遍学习能获得知识的部分内容，反思则是另一部分知识的来源。反思能使人更深切地理解知识的含义、精髓；发现自己学习中的难点、重点、薄弱点，攻克不懂、不牢固的地方，挖掘出知识中隐含的东西、知识背后的东西、知识点之间相关联的东西。比如反思"减函数"，要问"减"是什么意思？什么在减？减有无范围？减的原因何在？常见函数（如正弦、对数函数）中哪些是减函数？再如，回忆学过的词汇"flood"，要问它是什么词性？过去式、过去分词怎么写？及物不及物？在课文中以何种句式出现？这样一番思量，有回忆，有检验，有挖掘，脑筋开动起来，理解得到深化，知识便化在心底，扎根在心底。反思是把书读透、读薄的过程。反思抓大放小，提纲挈领，能掌握知识最核心、最本质的东西。

3. 建构自己的知识体系的功能

学习的目的不在于复写、记忆"客观知识"，而在于把它们转化为主体内部的知识，形成个人的知识体系，以解决生产、生活中遇到的问题。如果不能对零星的知识做出串联和规整，用清晰明确的语言表述出来，就不能叫做对知识的真正理解和掌握。但是，知识内化、形成体系不是靠瞬间顿悟完成的，而是一个渐进累积和逐步建构的过程。反思在此有着重要的作用，它促进多种知识融合，还能促使学生展开比较、联想，实现知识在头脑中秩序化、体系化，构建出自己的知识大厦——虽然书本里学科知识的边界是清楚的，体系是完整的，但到了学生心里，它们就会变得不清楚、不完整，必须通过多次反思加工才能接近书本中知识的状态。

反思知识的过程中，学生要自己动手整理知识体系，建立知识联系图、网络图。学生可以从某一节或某个知识点出发，认真思考该节为什么包含这些知识点？它们分别从什么角度对选定的知识点进行延展或铺垫？知识间的关系可以用什么词语来概括？经常进行这样的思考，就会提高构建知识内在联系的能力，挖掘出知识间横向、纵向和隐性的联系。扩而充之，学生可以对整册书的内容进行整理和概括，求得对一个学科知识的宏观把握。

4.总结、提纯、精炼的功能

有些同学存在以练习代替总结的倾向，认为练得多了，方法自然就掌握得好，因而不愿花时间反思。其实，在做题时学生所关注的对象是方法的应用，而不是方法本身。只有反思才关注方法本身，形成深刻思考。反思是总结经验教训的重要途径。完成一项学习任务后，回顾一下自己的智力活动过程，想一想自己在阅读过程和解题过程中有何经验教训，可固化已有成就，提升思想水平。反思不是练习所能代替的，不是老师的"总结"所能替代的。学生不但要学习、做题，还要反思。每日三省，不断反思，知识的消化就会更充分，思维的能力也会更高。

有些同学以为反思是"呆坐"，是浪费时间，好学生都是手不释卷、埋头苦读的；还有同学说："书那么多，题那么多，看都看不过来，哪有工夫去反思？"这都是些错误的认识。事实上，很多"勤奋读书"但不反思的同学，在学习上很有些形式主义、文牍主义。他们以为自己没有浪费一分一秒，很尽力了，其实却忘了学习的本质——消化、理解，把知识变成自己的东西。正因为没有下定决心，丢开书本静静反思，所以不知道自己对知识是否记住、记全，是否理解正确，反而没有自信充满惶恐。如果通过反思来记忆、消化知识，将会发现知识就那么多，而且会变得越来越少——因为每次反思都是一次提炼，知识越概括便显得越少。这样，不但学习的思想负担小了，而且也有机会让自己成为更活泼、更有朝气的青少年。记住，虽然反思不能保证所有的学生都能成为优秀生，但优秀生却无一不是善于反思的。从应试角度来说，考高分的学生都是会反思的学生，他们从自己的反思习惯中获得不少增值溢出分数。

二、反思的内容

1.对课堂的反思

以时间为序来反思。例如第一节课是英语，第二节课是数学，课上教了什么？新内容讲的是什么？老师对概念、定义是如何讲解的？对公式是如何证明的？例题是什么？老师的思路、解题过程如何？老师是如何比较分析综合知识点的？如何理论联系实际的？老师在课堂上什么时候提出了问题？怎样提出的？问题的难易程度如何？等等。反思上课的一些细节，如老师的形象、口气、声调和动作，做的演示实验、举的例子、打的比方，可以发现课程的重点和难点，更深刻地把握课程的内容。通过反思，读无字之书，能促进知识的记忆和消化。课堂学习是重头戏，但光听课是不够的。课后反思是最好的复习，反思后再去阅读教科书，可以获得加倍的收获。一些同学课后不回忆、不反思，直接就去做作业，以为靠大量的作业就可把知识学好，结果总是挂一漏万。知识消化不良、支离破碎，长此以往，学习会越来越被动。

2.对教材的反思

掩卷而思，回想书中的知识点、解题方法和思路，反思自己对教材内容的理解程度，是学习活动的重要构成。这种主动的回忆，可以集中注意力，强化视读中的瞬时记忆，提高记忆效率，并发现尚未掌握好的难点，从而突破之。这样的反思，可以把握书中的关键信息，浓缩全书的内容，提炼全书的脉络，直击文本的核心与本质。

在回忆中，"卡壳"现象是不可避免的，就是怎么想也想不出来，某些内容的线索一点也抓不住。这是非常好的现象，说明阅读有疏漏之处，有理解不清的地方，需要回过头去再把相关部分研读一遍。

3.对思维方法的反思

方法本身是一类极其重要的知识，是非常关键的能力。提高方法意识和能力，需要专门的方法反思。要经常回忆掌握知识的方法，回忆课堂上老师教的方法、教材所展示的方法、解题的方法，以构建自己的方法体系。要反思各种方法的规则和用法，常想想这类问题：这个方法需要什么条件？运用步骤有哪些？方法中的智慧体现在哪儿？方法推广需要注意什么？常常回忆、默想思维的方法，可及时发现思维各环节上的问题,并及时修正和改变思维策略。如此,经验和技能便可以更好地发挥作用,思维也会上升一个台面,理论水平、思想水平也将有较大的改观。

4.对题目的反思

做作业是学生主要的学习方式。学生每天都会处理大量的试题,付出巨大的精力,但学习效果如何呢?总的来说不理想,因为多数学生做作业都是"一过性"的,做完就完了,没有回忆和反思。每道题目虽各不相同,但其中运用的知识、方法则是差不多的,这就需要靠学生的回忆和反思提取出来。回忆和反思题目时,可以多问:通过解这道题,应该学会应用什么方法?我是怎样想出关键的那一步的?那个解法自己为什么没想出来?从条件到结论桥梁何在?如此这般地问和想,经验就沉积下来,慢慢地,学生也能从题海中解脱出来。

5.结合学科特点来反思

比如英语,在回忆单词时,可能想不起来当天接触过什么词,但学过的课文大意是知道的。这就可以根据课文的大意来回想词汇。如回想英语Disney那一课,可以想到"乐园"、"城堡"、"口香糖"等词汇。对于数学,可以回想做过的一道题,题目中用了哪些符号、公式?从这些符号、公式去联想,能回忆起很多基本的概念和定义。

三、给自己"留白"——反思的策略

1.形成反思习惯,螺旋式前进

反思是学习的停顿,但是这个停顿后带来的是较大的提升。学生要养成反思习惯,要锻炼丢开书本去反思、默想的能力。每个阶段的学习后,都要安排时间反思,及时总结经验教训。开始时期,要强迫自己反思,硬性地安排时间做反思工作,慢慢地,学生就会体会到反思的甜头,自愿开展反思了。

学习不能一个劲往前赶,毫不停顿,单向直进。学习必须动静结合。学了一些知识后,一定要停下来反思。每天有每天的反思,每周有每周的反思，每个月有每个月的反思。日积月累，形成习惯，让反思成为稳定的学习方式，固化为学习活动中的一部分。

不要一整天看书、做题。每天留出一些时间反思。比如，把每天晚上8点到9点间的一个小时作为反思时间，回想和反思当天所学的及以前所学的知识；也可以见缝插针地利用课余时间反思，如饭后散步时间，熄灯后睡前时间，将学过的内容从头至尾想一遍。

2. 按照教材的目录来反思

学完某一阶段的知识后，需要检查自己的理解程度，并加深理解。其中一个办法是参照目录来反思。目录是全书的索引，同时也是全书提要。通过目录来反思和回想，等于被考查到最概括的问题，以及所掌握知识的体系化程度。例如，学完了初中数学第一章，打开目录，想一想，"有理数"的本质是什么？"正数和负数"关系如何？负数是如何被提出的？生活中哪些情况用负数表示？"有理数的加减法、乘除法、乘方"有哪些规则？一反思就会发现，自己还有不少似懂非懂的地方，需要及时补充和加固。

3. 反思中联系不同的知识点，努力形成知识脉络

反思不仅要咀嚼一些知识点，更要注重体系的建构。在反思中，要加强联系、比较、推理等知识加工活动。例如，反思中文的陈述句结构（主谓宾），应该联系疑问句、英语陈述句等，对它们进行比较鉴别，从知识的一个点扩充到一个面，以点为核心形成网络，让知识化在心底，体系长在心底，消灭知识像一盘散沙的现象。

4. 对于错误与经验的反思

学习是一个试错过程，通过不断犯错误，人的知识和技能就能逐步提高。犯错误是正常的，但犯了错而不反思则是不对的。学生要养成反思错误的习惯，每次犯错后要及时思索错误的原因，找出改进的办法。犯了错误、"丢了分"后不要自怨自艾，不要后悔不迭，这些都没有用处，关键的是要从错误里面找出弱点，把漏洞很好地弥补上。学生自编"错题本"是反思的一个好办法。一旦发现了知识上或

思维上的漏洞，就应当把它们积累下来，反复练习。"亡羊补牢，未为晚矣"，在"关键的考试"之前，任何错误都是有价值的，都需要坦然接受。假设有一门课学生能犯的错误总数是100个，那么对每一个错误进行反思后，关键的考试中就相应地减少了一个危险点。另一方面，学生学习、做题、考试都有一些好的方法，也应反思、升华，让这些宝贵的经验沉淀下来，成为一贯的能力和本领。这样学习会越来越理性，学习的效率会越来越高。

最后要指出的是，反思与阅读教材相辅相成。在反思某个知识点时若发现了含糊、不能自圆其说的地方，一定请打开教材仔细研读。发现不足而能马上消除，就能掌握完善的整体知识。

第七节　联想、想象、转化能力的培养

一、联想能力培养

联想是让知识活跃起来的思维能力，也是让思维飞翔起来的思维能力。一些学生联想能力差，需加强培养。

1.语言联想训练

语言发达是思维发展的需要，也是人内涵丰富的表现。语言丰富，出口成章，实质上是语言联想能力发达，能够展开词汇、句式等联想。要训练学生的语言联想能力，提高学生的语言联想水平。

可以训练学生"近意思迁"、由此及彼的语言联想能力，如从红花想到绿草、青松、翠柏，从"相似形"想到"全等形"，从"数的运算"想到"式的运算"，从"不等式"想到"方程"等；训练学生"对比性否定式"的语言联想能力，如从仁慈想到心狠手辣、歹毒、暴虐，从南国想到塞北、冻土荒原；训练学生比喻式的语言联想能力，如从"好像清澈的湖水那样"想到"好像安宁的美梦那样"的句子。

2.图形联想训练

图形联想是以某个图形为出发点展开联想，想出更多的图形来。例如，从圆形想到鸡蛋、太阳、苹果、橘子等；从方块想到窗户、门、水池、农田等；从金字塔想到长城、摩天大楼、航空母舰、发电厂烟囱等。图形联想能力是一种重要的联想能力，开阔了视野和思维，需要注意培养。

3.数式联想训练

数式联想是从一个数式想到其他相似或对比性强烈的数式，如从 1+1 想到 a+b、(x+y)+(n-m)。学生要加强对代数式、方程、不等式、函数等数式的联想能力，心中要存上些数式，以便从一个数式能联想到其他相似或相反的数式。数式联想对提高学生的解题能力起着重要作用。

4.概念联想训练

概念联想是从某一个概念联想到其他概念。如从电子联想到原子、分子、电子云、能级、光电子、带电微粒、太阳系等。概念联想能力是构建知识体系所必需的能力，也是比较概念、钻研概念的前提。一些学生概念把握不好，重要原因是缺乏概念联想能力，孤立地学习概念，结果概念在头脑中不能成串，无法相互区别或映照。

5.方法联想训练

方法联想是从某一个方法联想到其他方法，如写议论文，从举例论证想到引言论证、数据论证等方法。方法是解决问题的关键，是学科的精髓，心中方法多，能不断改变方法、尝试新方法，才能更好地解决问题。方法联想，可以增加解决问题时工具的品种和数量，扩大解决问题的选择范围。

6.因果联想训练

因果联想是从原因想到结果，或从结果想到原因。如，从肺癌想到吸烟，从丰收想到沃土、良种、化肥、农民。因果联想是理性分析、思想深刻的重要表现，能联想出原因、预测出结果、想出条件或结论，说明人有见识有深度。学生要尽可能多地进行因果联想训练，联想各种存在、各种现象的原因，预测各种行为活动的结果，形成对因果链的洞察力。

7.特殊与一般间的联想训练

此类联想是从一般原理、原则、状况想出特例、个案、临界状态，或从特例、个案、临界状态想出一般原理、原则、状况来。例如，从力的平衡想到跷跷板，从一朵红花想到物体反射红光吸收其他光的色彩原理。特殊与一般的联想，能够促进对一般原理的理解，激活一般原理，解决具体问题，也能提升人的理论水平，直击事物的本质。

8.价值联想训练

价值联想是从现存的事物联想到某些价值或意义，或对事物的价值予以挖掘。例如，看到一个苹果，想到它可以充饥，可以解渴，可以作为礼物；见到一台电脑，想到可以用它来看电影、聊天、浏览新闻。价值联想让人给世界赋予意义，让世界对人显出作用，所以十分重要。具备了价值联想能力，可以使人挖掘价值、评判价值，显得有主见，活得有滋味。例如话题作文"杂——合金的启示"，对于具备价值联想能力的学生来说就好写，合金是各种金属的杂，杂有种种好处，人也要杂一些，以便适合多种需要，成为多面人才。学生要开展价值联想训练，想象各种事物的价值并作出价值分析。

二、想象能力培养

有报道说，在今天我国学生的思维能力中，想象力是最低的，并和其他国家的学生形成很大的落差。很多同学学习久了，满脑子思维定势和标准答案，一点也不敢想象。给出一个问题，就想公式、找"解题"的方法，却忘记了想象也是一种解决问题的办法。例如，问学生"2100年我国人口多少"，学生想一想都说：不知道，政治课没教！问他们"林妹妹长得什么样"，学生一阵沉吟后说：不知道，语文课没教！问地球有多重，也是不知道，地理课没教！其实这类"知识"（即便有的话）很少有人见过，都应该运用想象力来回答。可见培养想象力多么急迫。

学生想象力训练应该开展：

1.培养思维解放、勇敢和自信的精神

想象可以说没有对错，因为需要想象的事情，大多属于"客观情形"不清晰、不确定的事情。但是,考试让学生总觉得一切都是要么对要么错,因为怕错就不敢想象。所以,学生要解放思想,提高勇气,树立自信,无所畏惧,敢于猜测,放言无忌。这需要给予学生积极的心理暗示和鼓励。人类到如今的确有了很多知识,但是也有很多空缺,所谓知识的圈越大,圈外的无知便越多。对于这样的问题,非想象不能解决。

2.培养形象(存在、状态)想象力

每个人的经历都是有限的,很多形象都没见到过,只能靠想象去把握。人若没有想象力,对于这些形象就无法理解,更无法进一步做思维加工。例如,多数人都没见过南极的冰山,没有感受过撒哈拉的风暴,没有领略过星云爆炸,但是靠想象力,我们可以想出相应的景观,理解其中的美丽。要经常让学生想象一些他们没见过的存在物、空间、状态,如让学生想象海底的世界、黑暗的太空、冰山雪崩、天国地狱,以问题诱发学生去突发奇想。

3.培养过程(事件、故事)想象力

有很多过程人不可能亲历,只有靠想象力去猜测。例如,创世的过程没人经历过,死亡的过程人经历了就活不过来了,所以它们的样子都是靠想象力构建出来的。学生的过程想象力需要培养,因此要经常开展专门训练,如让学生想象古人捕猎的过程、郑和下西洋的过程、野兔的一生等,以想象弥补经验的不足或不可能。

4.培养理论想象力

很多理论要靠想象去理解,想象力是学习、消化理论所必需的。例如,核反应、无穷大、共产主义等,都只能靠想象力去参悟。学生学习理论,要提高理论的想象力,想象理论中的关系、情景、形态。因此要多做理论想象训练,如让学生想象物理情景、物理过程、临界状态,想象大陆漂移、地壳运动。

5.培养假说能力

假说是人们根据已有的事实材料和科学原理,对未知的事物或趋势所提出的一个假定性解释。假说具有想象、推测的性质,这与已经确认的科学理论(定律和原理)相区别;假说具有科学预见的功能,是人们的认识接近客观真理的方式之一。假说是推测,不是严格的推理。科学在发展过程中提出过很多假说,其中一些被证实,一些被证伪。例如,化学关于燃烧的本质,有燃素说和氧化说,物理学关于光的本质有微粒说和波动说,地理学有地球的板块说、大陆漂移说等。学生也要培养假说能力,如让他们就"科学未解之谜"提出假说,猜测某种食品的元素,猜测历史上某场地震的级别。在做题中鼓励学生使用假说,对复杂的难以靠科学办法求算的问题做出简化处置,靠猜想选答案。

三、转化能力的培养

1. 养成变通的精神

思想变通,知识转化,观念融合,可以更好地分析问题、解决问题。"东方不亮西方亮","退一步海阔天空",灵活善变的头脑十分重要,是面对新的事物、环境、信息想出对策所必需的。思维有定势,一条道走到黑,有时会贻误战机,造成损失。例如,做题时要变通,一个方法不行,马上换方法,几个方法融合到一起,会产生更好的效果,常常使得解题更迅速、更有效。相反,固执会造成思路狭隘,把自己逼入死胡同。

2. 养成知识相互交叉、融会、借鉴的能力

各门知识学习后要把它们融会起来,不能各自孤立,毫不搭界。生活问题实际上是没有学科边界的,要跨学科来研究和拿对策。例如治病,既有物理疗法,也有化学疗法,还有心理疗法。语文和英语背后的语言规则很多是一致的;语文和数学、物理之间也相互交融,数学、物理使用精致的语言,对于语文是很好的补充;至于数物化之间,相互印证、支持的知识更多,它们都是对物质世界的解释。知识融会后可以相互借鉴,某一学科的知识、方法在另一学科可能会发挥

较大作用,甚至起到意想不到的功效。例如,数学运用到语文中,对文章用词加以统计,可以深刻认识文风。

3.培养一般与个别、共性与个性、普遍与特殊、理论与实践的转化能力

这些转化能力极其重要,靠它们才能使知识相互联系起来、活跃起来,具备生命力和实践能力。一般与特殊转化,可由一般原则推知特殊事物的本质属性,可通过特殊事例验证一般原理。在解题中,题目本身是特殊的,解题的理论是一般的,两者若不转化就无法解题。考虑特殊情形、极端情况、临界点、边界值,考察特例、反例,往往能帮助人们打开思路,解决问题。

4.培养数学化归能力

数学化归方法就是把未知问题化归为已知问题,把复杂问题化归为简单问题,把非常规问题化归为常规问题,把一个复杂问题化归为以前解决过的问题,从而使很多问题获得解决的方法。例如在方程中,三元、二元化归成一元,分式、根式方程化归成整式方程,可以便利地求出答案。如下题:

设$a=\sqrt{2+\sqrt{3}}$,$b=\sqrt{2-\sqrt{3}}$,求$a+b$的值。

解:

$a=\sqrt{2+\sqrt{3}}$,$b=\sqrt{2-\sqrt{3}}$,

$ab=1$,$a^2+b^2=4$。

$(a+b)^2=a^2+b^2+2ab=4+2\times1=6$

$a+b=\sqrt{6}$

第八节　记忆能力的培养

人的记忆力有好有坏,主要是由后天的训练与训练方法所决定的。例如,一些学生记英语单词,采取的是"一遍遍写"的办法,这就不利于其记忆发展,记忆效果也不好。单词都存在于句子中、课文中、实际语言中,从整体角度来识别、记忆是较好的,单独抽出来反而不好记。所以,发展记忆能力,加强对具体知识的记忆,一定要讲究方法。

一、明确记忆的标准

记忆不是越多、越深固就越好。人的头脑不是信息存储器,多了、深了有时是很有害的。针对不同的知识,要明确记忆的要求。有的要求认识,有的要求理解,有的要求一般记忆,有的要求准确熟练记忆。有的要求记忆声音,有的要求记忆符号,有的要求记忆图形。如概念不能只记词句,而应理解记忆。英文字词首要的应是记忆声音,不是记忆符号拼写。明确不同知识的记忆要求,按照要求去记忆,可避免错误用力、劳而无功。

二、掌握多种记忆方法

1.理解记忆法

不理解、没消化、不知其中道理的知识就难以记住。相反,对那些已经弄清来龙去脉、知其然也知其所以然的知识,不仅会记得快、记得牢,而且容易记得全面、准确,还不会记错。先理解,后记忆,学会在意义明晰的情况下再记忆,是最基本的科学记忆法。例如记古诗，很多学生都有"背混"了的经历，这就是开始没全理解，没能把全诗的逻辑结构消化好，背背就上蹿下跳了。

2. 要点记忆法

从一段文字、一个问题中归纳、概括、浓缩、提炼出几个要点，要点之间又有着一定的联系，提纲挈领，可依据要点来记忆。学生要先对材料进行归纳、整理、加工，浓缩出要点后再记忆。相比一字不差的死记硬背，要点记忆法使思路更加清晰、更有条理，效率更高，大大减少记忆量。

例如，第一次世界大战，可"浓缩"成如下要点：背景——帝国主义国家为重新瓜分世界，形成两大军事集团，扩军备战，争斗激烈；时间——1914年至1918年；经过——（1）三条战线，即：东线、西线、南线，（2）五大战役，即：马恩河战役、马祖尔湖战役、凡尔登战役、索姆河战役、日德兰海战；性质和后果——帝国主义间掠夺性的、非正义的战争，出现第一个社会主义国家苏联。

3. 联想记忆法

对于有趣味的知识，学生印象就深刻，记得也牢。在记忆抽象的概念、原理、理论时，运用比喻、实物参照等方法，构建抽象原理与形象物的有机结合，可以加速并巩固记忆。例如，为了记住"苯环"结构，可以记住"螺母"来提示；为记住巨鹿之战，可以先记住"破釜沉舟"的成语典故；为记住楚汉战争可以先记住"背水一战"、"四面楚歌"等故事。联想自己看书时、老师讲课时的情形，甚至都有助于记住某些知识。

4. 结构记忆法和系统记忆法

即在理解全书的结构和系统，把握了各章节内容间的本质联系的基础上，再记忆需要记忆的内容的方法。这样，每一点记忆内容的"知识环境"和边界都很清晰，相互关系也很清晰，不容易混淆。例如，记忆"中国共产党重要代表大会决议要点"时，就应先理清各次代表大会的背景、所面临的问题、主要参会人物，然后再记忆会议决议，相对来说，这样去记忆更简单、更牢固。

5. 规则记忆法

即先记住最主要的规则，再从规则推导需要记忆的一般内容的记忆方法。例如，元素的化合价，取决于原子外层电子的结构。原子外层电子排布有规则，每种元素的化合价是可以推导出来的。比如金，原子序数79，外层有79个电子，核外电子排布是2、8、18、32、18、1，所以其常见化合价为+1。

6. 目录记忆法

记忆具体知识前先记下目录，按照目录记忆要记的内容，形成良好的体系。

记住了目录，等于有了索引，记忆再现时，犹如根据书卡到书库取书一样便捷准确。学习一门学科，读一本书，一定要记住它的目录，然后按照目录去记忆和检索。

7. 歌诀记忆法

把一些需要记忆的内容编成有趣易记的歌诀，通过背诵歌诀来记忆相应的知识。如历史年代、历史朝代、政权名称等，编制成歌诀便好记多了。唐之后的五代十国名称繁杂，可编为"梁、唐、晋、汉、周，前面加上后（五代）；南北汉、闽、楚、吴，南唐南平前后蜀，还有吴越毋疏忽（十国）"，有了这样的歌诀，不好记忆的朝代名也能顺口说出来。学生可以创造性地编些顺口溜。

三、及时背诵和回忆

1. 新课过后及时按照要求背诵

人们常说"当天的事情当天毕"，对于学生来讲，完成当天的事情不仅仅是做作业，更重要的是背诵当天要求记住的内容。例如记住要求记的单词、字词、古诗古文、数学公式、经典例题等等。很多学生不愿背诵，每天都花大把的时间在做题上，时间分配不当。如果必要的记忆性内容都没背下来，做题也是照猫画虎，实效不大。每日背诵要列为课后第一任务。

2. 及时回忆和复习

人学习了知识后，会形成短时的记忆，但如果不及时复习，这些记住过的东西就会遗忘。研究表明，学过的东西，一天后会忘掉2/3。所以，复习是十分重要的。复习时，通过回忆会发现那些没有记牢甚至全忘了的地方，应赶紧补漏和加固。例如，学过李商隐《无题》"相见时难别亦难，东风无力百花残……"后，能背出头两句，但想不起其他的句子，便要赶紧看书复习。

3. 开展默忆

学生要留出时间来默忆。学习不仅要学，还要习，而习的方式就包含默忆。学生要提高默忆的自觉性，主动采用默忆的方法，对学过的内容适时进行默忆。因此，学生要给自己留出默忆时间，不能让时间完全被学习、做题给充满，要适度地抽出一部分时间来开展默忆。例如，每天拿出八分之一的时间来默忆，以消化另八分之七的时间所接收来的知识和技能。这可以巩固学习成果，发现问题，让每天收获进步的果实。

学生要利用"边角时间"来默忆。默忆可以利用大块时间，也可以见缝插针地开展。学生每天都有很多小块的零散时间，完全可以用来默忆。上下学的路上，上厕所时，户外体育锻炼之时，都会有一些闲暇，用来默忆很恰当，也可以算是对学习的一种调节。

默忆可对照目录来开展。默忆是问答统一的活动，要"先有问后有答"，问题的方向和严密程度，制约着默忆的方向和水平。但是，默忆是没有老师的，没人来提问。很多学生因此不知道默忆些什么，手足失措。实际上，目录就是最好的问题，教材就是最好的老师。打开目录，每个标题都可以用来提问，顺着标题默忆就可以。大标题提问大问题，要默忆概括的知识；小标题提出小问题，要默忆细节知识。看标题想不起来讲了什么，就说明没有记牢、学得不好，就有必要去阅读教材，复习相关章节。

要有目的地按程序去默忆。默忆前先设立目的，有顺序、有层次地想，遵循一定的逻辑秩序。比如，英语定出"动物词汇"的题目，然后按年级去想，people、monkey、elephant等一路回忆下去；数学定出"数学概念"的题目，按照函数、几何等部类去想；语文定出"修辞方法"的题目，联系例句去想。

第九节　建模能力培养

小学低年级的孩子，只要细心点，数学加减乘除的运算一般都能做得出、做得对。但到高年级出现应用题后，很多孩子的数学成绩就明显下降了。到了初高中，数理化成绩不理想的人数就更多了。出现这种情况，主要原因是学生建模能力不高，不能把客观的情形处理成有关的学科模型。因此，进行建模训练十分必要。

一、熟悉典型模型

数理化中都有很多基本模型，如数学中的加减乘除法、方程、不等式、函数、几何、三角形等，物理中的质点、轻质弹簧、单摆、光滑平面、弹簧振子、分子、理想气体、绝热物质、点电荷、匀强电场、小车碰撞等。对于这些常见的模型，学生要熟练掌握，要把它们铭刻在心间。这样，遇到实际问题时，才能够比照经典模型，把实际问题处置成需要的形态。比如，记住加法模型，明白延伸、增长、扩张、聚集等都是加法，才会处理"存款的本息"问题（本+利息）。

对经典模型进行转换、迁移、发掘，多角度递进延伸，由一生多，形成多种模型，也是一种很重要的能力。如三角形是一个基本模型，延伸出更多的模型，便可以更好地处理实际的不那么规则的三角形问题。

对于各种模型要比较分析，研究它们的关系，这样既能把模型分开，也能提高对模型本质的认识程度。

二、熟悉、钻研教材建构模型的方法、思路

在教材中模型的构建有很多方法，这些方法是学生应该好好模仿的。例如，化繁为简的方法，就是将繁琐的事情转化成简单问题，从纷繁芜杂的现象中取出主干；化综合为单一的方法，把综合存在化解为单一现象；化实际为理想，把实际情况理想化，去除不需要的因素。学生要仔细阅读范例，分析、思考和研究范例，提取和吸纳其中的模型化方法，作为自己处理模型的基本技能。

三、在解题中训练建模能力

1. 丰富生活知识，增强建模意识

学生缺乏生活常识，对生产生活中常见的事项不够了解，如没见过发电机、气泵等机械的内部构造，没见过喷施化肥、农药，对单循环赛、上涨幅度、翻二番、飞机逆地球自转方向飞行、熊市、牛市、A船说B船在它的正东方向等词语生疏，因此见到一段描写生产生活的文字，往往并不理解是何意思，描述的是哪种现象，更难抓出本质建立模型。所以，要多开展课外实践活动，让学生多接触社会，丰富他们的生活阅历，以积累更多的素材和经验。

同时，学生也要理论联系实际，用理论去加工和解释实际，把实际状况、问题转化成理论模型，以求更深入地认识它们。

2. 开展单元化建模训练

训练抽象能力。训练学生把日常现象抽象为学科对象，把日常语言抽象成学科语言，把具体的数量关系概括成一般的数量关系等方面的能力，练就从现象中抓本质、找规律的本领。

训练概括、提炼事物内部关系的能力。建模是建立某种关系，而概括、提纯关系是建模的基础。训练学生提取关系、表述关系的能力，如抓物理变量关系、化学变量关系、GDP和收入水平的关系等。

训练变"事理"为"数理"的能力。建模是将某一实际问题，经过抽象、分析、联想、简化，变成数理化的关系和道理。训练学生

对实际生活学科化的能力，抽取其中的变量和参数，如把水龙头出水慢、水流小抽象成压强、压力问题，把低温、阴天庄稼不实抽象成光合作用不良问题等。

训练模型类比能力。能拿经典模型与新型问题比较，根据已熟悉的模型去解决不易建立模型的待解问题。例如写作文"我的家乡"，可以把课本相关文章当做范文，按照其模式去模仿。

3.培养灵活的思维和开阔的建模思路

建模需要灵活的思维，不可"固执一见"。例如对于抽象出的要素、要素关系、构建出的"方程"，都应多元探索，想到多种可能性，不断优化。如"成功公式"，爱因斯坦提出$A=x+y+z$，其中A代表成功，x代表艰苦的努力，y代表方法正确，z代表少说废话；也有人提出成功=$[(A+B)\times C]^D$，其中A代表人拥有的客观现实条件，B代表机遇，C代表创造性地努力奋斗，D代表迈向目标的热情和信念，看上去都有道理，均可自圆其说。

4.注重模型归类，提高建模能力

建模需要不断地总结和反思，要总结建模思路，总结适用的模型类别，总结设立未知数的方法。要注重模型的归类，根据不同模型进行分类复习。唯有如此，学生的建模能力才能得到提高。

第十节　方法、工具、程序思维能力培养

一、方法、工具思维能力培养

1. 培养方法敏感性、自觉性

有些学生对于知识很敏感，但对于方法却不敏感，结果成为知识的仓库，而不是有智慧的人。学生要培养对方法的敏感性和自觉性，敏于发现新方法，为新方法而兴奋。例如，读书时看到新的解法，要意识到这是新的，要充满热情地模仿、吸纳；看房龙的一篇文章，对其写法感到惊奇，能意识到这是一种新的叙事方法，仔细琢磨和体味。

2. 培养方法归纳能力

学习中会接触很多方法，学生要归纳方法，建立自己的方法体系。学生应该每周、每月、每学期归纳收获的方法，应该分科归纳方法。通过归纳锻炼，形成自己的方法宝库。

3. 训练方法的应用能力

学生在做题中，总是不停地使用各种方法。但很多学生摆不正方法和做题的关系，以做题为本，忽视方法。要提高学生对方法的重视程度，让做题服务于方法的精熟，而不能为了做题而做题。在做题中，学生不仅要体会、掌握具体的数学、物理等学科方法，还要有意识地训练分析、综合、比较等方法。

4. 培养方法综合能力

解决问题往往是复杂的，单一方法常不能独立地完成任务，所以方法综合是必要的。而且，方法综合产生更好的方法，带来方法的飞跃。学生要训练方法综合能力，应该有意识地开展多元方法的渗透和融合。

例如，在解数学题目的过程中，分析、综合等几个方法都运用进来，在对整个题目进行分解各个击破后再综合，可能会更容易一些。

二、程序化思维能力培养

在生活生产、工作学习中，方方面面都有程序问题。例如读书需要程序，做题需要程序，向老师问问题需要程序。程序得当，效率就高。没有程序，章法混乱，就会导致效率低下，也常带来错误。如做题时，题目只看一眼就做，写几笔又回来读题目，就很容易把自己搞糊涂，出错误。

程序化思维能力是可以锻炼的。建议学生从以下几方面加强锻炼：

1. 每天的时间分配程序化、秩序化

一些学生每天的时间是自然分配的，或者说没有自觉的计划，想起某件事就做某件事，目标性不强，连续性不好。早晨起来，手头有数学书就看数学，看一会儿，觉得应该听听英语，就放录音机，听几句，又想起语文的背诵任务，就去背诵诗词……项目繁多混乱，前后不大照应，随心所欲，像"分子"做布朗运动一样，各项学习都不深入，学习的总效率不高。

建议学生把自己每天的时间分配管理起来，建立程序和秩序。例如，早晨听英语，去学校路上背诵诗词，到校后课前复习前一天的内容，白天听课时好好听课，放学后先复习当天的知识，读相应的教材章节，然后做作业……在每周周末，再来一次总复习，把一周所学的知识复习一遍。

2. 读书的程序化

读书先从哪儿开始？怎么读？这是程序问题。一本新书，先读目录、序言，然后逐章阅读。

已经读了一些的教材，每次读时，先翻看目录，以目录为线索回忆所学所读；然后认真阅读新章节，作摘要与笔记，归纳新章节的内容。放下书后，要思考书本为何这样写？章节为何这样排序？开展反思和挖掘。

3. 做题的程序化

做题是系统的过程，细分一下，包括"审题——知识点对号——解答——审查"几个环节。要先审题，读懂题目，读懂其中的问题、条件；然后在头脑中去想这些问题对应的原理，用哪个原理更恰当充足；最后再解题。程序清楚，章法明晰，解题的正确性和速度都会得到提高。

4. 程序化地复习和总结

一些学生爱学习新东西，对已学内容不注意复习和总结，结果总的效果不好。每周、每月、每学期都要自觉进行复习和总结，不要等到期末在老师的带领下再总复习。

每周的总复习，要包括三个部分：教材的复习、总结；题目的复习、总结；思路的复习、总结（含老师讲课的讲法和讲题时提示的方法）。复习最好放在周六上午，先对照目录回忆，然后翻看教材，再找出做过的相应题目逐一检视，默想思路，对错误的题目动手再做一遍。月复习、月总结的程序一样，但详略可以调整。

5. 任务的程序化、秩序化

学生在初中、高中阶段，总任务是完成学业，学好知识，发展思维，但这个大任务需要分解，落实到每个月、每周、每天中完成，不能一口吃个胖子，也不能有头没尾，穷于应付。比如，教材阅读这一任务，应该分解，一个学期读完（应稍提前一段时间），那么每个月就需要读1/3本书。各科合在一起，每月需要读两三本书。任务量明确后，要在每月、每周内完成分解的那一部分任务。

6. 培养一般性的过程化、程序化能力

（1）培养找出环节的能力。经常做的工作，要体会其中的各个环节，把环节分开。能够划分出基本环节，才有可能标准化，才能针对每个环节提出技术要领，提高工作质量。例如，学生总写作文，想一想，写作文可以分出哪些环节？

（2）培养确定环节顺序的能力。过程中的环节是有秩序的，不能颠倒。有很多事情，颠倒顺序会造成失败。顺序排列要根据事物的规律，要明确清晰。例如做题，先审题，然后才能解题，如果拿来就解题，很可能要不断返工。

（3）培养制定操作规程的能力。明确环节和顺序，明确操作要领，把环节和顺序变成要求明确、技术性规范的规程。规程的出现，是一门行业、一种技术发展到较高程度的体现。

（4）培养绘制流程图的能力。把事物流程用框图表示，每个框表示一个环节，箭头表示顺序和关系。

7.培养计划能力

（1）培养时间运筹能力

充分利用时间是一门艺术，懂得驾驭时间，是走向学业成功必备的才能之一。每个人每天时间是一样的，每个学生每周、每月、每学期时间也是一样的，但是，由于运筹的水平不同，利用的效率也不同。有的人只注意到大块时间，统筹的只是大块时间，有的人则注意到零散时间，统筹到了这些时间，因此时间就多了出来。关于时间和任务的匹配，有的人运筹得好，有的人运筹得差，分配给相应任务的时间要么太少要么太多，而非恰到好处，所以造成时间的浪费和仓促。因此，训练学生运筹时间，安排好时间，是很必要的修炼。

（2）培养资源统筹（分配）能力

资源是最宝贵的财富。不同的层面，资源也不同，国家层面，人力、物力、财力、环境、气候、民心等都是资源。对于学生而言，时间、学习资料、老师、同学、家长等是学习的资源。统筹好这些资源，让资源发挥最大效益，对学习有很大的促进作用。例如，老师不光讲课，还要解答问题，向老师请教自己的问题，是利用好老师资源的重要方面。但事实上，一些学生从来不向老师请教问题。同学也是学习资源，30人一起凑成一个班具有很大的教育意义，向优秀同学请教，给学习困难的同学辅导，都会很好地促进学习。其他学校、社会机构，也都是重要资源。

(3) 培养目标设定能力

目标是一个人试图完成的行动目的。目标是引发行为的最直接的动机，设置合适的目标会使人产生想达到该目标的成就需要，因而对人具有强烈的激励作用。训练设定目标的能力，先要训练回答为什么，学会挖掘目标的意义。为什么要设置该目标？目标的后面是什么？要能找出理由，理由能够支撑目标。其次要训练提炼能力，把目标提炼出来，变成比较精致的几句话、几个词。再次要训练坚持目标的能力，要能克服自己的随意性，把目标变成一贯的意志。

(4) 培养计划书、工作方案等写作能力

计划书是对即将开展的工作的设想和安排，如提出任务、指标、完成时间和步骤方法等。计划书的主体部分是列出准备开展的工作、任务，并提出步骤、方法、措施、要求。工作方案是计划书的一种，是对未来某一重要专门事项，从总体上所做的最佳选择与安排。工作方案的核心内容，是对工作内容、目标要求、实施时限、实施对象、阶段划分、实施的方法步骤、负责人、组织机构、督促检查等各个环节做出具体明确的安排。

第十一节 判断、解释、推理能力培养

一、判断能力培养

1. 深入领会学科知识，把握好学科概念

构造判断，判别某一判断的真假，除了掌握判断逻辑、判断形式的规则外，更主要的是要有扎实的学科基础，对学科概念很清楚。否则，逻辑规则不可能解决实质性的问题。例如，判别"李煜是宋朝词人"这个判断对否，从判断本身推不出对错，关键还取决于文学知识。要在"钢"、"铁"间建立判断，也主要取决于化学知识。懂化学的会说"铁再加工得到钢"，"铁中融合一定量的碳生成钢"。所以，用好判断根基在于概念上。

2. 综合各学科力量，培养判断能力

有些人误解判断，以为它只是"语文"的内容，是一种语言学知识和能力。这严重地妨碍了学生判断力的发展。实际上，在各个学科中都要使用判断，判断能力的培养要综合各学科的力量。各个学科在教学中，都要注意判断的知识，教给学生判断的技术，讲解概念与判断、判断与推理的关系。不同学科的教师，要把本学科常用的判断讲明讲透，如数学要侧重讲解关系判断，物理要侧重联言判断、假言判断，把各种判断的真假、推理关系清楚明白地教给学生。再如语文学科，要把判断规则作为教学重点，深入教授判断的知识，让学生更好地做到形式上、程序上的思维正确。

3. 培养学生思维独立、思想自信和思想解放的精神

判断力培养实际上不只是知识、智慧的教育问题，还是人格的教

育问题，是人的自信、独立性、人格等培养的问题。要先发展独立的人格，然后才有独立的见解；要先解放少年的头脑，然后才有少年的锐气。因此，要尊重学生的个性，保护他们的自我，允许他们胡思乱想、标新立异，鼓励他们张扬个性。"恰同学少年，风华正茂；书生意气，挥斥方遒。指点江山，激扬文字，粪土当年万户侯。"有了这样的精神气质，作出正确判断乃至很有见地的创新性判断，都不会再是难题。

4.培养学生的价值判断能力

价值判断是一类重要判断。目前学生的一大问题，甚至说国民的一大问题，都是不能很好地进行价值判断，或者经常误判。例如，社会上曾流行过吃生茄子减肥的做法，数以万计的家长相信"学奥数使孩子聪明"等，就是令人遗憾的例证。所以，要突出地培养学生的价值判断力。

在人与万物的关系中，人是作为主体而存在的，人是世界的中心。只有主体突显出来，万事万物才有价值。一个人要想做出价值判断，就必须让自己先获得主体性，具备自主、主动、能动、自由、自尊的地位。

提升价值判断能力，要拓展主客关系的构建能力。只有建立多种主客关系，才能发现并寻找出事物的价值。同时也要发展对主客关系理解的能力，理解后才能实现对价值的思索。例如，构建起"水库与自己"、"工厂与自己"的关系，才能发现国家的大工程原来对自己也有影响。

培养价值判断能力，还要尊重和保护个体，弘扬个性与自我，改变文化中突出权威（老师、教材和标准答案）的积习。

二、解释能力培养

在知识运用、人才发展中，解释能力发挥很重要的作用。自然的奥妙需要说明，社会生活需要说法，没有解释就不能消除疑虑和惶恐，知识就空置而无实效。培养学生的解释能力，是教育的一项重要任务。

1. 培养"对话"的能力

解释首先是一种对话，高明的解释能力包含较高的对话能力。锻炼对话能力，要学会因人而异地对话，使用对方听得懂的语言、事例给其说理。例如，对小孩说话，要用孩子的语言，"把你的胳膊摘下来，你疼不疼？你把花摘下来，花疼不疼"，小孩就能听懂。学生要多开展对话，与不同人就不同话题展开对话，如，组织学生与语文老师对话，与数学老师对话，与物理老师对话，与历史老师对话，练习用不同的话语体系开展专业对话的能力；组织学生与小朋友对话，与异性同学对话，与老年人对话，与老板对话，与打工者对话，练习与不同的社会角色开展对话的能力。

2. 培养打比方、举实例的能力

解释要通俗，但是有一些事理本身不通俗，只能用比方、实例说明，让它们变得容易理解。例如，形容弹力：哪里有压迫，哪里就有反抗；形容电荷、磁极相互作用：同性相斥，异性相吸；形容作用力与反作用力："有来无往，非礼也"，"以眼还眼，以牙还牙"，"同生死，共命运"等。组织学生找出一些较抽象的概念、原理，让他们练习打比方、举实例等通俗易懂的解释办法。

3. 培养深度剖析的能力

深刻的解释是指能够深度剖析，揭示事物深层次的原因、要素、结构、变化过程等，让人对事物有更深的认识。比如，解释"北京的饭店菜价贵"，如果能从北京店面的房租、人力成本、消费能力几方面加以说明，就会让听者更加信服。培养深度剖析能力，一则要多学习，二则要多思考，再则要善于分析原因结果、结构功能等，把握理论的结构和特征。选择一些题目，如"中国经济神话从哪来"，"沧海桑田罗布泊"，让学生深度剖析和解释。

4.培养说服的能力

说服是解释中的重要部分。不能说服，就是无效的解释。说服主要取决于态度，仅仅掌握真理不等于能说服人。培养说服能力，首先要培养对价值观的体认能力，能够识别出多种价值观，分析清每种价值观的特点；其次要培养价值同情的能力，对别人的价值观能理解、共鸣，给予适度的支持；再次要培养价值讨论的能力，可以修正对方的价值观，输出自己的价值观。提出一些题目，如"劝说轻生者"，"我劝您戒烟"，让学生练习。

三、推理能力培养

1.从生活推理、简单推理开始，培养学生对自己推理能力的信心

推理是一种思维"不断转弯"的活动，推理过程中要进行多次判断，运用多种思维能力，所以比较难，容易难倒学生。

在生活中，很多活动都能有效地发展学生的推理能力。要善于就近取譬，就有趣的问题、奇特的问题、令人不可思议的问题、不符合人的需要的问题展开思考，开展演绎推理、归纳推理、类比推理，提高推理能力，树立思维自信。

例如，到家按开关灯没亮，看看楼道灯是亮的。怎么了？（自己家的电路出问题了。）

毁林造田、围湖造田为何不好？（生态失去平衡，气候发生恶化。）

美国为何打伊拉克？（政治反映经济需要，意识形态冲突。）

甲流为什么不可怕，可防可治？（病菌是生物，都有生死。）

利用面积公式，推算学校的面积、北京的面积。

生活中处处有推理性问题，学生日常不断地推理，推理能力就能提高，信心也可大增。现在的孩子体验"生活"太少，小小年纪就沉浸在学习中，实用推理锻炼不足，影响其思维发展。

2.各门课程都要全程培养推理能力，把推理训练有机地融合在各科教学中

语文英语、数理化、史地生各门课，都有大量的推理题目，需要较高的推理能力，因此要注重培养学生推理能力。要有意识地结合实际生活训练学生的归纳推理能力，如让学生注意街头牌匾，归纳一下哪个字体用得多？回答为什么？归纳高原人的肤色特点，探究为什么？归纳家庭装修材料的共性，分析其危险性。每门课都要找出一般原理，训练学生演绎推理的能力。语文让学生根据文学标准分析马克·吐温、高尔基的作品，做出点评；数学让学生依据指数函数理论分析我国银行存款利率；物理让学生结合势能规律，研究我国水力发电的利和弊。此外，还应结合生产生活和各学科前沿问题，让学生展开类比推理，去探索疾病、衰老等各种神秘问题。

3.开展专项推理训练

推理能力是由多种能力构成的，需要分项培养。比如，要开展"复杂的联言判断"、"复杂的假言推理"、"复杂的选言推理"、"假设能力"、"论证能力"、"产生论点的能力"、"提出论据的能力"、"反驳能力"、"推理中'绕弯'能力"、"推理逻辑规则"等专项训练，提高相应的思维能力。

4.开展寻找思维谬误的训练

个人的思考、社会思考，存在很多谬误。找出来，批评它们，推理能力很快就会大幅提高。比如，"从摩天大楼上掉下的一枚硬币可以砸死路人"、"老母鸡炖汤更有营养"、"长城是唯一可以在太空中看到的人造建筑"、"动物能够预测自然灾害"，这些说法对吗？不对的话，又错在了哪？

5.总结推理的方法与经验教训

（1）分问题类别的总结

如几何，证明两条线段相等，两条直线平行，两角相等，两线垂直等，各用何种方法和思路？几何辅助线有哪些种类？"几何、几何，想破头壳"，学生把创设条件的方法总结出来，证明能力会显著提高。

如化学，物质推导、成分推理等，各有何种方法和思路？

如英语阅读，如何推断作者观点、态度？如何推断关键字词的含义？

（2）推理中"断点"的衔接技巧

有些推理，缺乏前提、条件，道路不畅通，会出现断点。断点的地方要创设条件，搭建桥梁，让推理得以延续。例如，论证"市场经济需要法治"时，很多学生能论证一个国家需要法治（相当于大前提），但对于经济和法治关系却说不明白（找不到小前提），论证出现断裂。学生这时候，如果能够取一个例子，如想一下"买卖合同"（买卖合同得到合同法的保护，使得具体的买卖诚实可信，避免欺诈蒙骗），就可以把思维打通，论证就能开展下去。这种推理中"断点"衔接的技巧十分值得学习，是极其宝贵的经验。

（3）思维转弯的办法

简单推理，就是拐的弯较少的推理。复杂推理，则是弯转得多的推理。弯子超过3个，一般人都较难推出来。例如逆否命题就转了3个弯（逆，否，判断逆否命题是否正确）。

但是复杂推理还是较多的，这不以人的意志为转移。因此一方面要练习思维转弯的能力，另一方面要及时总结优异的转弯办法，使其变成法宝去应对其他推理的挑战。

（4）推理规则的总结

推理的过程、规则是现成的，但那是写在书本上的。要化到自己心底，能熟练使用，还得自己总结一下。总结、消化、用活，如自己总结出"为了否定所说的命题，需证明假设并不蕴涵结论"，推理能力就真的进步了。

6.把课本中的推理自己推两遍

数学、物理中，很多公式都是推理得出的，例如倍角公式；化学中根据元素的族、在周期表中的位置，推导化学性质，从化学反应中原子的性质，推导出化合价。对于课本中的推理，学生自己要推两遍。通过推理加深理解，记住知识点，同时也锻炼自己的推理能力。

7.在做题中培养推理能力

(1) 利用试题锻炼推理能力

学生大量做题,要利用好各科的解题活动提高推理能力,把推理能力训练作为解题的主要目标。

如在语文、英语中存在"阅读推理"——对文章的引申含义进行分析和推测,概括具体内容,从具体到抽象,从个别到一般,从现象到本质,对文章进行提炼与升华;

如在化学中存在"物质判断推理"——根据反应的现象推断反应的本质;根据物质的特征推断物质的化学成分;

如在物理中存在"预测推理"——根据物理规律,判断某种情形的可能与否、真与假,或者推断某种变化的最终结果。

各门课程都为发展学生的推理能力提供了丰富的素材,教学中要结合讲课、留作业、批改,突出训练学生的推理能力。

(2) 在证明中集中强化推理能力

证明题需要从题设出发,经过逐步推理,来判断命题是否成立。它们基本上都是运用已有的知识、原理作为推理的前提,结合题设推出新的命题,一步步推下去,构建出一套环环相扣的判断体系,最后推到题设命题,验证题设命题的真假。证明题对于推理的训练相当集中,要组织学生多做证明题,在证明中熟悉和运用推理的技巧。

(3) 学会特殊化方法

对于一个一般性问题,从特殊情况入手,有时更便于寻找出思路和解法。特殊化方法能化难为易、化繁为简,为解决问题提供便利。

在各个学科中,都有一些特殊情形、极端情况、临界点、边界值等,在遇到这种情况时,若使某些数值恒定,问题就能简化,也方便解决。它们是学科知识点,也是学科思维的有效方法,更是做题捷径。学生需要培养起极限、临界的意识,掌握特殊化的条件和窍门。

(4) 分析自己的错题,总结推理教训

错题的一个重要原因是推理不科学、不严密,没能遵循逻辑规则，违背学科规律。例如，对于证明题，有的学生不会使用三段论，只写出大前提后就写结论；或者虽然遵照了三段论规则，但是错误地使用学科知识构造出错误的大、小前提，无法推出结论。学生总结自己推理性试题的错误所在，归纳错误的类别，是提高推理能力的必由之路。

第十二节　客体思考能力培养

培养思维能力，归根结底是要在置身客观世界时，能分析它们的属性、现象与本质、原因与结果等，深化相应的认识，解决相应的问题。所以，提高在知识范畴内的对客观世界的思维能力，具有终极性，是思维训练的重要内容。

一、属性思维能力的培养

属性思维能力是认识事物各种属性的能力：发现事物的属性，研究事物的属性，对属性进行比较分析，深化对事物的属性认识。如历史上物理学家们发现物体的硬度、导电性、导热性、磁性等物理属性，研究了不同物质的属性差别，揭示了这些属性的本质，就是运用了属性思维能力。

要训练学生的属性思维能力，训练学生去发现属性、描述属性、比较属性，养成属性的敏感性和洞察力。如，让学生注意钢铁、玻璃、土壤、汽油等不同物质的密度，注意长城、天安门、金字塔、凯旋门等著名建筑的形状，注意中国、美国、法国、德国等各国国旗的颜色，养成关注事物属性的习惯。还要培养学生从属性着手，探究事物奥妙的兴趣、能力，分析属性的真假，剖析属性成因，深化对事物的深度认识。

二、现象与本质思维能力培养

人要具备认识本质的思维，这样的思维才是高效和深入的，才能摆脱事物现象的纷繁，把握事物的奥秘。人类的历史是探索本质的历史,文明的不断进步,就在于知识了越来越多的事物的本质。

培养现象与本质的思维能力应侧重:

1. 现象观察力与描述能力

对于现象有无敏锐的感觉?是否会观察?这是一个重要的本领。要组织学生观察事物,如让学生观察同学的衣服,观察上学路上植物的情况,观察考试后同学的情绪。观察开启认识的大门,看似简单,实则极其需要加强。

2. 本质的挖掘能力

对于本质的发现,尤其是原创性的发现,是极为了不起的。但在学生学习阶段,原创性的本质挖掘基本上不可能,所以可以通过重走发现之路,让学生体会本质抽象的过程和方法,学习本质挖掘的综合性思维。

3. 从本质找现象的能力

由于我们的课程多数是本质性的,对于现象的介绍有限,学生有时掌握了本质,却未了解与之对应的现象。因此,从本质逆推到现象,也需要训练。例如,"1"可以对应哪些事物?"凝华"的物质有什么?我们从本质的角度去学习知识很简单,但是从现象上认识,还是困难的。例如病毒,画到书本里一清二楚,可"拿出"一个微小的生物体,却不易判定它是否是病毒。

4. 分析现象抓本质的能力

从现象中找出本质,从变易中找出恒常。例如做题时,把物理现象升华为物理本质;把现象的过程升华为物理关系。

5. 揭示假象的能力

假象类同于现象,但不是真的。要发现假象,看出它的虚假。这需要分析、判断,去伪存真。

三、因果思维能力培养

科学的基本特点是揭示事物的因果关系,并力求把因果关系数学化。物理、化学、生物等经典科学均如此。相应地，较高年级的课程，大部分也是介绍和探究事物的因果联系的。学生学习到稍高阶段，需要较强的因果思维能力。例如，物理中，力学研究的主要是各类因果关系，力与加速度、速度的因果，速度与位移的因果，电压与电流的因果；化学中研究元素化合分解的因果（内因外因），原子结构与化合价间的因果；语文研究语言的运用与美感间的因果（词藻、结构、修辞如何营造美感），结构与表达效果间的因果；历史研究历史人物产生的因果、历史事件发生的因果，寻找直接原因、主要原因、根本原因，总结历史经验教训；数学中，方程、函数、集合、映射是因果关系的另一种表达，也是因果关系常见的数学形式。

学生要重点发展因果思维能力，要善于分析事物有无因果关系，理清何为因何为果，把握因果关系的样式，力求把因果关系函数化、数学化。

学生因果思维能力训练应侧重：

1.因果关系的发现能力

对于学生而言，要站在自己的角度发现事物间的因果关系——虽然这些因果关系人类都已经了解了。要组织学生开展探索式学习，通过自己观察、动手，去"发现"自然的奥秘。如让学生观察水往低处流，观察不同质量的物体从同一高度、同质量的物体从不同高度砸进沙坑的效果，自己发现势能定律。

2.因果关系的推理能力

即根据因果规律，已知原因，推导结果，或者知道结果，推导原因。给学生出题目，让他们"循因导果，执果索因"，如从力推导运动方式、位移大小，从轨迹推导力、初速度等。

3.因果识别能力

即搞清相对的事物中哪个是原因、哪个是结果，避免倒因为果或倒果为因的毛病。例如，让学生分析水土流失和土地开垦的关系，中东战争和宗教的关系。

四、结构功能思维能力培养

为提高学生对事物中的结构、功能及其关系的思维能力,要着重训练:

1. 关注事物的结构

结构虽然是客观的,但是人们认识它的能力并不同,有些人不善于认识结构。例如,人的容貌主要取决于结构,好看与否主要取决于面部"零件"的搭配。画家善于把握人脸的结构,一般人则不行。每个学科都有很多结构的知识,从结构上认识事物是认识的重要内容。要组织学生多钻研结构,研究文字的结构、公式的结构、定义的结构、文章的结构,提高结构的认识能力。例如,研究汉字的结构,分析汉字的偏旁部首等结构要素,研究杨、柳、雷、雾等汉字的结构与含义,体会汉字的发明方法。研究$E=mc^2$,分析为什么人们说这是最美的公式?分析英语时态的表达方式,观察它们结构上的特点,如分析"I will have supper"与"I have had supper"的结构区别,了解语言的形式性规范。

2. 认识结构与功能的对应性

事物的结构为何如此?答案往往在功能上;事物的功能为何如此?答案往往在结构上。认识功能与结构的关系,知识可以获得"一加一大于二"的效果。联系化合价认识原子的外层电子排布,能更深切地理解化合价与外层电子结构;联系文章、句子结构认识作品的含义,能有双丰收。

3. 优化事物的结构

优化结构是重要的工作,是人的主观能动性的体现。事物有自然结构,但是人可以优化它,而改变结构就能改变功能,让事物更加切合人的需要。我们改变碳的结构,有可能产生金刚石;改变文章结构,可能让人耳目一新。

4. 根据功能设计结构

功能要求确定后,可以设计结构。要想躺着,就需要长于身体的平板;要想坐着,就需要承重的较短平板和防止背部倾斜的背板。

房屋装修，卧室不同于厨房，卧室要宽敞点、明亮点，所以很少做吊柜，还要尽量开大窗户。为了说明操作办法，用说明文体；为了抒情，则写成散文。这些活动，都是功能先行，以功能统领结构。

5.画结构图的能力

对结构认识要形象化，绘制出结构图。地质学家研究地球结构，最后制作出地球剖面示意图；门捷列夫研究元素周期律，最后绘制出了元素周期表。这些图表，方便了人们的理解，有力地传播科学成果。在学习中，学生要学会绘制结构图，例如细胞结构图、电路图、化学实验设备流程图等，还要善于运用结构图梳理已学过的知识、整理收集到的资料，掌握多维的知识交流和整理方法。

五、系统要素思维能力培养

从系统要素的角度去认识事物，有助于加强认识的整体性，也能深化对各存在要素的理解。

系统要素思维能力训练应侧重：

1.系统拆分能力

系统本身是完整的，怎样去"拆卸系统"，把系统分解为部分、要素，是一件需要智慧和能力的事情。就如同《庖丁解牛》所言，要抓住关节，理清脉络。要训练学生分解有形的"器物"，分解无形的"历史事件"，掌握实和虚的系统分解方法，提高实和虚的系统分解能力。

2.要素提取能力

系统包含要素，要把要素从系统、从整体、从其他要素的包围中分析出来。这在实际的操作上不容易，在思维里面也有难度。例如，把黄金从沙子里分离出来，叶绿素从叶片里分离出来，铁从铁矿石里分离出来，都是不简单的。要组织学生开展要素提纯的思维训练，如让学生提取人的道德品质，提取农业丰收的成因。

3.要素整合能力

要素组合成系统，尤其是按照人的愿望、设想组合成系统，是需要开动思维机器的。有了砖瓦木石,能否盖出房子?未必。能否盖出别具一格的高质量的房子?更是未必。七个音符,组合出的音乐无数,每一支歌曲都是心灵的创造,杰作就是组合得好、组合得绮丽。要组织学生开展要素组合的训练,让他们利用基本的几何形状设计大楼、园林,用汉字偏旁及其造字规则组合新字。

4.系统构建能力

从工作或研究的角度看,系统建构能力是高级的重要的能力。例如,工业中有总装工程师,专门考虑机械的系统;城市有规划师,侧重于系统的规划设计。在社会实践中,像美国建设第一个民主共和国,我国1949年后建设一个新中国,都是伟大的系统设计。邓小平对改革开放贡献巨大,被称为"总设计师",就是说他对新社会做出了系统的构建。一个人写一部小说、一本专著都不容易,因为这是系统的设计。

学生学习到一定阶段,要整合知识,把它上升到系统层面。要有意识地安排学生开展系统建构工作,让他们把唐诗、宋词、古文搭建成系统,把物理、化学建成系统。通过系统建构,学生对要素性知识的认识得到深化,对整门学科的精髓把握更准。

六、内容形式思维能力培养

人类改造世界,追求内涵充实、形式美妙。为此要提高内容形式思维能力。

内容形式思维能力训练应侧重:

1.欣赏形式和内容的能力

形式是否美好?是否合适?内容是否感人?是否适用?这是很重要的鉴赏力。形式美是一种基本的美,而对内容的欣赏力是更为关键的审美能力。组织学生观看、评价一座大楼、一处公园、一件衣服、一篇文章、一部电影,在体验中提升欣赏能力。

2.重视形式,灵活运用形式

事物都有形式，人的长相、穿衣戴帽、产品的外包装、外形设计、文章的句式与谋篇布局等，都是形式，都不可小视。在形式上有创意是大手笔。数理化等符号，也是一种形式，这些符号对于学科的普及、流传意义重大。题型是形式的一种，填空、改错等题目形式各异，解答的技术也各不相同。学生要有意识地体味形式，尝试自己创造点新形式。

3.按照内容要求选择恰当的形式

形式的好坏，关键看形式是否恰当、得体。所以，把形式和内容搭配好是极为重要的。让学生根据同学的脸型搭配发式，根据体型给出穿衣建议；写剧本，给不同的人物角色设计说话的方式；自己编制试卷，给不同的学科内容以不同的题型……开展按内容选择形式的有趣训练。

七、关系思维能力培养

认识关系是思维的重要方面，而且是较高级的方面。人的思维，对于实体的认识相对容易，对于关系的认识较困难。因为关系比较抽象，"看不见摸不到"，只能靠思维去体会。例如，闪电和打雷的关系，地球自转和白天黑夜的关系，水与植物成长的关系，都是靠思维来把握的。关系思维能力不是天然具备的，需要专门下工夫去专门培养。

关系思维能力训练应侧重：

1.猜想和感知关系的能力

关系是客观的，但又是非直观的，需要猜想，需要对比性地去感知。人首先要去猜想某些事物之间是否有关系，而后要猜想是何种关系，然后凭感知来确证猜想的正误。例如，一个成年男子领个小男孩，你可以猜想他们是父子，然后观察他们的动作和对话，方能判断他们是否为父子。组织学生就一系列现象进行猜测、判断其关系，如对白开水、凉水、饮料和健康的关系进行猜测，对校长、老师、课本、教学方式和学生学业发展的关系进行猜测，可以养成猜测关系的意识和能力。

2. 描述关系的能力

发现事物的关系，不等于能描述事物的关系。例如，一对父子感情深厚，作家能描述出来，普通人则描述不出来。感觉到一事物变化成比例地引起另一事物的变化，数学家能描述出来，一般人则描述不清楚。描述关系需要有充足的语言、符号，还得有一些学科的技法辅助。要有意识地提出些问题，如石油价格和蔬菜价格的关系，招生量和毕业生就业率的关系，训练学生去描述。

3. 数量关系表达能力

如果事物间的关系很稳定，有某种数量特征，最好表达成数学化的格式。这需要数学能力。学生要注重模仿数理化的定律定理，进行关系数学化表达的训练，如仿照电压与电流的关系数学表达式，把产量和施肥、种子、气候的关系表达成数学式。

4. 空间关系表达能力

事物无不存在于空间中，相互形成空间关系。几何、立体几何都是对空间关系的描述。对于具体的空间关系，要养成描述能力，能够用数学语言把其关系说清楚。如描述学校的位置，去车站的走法。

5. 因果关系分析能力

因果关系是科学中最为重要的关系，要对事物有无因果关系，何为因、何为果判断准确，对某些因果关系，能够利用学科知识，表达为数学式。

参考书目

张维真，现代思维方法的理论与实践，天津人民出版社，2002年
朱智贤、林崇德，思维发展心理学，北京师范大学出版社，1986年
卫灿金，语文思维培育学，语文出版社，1997年
张前进，学习的方法与思维的技术，甘肃人民出版社，2008年
夏甄陶等，思维世界导论，中国人民大学出版社，1992年
文寿山，思维方式纵横谈，上海交通大学出版社，1997年
郭京龙，中国思维科学研究报告，中国社会出版社，2007年
苏富忠，思维科学，黑龙江人民出版社，2002年
洪昆辉，思维过程论，云南大学出版社，2001年
田　运，思维论，北京理工大学出版社，2000年
朱长超，思维的历程，福建教育出版社，1990年
刘奎林，思维科学导论，工人出版社，1989年
陈新夏，思维学引论，湖南人民出版社，1988年
丁润生等，现代思维科学，重庆出版社，1992年
夏　铮，自然科学思维方法，科学技术文献出版社，1993年
李淮春，现时代与现代思维方式，河北人民出版社，1987年
陈志良，思维的建构与反思，中国人民大学出版社，1989年
董英哲，理论思维概论，西北大学出版社，1985年
刘爱伦，思维心理学，上海教育出版社，2002年

荣开明，现代思维方式探略，华中理工大学出版社，1989年
林先发，论思维形式与思维方法，湖北人民出版社，1983年
郅庭瑾，教会学生思维，教育科学出版社，2007年
金岳霖，形式逻辑，人民出版社，2006年
吴国盛，科学的历程，北京大学出版社，2009年
李文林，数学史概论，高等教育出版社，2011年
刘筱莉，物理学史，南京师范大学出版社，2001年
周嘉华，世界化学史，吉林教育出版社，2009年
曹一鸣，数学教学论，北京师范大学出版社，2010年
卢　巧，物理教学论，四川大学出版社，2010年
刘知新，化学教学论，高等教育出版社，2009年
施良方，学习论，人民教育出版社，2003年
林崇德，发展心理学，人民教育出版社，2009年
付建中，教育心理学，清华大学出版社，2010年
叶　澜，教育学原理，人民教育出版社，2007年
皮连生，智育心理学，人民教育出版社，2000年
夏甄陶，认识论引论，人民出版社，1986年
夏甄陶，认识发生论，人民出版社，1991年
皮亚杰，王宪钿等译，发生认识论原理，商务印书馆，2011年
丁锦红等，认知心理学，中国人民大学出版社，2010年
约翰·杜威，伍中友译，我们如何思维，新华出版社，2010年
A.F.奥斯本，王明利等译，创造性想象，广东人民出版社，1987年
爱德华·波诺，金佩琳等译，横向思维，东方出版社，1991年
J.P.吉尔福特，施方良等译，创造性才能，人民教育出版社，1990年
R.J.斯腾伯格，俞晓琳等译，超越IQ——人类智力的三元理论，华东师范大学出版社，2000年